甚是爱你

朱生豪 宋清如 著
朱尚刚 编

文豪情书

中国宇航出版社
·北京·

图书在版编目（CIP）数据

甚是爱你 / 朱生豪，宋清如著 ; 朱尚刚编. -- 北京 : 中国宇航出版社，2022.8
（文豪情书）
ISBN 978-7-5159-2080-1

Ⅰ. ①甚… Ⅱ. ①朱… ②宋… ③朱… Ⅲ. ①朱生豪（1912-1944）—书信集 ②宋清如（1911-1997）—书信集 Ⅳ. ①K825.5

中国版本图书馆CIP数据核字(2022)第097315号

策划编辑　李昕遥　　装帧设计　刘雅娴　李　松
责任编辑　冯佳佳　　责任校对　刘　杰

出版发行　中国宇航出版社
社　址　北京市阜成路8号　　邮　编　100830
（010）68768548
网　址　www.caphbook.com
经　销　新华书店
发行部　（010）68767386　　（010）68371900
（010）68767382　　（010）88100613（传真）
零售店　读者服务部
（010）68371105
承　印　北京中科印刷有限公司
版　次　2022年8月第1版　　2022年8月第1次印刷
规　格　880×1230　　开　本　1/32
印　张　9.25　　字　数　240千字
书　号　ISBN 978-7-5159-2080-1
定　价　68.00元

我是宋清如至上主义者。

至少还有书籍。

序言

寄在信封里的灵魂

人生如梦，往事如烟，时日忽闪，朱生豪（1912 ～ 1944）离开人世，已经有五十年了。他短短的一生，是在长夜漫漫的黑暗中挣扎呻吟的一生，是勤奋学习、艰苦工作、渴望光明的一生。家庭的不幸、民族的灾难、疾病的折磨，使他不得不放下译写的纸笔，抛下弱妻稚子，饮恨长终。今天，再一次检阅他残留的信件，真不敢相信这一切不是梦幻，而是真实的历史。

生豪原名朱文森，入学后改名朱森豪，大学时期诗词作品和友人信件中常署名朱朱，工作后改用朱生豪。1912 年 2 月 2 日，也就是清末宣统三年阴历十二月十五日，出生在嘉兴南门一个没落的小商人家庭里。弟兄三人，生豪是长子，最受母亲宠爱。不幸的是家庭经济每况愈下。母亲在愁苦生活中，对生豪寄予深切期望，曾经流着泪叮嘱生豪说："长大了要有出息啊。"也许这一遗教，终于成为生豪不断力求上进，不断奋斗的动力。更不幸的是母亲去世过早，不久父亲、叔祖母又相继去世。孤儿三人，由早孀的姑母照顾。从此，人生的悲哀，人世的炎凉，开始压上了朱生豪的心头。原来沉静的性格，愈益沉默寡言了。

由于学习勤奋、成绩优秀，生豪小学毕业后，插入初中二年级，1929 年毕业于嘉兴秀州中学。得校方推荐，升入杭州之江大学并享受奖学金。

我最早认识朱生豪，是在 1932 年秋季。我是师范科毕业的。那一年有了新规定，师范生因曾享受公费，不能直接进入国立大学。于是考进了之江大学，选读中文系。那时朱生豪已是四年级学生。之江环境优美，人数不多。在我初次参加“之江诗社”的活动中，偶然地认识了他。因为我在高中时期，开始对新文学有所爱好，也尝试着写些新诗。那天“诗社”活动，我别出心裁地写了首宝塔诗，作为参加诗社的见面礼。不意这个“诗社”的诗人们，不少是诗词能手。他们交流的作品，不是诗，就是词（古体诗词），可我连平仄都辨不出来。于是宝塔诗无异成了怪物。当时彭重熙（生豪同班友人，词极好）看了宝塔诗后，就推给坐在他旁边的朱生豪看。我注意到，朱生豪看了之后，带着微笑把头低了下去，既没有说话，也没有表情。事后，也许是三五天之后，他给了我一封信，附有他自己的三四首新诗，请我指正。我给了回信。这就开始和他有了信件来往，内容无非是交流创作的新诗。后来，我学写旧诗时，也经常请他修改。从而加深了相互理解。他毕业后不久，曾有《鹧鸪天》三首寄赠给我。

赠清如词三首

一九三二年秋至一九三三年初夏

鹧鸪天

楚楚身裁可可名，当年意气亦纵横，同游伴侣呼才子，落笔文华洵不群。

招落月，唤停云，秋山朗似女儿身。不须耳鬓常厮伴，一笑低头意已倾。

忆昨秦山初见时，十分娇瘦十分痴，席边款款吴侬语，笔底纤纤稚子诗。

交尚浅，意先移，平生心绪诉君知。飞花逝水初无意，可奈衷情不自持。

浙水东流无尽沧，人间暂聚易参商。阑珊春去羁魂怨，挥手征车送夕阳。

梦已散，手空扬，尚言离别是寻常。谁知咏罢河梁后，刻骨相思始自伤。

1933年他毕业后，到上海世界书局担任英文编辑，继续勤奋自学，也不断跟我通信。可以说我对朱生豪的逐步了解，以至深刻共鸣，都是通过纸、笔作为媒介。1937年抗战烽火中江浙沦陷之后，我逃离故里，寄迹四川，先后在重庆、成都执教。他在短期逃亡后，仍回上海书局工作，接着应邀至《中美日报》担任编辑。通信时断时续。我在1941年回上海的时候，因为怕累赘，把他寄到四川的信件以及其他文字资料全部毁了。所以现在残存的信件，都是在抗战（1937年8月）以前的。（附在末尾的一封，写于1943年我们婚后暂别之时，但未曾寄出。）

1941年5月1日，我和生豪于困顿中在上海结婚。原想婚后赴内地谋生，结果迫于时势而未成行。于是，先回江苏常熟我的老家，后定居嘉兴南门。朱生豪潜心翻译莎士比亚。1944年12月26日，在他译完了莎剧36个中的31个之后，贫病辞世。不到一个月，我又料理了他二（应为三）弟陆奎的后事，抱着儿子尚刚外出谋生。直至抗战胜利，我才重返家园。发现原有信件，已由他人抄检，凌乱缺损，无法计数。其后，初加整理。我把其中附有他创作的诗歌，以及有关译事的部分，另行包装，以待将来为他印行问世，作为纪念，而且随身携带，其余仍留在老宅。不意“文化大革命”中，红卫兵认为是黄色毒草，将我随身珍藏的书信付之一炬。待我晚年再返家园时，终于已是天朗气清之日。我从厚厚的尘封中收捡起残留的劫后余烬，无数次地重温生豪的倾诉，与他作心灵的交谈。虽然这些书信远非他的全貌，但毕竟是真实的历史存在。

也许有人说，男女（父母子女间除外）之间的书信，都是情书。从广义上来说，似也合乎逻辑。但就事论事，朱生豪的书信，主要是他独特个性的表现，并非执着于异性的追求。他曾不止一次地说过，所谓爱的对象主要是自己想象出来的，并不一定真实存在。换句话说，无非是寻求心灵的寄托。我这样的理解，并不是否定他感情的专注，或者怀疑他的虚假，而是同情他的身世，尊重他的言行。

这些残存的信件，既非学术研讨，也没有政治宏论，时代的脉搏极为微弱，无非是个人生活的叙写，情绪的抒诉，以及读书的心得、电影的观感、工作的记述。但是，就前后综合而言，其中有着鲜明的发展变化。从颓唐、苦闷、无聊转而奋发努力，其中贯穿着的主导思想是他的事业心。他在大学毕业前夕，写了一首长诗《别之江》。其中表现了对母亲无限的眷恋，同时鲜明地表示“从今天起／我埋葬了／青春的游戏／肩上／人生的担负／做一个／坚毅的英雄。”足见他对理想充满信心。可是，一到上海，机械的工作，单调的生活，困窘的经济，使他看不到前途出路，于是感叹“人活着究竟是为什么。”但在他决心译述莎剧之后，心情就开始有了转变。尽管是忙、是累，每天每天，读、写至深夜，他却感到“只有埋头于工作，才多少忘却生活的无味，而恢复了一点自尊心”。其后虽然历经磨难，可对译莎工作锲而不舍，尽心竭力，宁以身殉。

朱生豪自己承认是“一个古怪的孤独的孩子”。究竟是怎样的具体特征，综观他的书信，也许可以得出一个轮廓。从信中对我的许多称谓和他的署名，可以看出他唯有与我作纸上谈时，才闪发出的愉悦和放达。一旦与我直面相处时，他又变得默然缄口，孤独古怪了。因为这是第一手资料，足可信赖的。也因为这是第一手资料，可以作为他传记的补充，从而进一步认识理解一个三十年代的知识青年在那特定的时代中独特的思想和生活历程。

1994年12月生豪逝世五十周年之际　文／宋清如

目录

第一章

相识相许

这一部分信件写于 1933 年到 1934 年之间，除前两封写于离校之前外，其余是朱生豪 1933 年到世界书局工作后一年多一点时间里写的。

“楚楚身裁可可名，当年意气亦纵横，同游伴侣呼才子，落笔文华洵不群。招落月，唤停云，秋山朗似女儿身。不须耳鬓常厮伴，一笑低头意已倾。”

在之江大学的最后一年，朱生豪认识了宋清如，共同的志趣和爱好使他们结成了知己。也许到毕业时还未曾把这一层纸捅破，但是在内心里都已经把对方看作是自己生命中的另一半了。

“我的野心，便是想成为你的好朋友；现在我的野心，便是希望这样的友谊能继续到死时。谢谢你给我一个等待。”一年的相聚是短暂的，朱生豪到了上海之后，就只能用书信来和宋清如互诉衷肠。

清如：

一向我总以为离别是一件重大的事，而今却觉得十分寻常。说走便走吧，却也说不来。想不到你竟会抓住我的心，你纯良的人！然而我也未曾没有过这样的可能。但我不忍别去，当一天你还记着我的时候。

一不忙就回去吧？明天约你到西湖里再坐一次划子，去不去找我。回去的话，一定通知我什么时候，好送你行。

你去了之后，我，没有什么

朱　廿二晨

一九三三年六月

1[1]

宋：

谢谢你给我这么一件好工作！很想拒绝你的，但不愿拒绝你，你太好了。图书馆里借了四本《史通》，两本《中国历史研究法》，本想抄一些话头，可是回来之后，一起把它们看完了，算勉强得到一点烟士披里纯[2]，写好了这一篇狗屁文章。

为什么你说我又要生气，这也算懂得我吗？你懂得我我不是顶高兴？

被人说作浪漫，尤其是被那些伪君子之流，他们说这两字总有一点不甚好的意味，并不算是有趣的事，但实际上你与我都只能说是浪漫的人。我们的性格并不完全一致，但尽有互相共鸣的地方。我们的认识虽是偶然，我们的交契却并非偶然。凭良心说，我不能不承认你在我心目中十分可爱，虽我对于你并不是盲目的赞美。我们需要的是对于彼此弱点的谅解，只有能互相谅解的人，弱点才能变成并不可憎，甚至于反是可爱也说不定。

除非我们在自己心理的矛盾下挣扎着找不到出路，外观的环境未必能给我们的灵魂以任何的桎梏。

说厌恶陈旧是人们普通的思想也未必尽然，这世间多的是沉湎

---

1 原件宋清如注：1933 年春，是朱生豪毕业离校前所写的极少信件之一。

2 烟士披里纯：inspiration 的音译，意为“灵感”。

骸骨的人，尤其在我们这老大古国里。我常想，要是中国并没有几千年古文化作基础，她当可以有希望一些。旧的文化，无论怎样有价值，为着免得阻碍新的生长起见，都有一起摧毁的必要。

一万个虔心的祝福！

朱　十四夜

2[1]

清如：

一向我从不以离别为一件重大的事，而今却觉得十分异样。说些什么话吧，却也说不出来。

想不到你竟会抓住我的心，你纯良的人！然而我也未尝没有逃避的可能。但我不忍飞去，当一天你还记着我的时候。

不忙就回去吧？明天约你到西湖里再坐一次划子，去不去告我。回去的话，一定通知我什么钟点，好送你行。你去了之后，不，没有什么。

朱　廿二晨

1 原件宋清如注：1933年6月，朱生豪毕业离校前所写。

3

清如：

昨夜我做了一夜梦，做得疲乏极了。大概是第二个梦里，我跟你一同到某一处地方吃饭，还有别的人。那地方人多得很，你却不和我在一起，自管自一个人到里边吃去了。本来是吃饭之后，一同上火车，在某一个地方分手的。我等菜许久没来，进来看你，你却已吃好，说不等我要先走了，我真是伤心得很，你那样不好，神气得要命。

不过我想还是我不好，不应该做那样的梦，看你的诗写得多美，我真欢喜极了，几乎想抱住你不放，如果你在这里。

我想我真是不幸，白天不能困觉，人像在白雾里给什么东西推着动，一切是茫然的感觉。我一定要吃糖，为着寂寞的缘故。

这里一切都是丑的，风、雨、太阳，都丑，人也丑，我也丑得很。只有你是青天一样可羡。

这里的孩子们学会了各色骂人的言语，十分不美，父母也不管。近来哥哥常骂妹妹泼婆。妹妹昨天说，你是大泼婆，我是小泼婆。一天到晚哭，闹架儿。

拉不长了，祝你十分好！六十三期的校刊上看见你的名字三次。

朱　初三

4

好人：

录呈一“粲”，不是录呈一“桀”。

新咏数章，很像胡适之白话文学史中的王梵志体。不是好诗，但也过得去。“蘯”字写作荡或盪，你老爱这样写。

“你的那篇文章”，如果你不对我说，我一定绝对不想看它，你既然对我说了，我便想看它；你如不许我看，我便非看不可。

上次来信中“因为我不喜欢听消极的话，允许我以后不把颓丧的话说给我好不好？”这句句子应当进文章病院。

一个月以前的明天的此时，我们冒着雨在马路上。幸福的日子是如此稀少！

寄给你全宇宙的爱和自太古至永劫的思念。

Lucifer[1]　四日

---

1 Lucifer：魔鬼，撒旦

5

好：

谢谢你给我一个等待。做人最好常在等待中，须是一个辽远的期望，不给你到达最后的终点，但一天比一天更接近这目标，永远是渴望，不实现也不摧毁，每天发现新的欢喜，是鼓舞而不是完全的满足。顶好是一切希望完全化为事实，在生命终了前的一秒钟中。

我仍是幸福的，我永远是幸福的。世间的苦不算甚么，你看我灵魂不曾有一天离开过你。

祝福你！

朱　十五下午

6

宝贝：

现在是九点半，我想你大概已经睡了，我也想要睡了。心里怪无聊的，天冷下雨，没有东西吃，懒得做事，只想倚在你肩上听你讲话。如果不是因为这世界有些古怪，我巴不得永远和你厮守在一起。

你说我们前生是不是冤家？我向来从不把聚散看成一回事，在你之前，除你之外，我也并非没有好朋友，不知道为什么和你一认识之后，便像被一根绳紧紧牵系住一样，怪不自由的，心也不能像从前一样轻了，但同时却又真觉得比从前幸福得多。

不写了，祝你快乐！

十九夜

7[1]

清如：

今天起来看见太阳光，心里有一点高兴。山中的雨是会给人诗一样的寂寞的，都市的雨只是给人抑塞而已，连相思都变成绝望的痛苦了。

望你的信如望命一样，虽明知道你的信不会到得这样快。一两年之前，我还不曾十分感到离别的难堪，友们别了之后，写信来希望一会，总是因懒得走动而拒绝了，以为见不见有什么关系，朋友何必一定要在一起，那时我该是幸福的。

上星期日是母亲忌辰[2]，却忘记了，今天查起来才知道已经过去。也是昨天一样的天气，十一年前的那天，人生的悲哀掩上了我，以至于今日。

祝福。

朱　十九

1 原件宋清如注：1933 年 12 月

2 朱生豪的母亲朱佩霞死于 1922 年 12 月 17 日。

8[1]

好友：

快放假了是不是，我从今天起开始盼望见你，带着很高兴的调子。我太没有野心，也许就是这一点不好，觉得仿佛只要看见你五分钟，就可得到若干程度的满足的样子。对于见面我看得较重，对于分别我看得较轻，这是人生取巧之一法，否则聚少离多，悲哀多于欢乐，一生只好负着无尽痛苦的债了。

我愿你好，热情地热情地。

不说诳的约翰　九日下午

1 写于1934年2月9日。

9[1]

好宋：

真的我不怪你，全不是你错，无可如何才怪你，但实在是不愿怪你的，遇到这等懊恼的事，暂时生一下子气，你会允许我的吧？我不曾骂你，是不是？你不要难受才好。我愿意听话，永远待你好。

说，愿不愿意看见我，一个礼拜之后？抱着一个不曾弥补的缺憾，毕竟是太难堪的事，让我再做一遍西湖的梦吧，灵峰的梅花该开了哩。你一定来闸口车站接我，肯不肯？我带巧克力你吃。这回手头大充实，有五十多块钱，另外还借出十八块，虽然年节开发，买物事[2]回家，得用去一些。

其实从北站到我处一段路，也并不怎样难走，远虽是远。只须坐七路提篮桥电车到底，就没有多少路。如懒得问，黄包车十来个铜子也拉到了。寓所就在 office[3] 转角。原该早告诉你的。

今后再不说诳话欺骗自己了，愿意炼成一个坚强的钢铁样的信心，永远倾向着你，当我疲倦了一切无谓的游戏之后。我不愿说那是恋爱，那自然是比恋爱更纯粹的信念。我愿意懂得“永恒”两字

---

1 此信也写于 1934 年 2 月 9 日。估计当天收到了宋清如的来信，所以晚上又写一信。

2 物事，上海方言，意为“东西”。

3 office：办公室

的意义，把悲壮的意味放入平凡的生活里，而做一个虔诚的人。因我是厌了易变的世事，也厌了易变的自己的心情。

你并不伟大，但在我心里的你是伟大的。

给你深深的友爱，我常想你是比一切弟弟更可爱的弟弟。

朱　九日傍晚

10[1]

清如：

今天心里有点飘飘然。原因是一，昨天头痛一天，今天好了；二，天很暖；三，今天星期，还要工作，虽不开心，然而机器不响，心很静，比在家或走在马路上好一些；四，已定规来杭州看你。

后天回家去，十六从嘉兴搭快车一点廿分到闸口，你能来接我最快活。十七星期六，十八星期日，你得陪我玩，不，领我玩。多少高兴，想着终于能看见你，顶好的好人！当我上次得到你的信，一眼看见不许哭三字，眼泪就禁不住滚下来了，我多爱你！

心里的意思，怎样也诉说不完，也诉说不出，因此而想起音乐是最进化的语言：一切"散文的"语言文字是第一级，诗是第二级，音乐是最高级，完全依凭感觉，脱离意象而独立了。凡越朦胧则越真切。我梦想一个音乐的天国，里面的人全忘了讲话与写字。这是野话。我知道你顶明白我，但还巴不得把心的每一个角落给你看才痛快。我为莫可奈何而心痛，欲抱着你哭。

愿上帝祝福你的灵魂永远是一朵不谢的美丽的花！我能想着你，梦着你，神魂依恋着你，我是幸福的。

朱　十一下午

---

1 写于 1934 年 2 月 11 日。

回应

流星

宋清如

从这一方天到那一方天，
寂寞的悲哀还像从前，
飘散了的白云醒了的梦，
失去了的光芒碎了的心。

纵然有百合的芳馨，
纵然有和乐的清音，
但凋谢的季节呢？
悠悠的长夜呢？

第二章

衷情难抑

“忆昨秦山初见时，十分娇瘦十分痴，席边款款吴侬语，笔底纤纤稚子诗。交尚浅，意先移，平生心绪诉君知。飞花逝水初无意，可奈衷情不自持。”

宋清如刚开始学业，朱生豪已经开始了职业生涯，两人两地相隔，只能通过鸿雁传书诉说相思之苦。朱生豪每年都要去杭州一两次，看望宋清如和老朋友。每次相会都使他兴奋不已，相会之后总要分手，又不免感到惆怅。那一份绵绵的情感，可谓是最经典的爱情赞歌。

澄：帶著一半絕望的心，回來吃飯，謝謝天，我拾回了我的歡喜。別說久之容易過，當望著信來的時候，每一分鐘是一個世紀，每一點鐘是一個無窮。然而想到你總是幸福的在那裡，許多的心，也總算有了安慰。

你不曾責備我說過的那些無聊話了，我總在喜歡你那一身的活潑勁兒，我愛你像愛一首詩一樣。

問你寒假裡有沒有計劃的人，我不知道了你，大概是一位蠢貨，一定之。理想的人生，應當充滿著神來之筆，那才酣暢有勁，計劃，即使實現了也沒趣。祝福你。

朱 廿三

下午

告訴我幾時開學，我將數著日子消遣兒，我一定一天撕兩張日曆。

1

澄：

带着一半绝望的心，回来吃饭，谢谢天，我拾回了我的欢喜。别说冬天容易过，渴望着信来的时候，每一分钟是一个世纪，每一点钟是一个无穷。然而想着你是幸福的在家里，竚[1]念的心，也总算有了安慰。

你不会责备我说过的那些无聊话？

我实在喜欢你那一身的诗劲儿，我爱你像爱一首诗一样。

问你寒假里有没有计划的人，我不知是谁，大概是一位蠢货，一定。理想的人生，应当充满着神来之笔，那才酣畅有劲。计划，即使实现了也没趣。祝福你。

告诉我几时开学，我将数着日子消遣儿，我一定一天撕两张日历。

朱　廿三下午

---

1 竚：同“伫”，意为“久立；等待”。

2

清如：

好了吗？怎样的悬念着悬念着。

我脾气确实近来也坏了，常常得罪人，因为“戏慢[1]”他们，昨天被彭同任教训了一顿，我是不好，他们却可笑。

常常气闷得很，觉得什么人都讨厌，连自己的影子也讨厌，很愿意一个朋友也不要。不过想到你时，总是好像有点例外。如果我不认识你，我一定更不幸。

愿你健康，愿你快乐，一切的平安给与你！杜鹃花几时红起来，山中该热闹了呢。我没有希望，没有真能令我快乐的事物，虽也不愿颓唐。只有一个冀念，能够在可能的最近再看见你，我将永远留一个深心的微笑给你，那是一切意望之花，长久的竚候里等待着开放的。

虽然是怎样无意味的信呵！

朱　廿二上午

1 戏慢：上海方言，意为“怠慢，不尊重”。

3

昨夜我看见郑天然[1]向我苦笑。你被谁吹大了，皮肤像酱油一样，样子很不美，我说，你现在身体很好了，说这句话，心里甚为感动，想把你抱起来高高地丢到天上去。醒来觉得甚是爱你。

这两天我很快活，而且骄傲。

你这人，有点太不可怕。尤其是，一点也不莫名其妙。

朱

1 郑天然：朱生豪在之江大学时的同学、好友。

4

小姊姊：

你好？我……没有什么，很倦，又不甘心睡，也不愿写信。

家里有没有信？我希望你母亲早已好了。

又一星期过去，日子过得越快，我越高兴。我发誓永不自杀，除非有一天我厌倦了你。

每天每天你让别人看见你，我却看不见你，这是全然没有理由的，我真想要你喂奶给我吃。

有人说我胖了，我完全不相信，你相信不相信？你现在生得是不是还像我们上次会面时一样？也许你实在很丑也说不定，但我总觉得你比一切的美都美，我完全找不出你有任何可反对的地方，我甘心为你发痴。

如果你不欢喜我说这样话，我仍然可以否认这些话是我说的，因为我只愿意说你所喜欢听的话。

我是属于你的，永远而且完全地。愿你快乐。

专说骗人的诳话者　十一夜

如果我想要做一个梦，世界是一片大的草原，山在远处，青天在顶上，溪流在足下，鸟声在树上，如睡眠的静谧，没有一个人，只有你我，在一起跳着飞着躲着捉迷藏，你允不允许？因为你不允许我做的梦，我不敢做的。我不是诗人，否则一定要做一些可爱的梦，为着你的缘故。我不能写一首世间最美的抒情诗给你，这将是我终生抱憾的事。我多么愿意自己是个诗人，只是为了你的缘故。

5

澄儿：

我应该听你话静静一些儿的，可是这颗心没办法好想，又写信了，你要不要打我手心？

今天我烦躁了整个儿的一天，晚上淋着雨到陈尧圣[1]家吃夜饭，也没有什么感想，不过发现赵梓芳夫妇俩也同住着，有些意外，而且离我这里那么近。回了转来，怎么也不能睡，虽没有话对你说，仍然执起笔来了。

上午曾写了几封信给我那些宝贝朋友们，但一封也不寄出，有什么意思呢？……我不高兴写了。你为什么爱朱朱[2]呢？（呵欠）

我想作诗，写雨，写夜的相思，写你，写不出。

---

1 陈尧圣：与朱生豪同级的之江大学同学。

2 朱朱：朱生豪常用笔名

6

阿姊：

不许你再叫我朱先生，否则我要从字典上查出世界上最肉麻的称呼来称呼你。特此警告。

你的来信如同续命汤一样，今天我算是活转来了，但明天我又要死去四分之一，后天又将成为半死半活的状态，再后天死去四分之三，再后天死去八分之七……等等，直至你再来信，如果你一直不来信，我也不会完全死完，第六天死去十六分之十五，第七天死去三十二分之三十一，第八天死去六十四分之六十三，如是等等，我的算学好不好？

我不知道你和你的老朋友四年不见面，比之我和你四月不见面哪个更长远一些。

有人想赶译高尔基全集，以做一笔投机生意，要我拉集五六个朋友来动手，我一个都想不出。捧热屁岂不也很无聊？

你会不会翻译？创作有时因无材料或思想枯竭而无从产生，为练习写作起见，翻译是很有助于文字的技术的。假如你的英文不过于糟，不妨自己随便试试。

我不知道世上有没有比我们更没有办法的人？

你前身大概是林和靖的妻子，因为你自命为宋梅。这名字我一点不喜欢，你的名字清如最好了，字面又干净，笔画又疏朗，音节又好，此外的都不好。清如这两个字无论如何写总很好看，像澄字的形状就像个青蛙一样。青树则显出文字学的智识不够，因为如树两字是无论如何不能谐音的。

人们的走路姿势，大可欣赏，有一位先生走起路来身子直僵僵，屁股凸起；有一位先生下脚很重，走一步路全身肉都震动；有一位先生两手反绑，脸孔朝天，皮鞋的历笃落，像是幽灵行走；有一位先生缩颈弯背，像要向前俯跌的样子；有的横冲直撞，有的摇摇摆摆，有的自得其乐；有一位女士歪着头，把身体一扭一扭地扭了过去，似乎不是用脚走的样子。

再说。

朱　一日

7

你相不相信“一见钟情”这句话？如果不相信，我希望你相信。因为昨天有一个人来看我，我们看影戏，我们逛公园，她非常可爱，我交关[1]喜欢她。我说，她简直跟你一样好，只不知道她是不是便是你？也许我不过做了个梦也说不定。

亲爱的小鬼，我要对你说些什么肉麻的话才好耶？我只想吃了你，吃了你。

鸭　廿五

1 交关：意为“有很大关系”。

8

昨天上午安乐园冰淇淋[1]上市，可是下午便变成秋天，风吹得怪凉快的。今天上午，简直又变成冬天了。太容易生毛病，愿你保重。

昨夜梦见你、郑天然、郑瑞芬等，像是从前同学时的光景，情形记不清楚，但今天对人生很满意。

我希望你永远待我好，因此我愿意自己努力学好，但如果终于学不好，你会不会原谅我？对自己我是太失望了。

不要愁老之将至，你老了一定很可爱。而且，假如你老了十岁，我当然也同样老了十岁，世界也老了十岁，上帝也老了十岁，一切都是一样。

我愿意舍弃一切，以想念你终此一生。

所有的恋慕。

蚯蚓　九日

1 冰淇淋：指 ice cream，现译为“冰激凌”。

9

清如：

我希望你不是生病了，心里很有些惴惴。但愿你没有信来是为着别的各种理由，忙、懒、不高兴、生我气，或是嫁了人了都好，只不要是生病。我卜了一下，明天后天都仍然无信，顶早星期四，顶迟要下星期五才会有信，这不要把我急死吗？

How like a winter hath my absence been
From thee, the pleasure of the fleeting year!
What freezings have I felt, what dark days seen!
What old December's bareness everywhere!
And yet this time removed was summer's time;
The teeming autumn, big with rich increase,
Bearing the wanton burden of the prime,
Like widowed wombs after their lord's decease.
Yet this abundant issue seemed to me
But hope of orphans and unfathered fruit;
For summer and his pleasures wait on thee,
And thou away, the very birds are mute;
Or, if they sing, 'tis with so dull a cheer

That leaves look pale, dreading the winter's near.[1]

我想不出说什么话，因为我不愿说“恨不得立刻飞来看你”一类的空话，也不高兴求上帝保佑你，因为第一我不相信上帝，第二如果真有上帝，而他不保佑你，我一定要揍他一顿。

祝福你，“善良的人”。

心烦意乱　廿八

这首十四行诗的参考译文如下（屠岸译）：

不在你身边，我就生活在冬天，
你啊，迅疾的年月里唯一的欢乐！
啊！我感到冰冷，见到阴冻天！
到处是衰老的十二月，荒凉寂寞！
可是，分离的时期，正夏日炎炎；
多产的秋天呢，因受益丰富而充实，
像死了丈夫的寡妇，大腹便便，
孕育着春天留下的丰沛的种子；
可是我看这繁茂的产物一齐
要做孤儿——生来就没有父亲；
夏天和夏天的欢娱都在伺候你，
你不在这里，连鸟儿都不爱歌吟；
鸟即使歌唱，也带着一肚子阴霾，
使树叶苍黄，怕冬天就要到来。

1 朱生豪抄录了莎士比亚的第 97 首十四行诗，借以抒发自己的情感。

回应

朱生豪毕业以后，宋清如发表在《之江年刊》上的下面这两首词，表达了对当年在一起学习生活的日子的追忆，以及对朱生豪的思念之情。

蝶恋花

愁到旧时分手处，一桁秋风，簾幙无重数。
梦散香消谁共语，心期便恐常相负。
落尽千红啼杜宇，楼外鹦哥，犹作当年语。
一自姮娥天上去，人间到处潇潇雨。

满庭芳

南浦烟低，西山雾乱，群峰无雨冥冥；
单衣团扇，江上暮凉轻。
为问春归何处，萋萋草绿满沙汀。
茅亭畔，离樽共引，暗惜别时情。
年时携手地，塔铃风磬，几度同听？
旧江山如画，新恨共潮生。
此后六和月满，鸥飞远孤艇谁迎！
沉吟再，长亭莺语，为我说叮咛。

第三章

调情拌嘴

这一部分信写于 1933 年到 1934 年之间。朱生豪 1933 年大学毕业后到上海世界书局工作，从相识相知到分别，光阴飞逝，不能长相厮守，在他的信中，占据比重最大的内容无疑是诉说对宋清如的思恋之情，免不了拌个嘴、抬个杠，这成了这一杯爱情醇酒中的调味佳品。

1934年

好：

我希望世上有兩個宋清如，我愛第一個宋清如，但和第二個宋清如通着信，我並不愛第二個宋清如，我對第二個宋清如所說的話，意中都指着第一個宋清如，但第一個宋清如甚至不知道我的存在。要你知道我愛你，真是太乏味的事，為什麼我不能悶聲兒就保守秘密呢？

為什麼我一想起你來，你總是那麼小，小得可以藏在衣袋裡？我伸手向衣袋裡一摸，衣袋裡果然有一個宋清如，不過她已變成一把小刀（你去時候送給我的）。

我很悲傷，因為知道我們死後將不會在一起，你一定到天上去無疑，我卻已把靈魂賣給魔鬼了。天知道天堂與地獄之間，許不許通信。

我希望悄悄地看見你，不要讓你看見我，因為你不願意看見我。

我寂寞，我無聊，都是你不好，要是沒有你，我不是可以寂寞得無聊得自殺了嗎？

想來你近來不曾跌過交？昨天我聽見你大叫一聲。似的，騙騙你。

願你好好好好好好好好。

米非士都非勒司 十三

1

宝贝：

我倦眼朦胧地给你写信，现在是下午四点三十三分。昨夜看小说看到二点多，今天倦得想死。我不想骂你，第一因为我倦；第二因为你叫我不要骂你；第三因为我并不比你好，不配骂你；第四即使我不倦，即使你叫我骂你，即使我配骂你，我也不愿意骂你，因为你是宝贝。

为什么我不会欢喜你向我饶舌呢？你自己懒得动笔，莫要推在我身上，我不要你那样体谅我。我多希望你一天到晚在我耳朵边咭咭呱呱，那么我永远不会神经衰弱。只要你不嫌吃力，一天对我讲四十八个钟点的话我都不会厌倦。

越是想你，越没有梦，福薄缘悭[1]，一至于此！昨夜好容易到将醒来时才梦见接到你一封薄如蝉翼的信，还来不及拆开看时已经醒了，这种梦简直不值一个大[2]。

我只盼望星期，我愿意什么事都不做，只是玩，吃东西，活着一点不快乐。

等到再看见你时，我又老了一百岁了。作算我再能看见你三十次，作算每次都是整整的一天，作算我们还有三十年好活，那么我还有10927.5天不看见你，30天看见你，这比例叫人气馁。

---

1 缘悭（yuán qiān）：缘分浅薄

2 不值一个大：在朱生豪的信中多次出现，是当时口语中的一种习惯说法，意为“一文不值”。

2[1]

宋：

你把我杀了吧，我越变越不好了。

我想不出你将来会变得怎样，但很知道我自己将来会变得怎样，当我看见一个眼睛似乎很贪馋，走路东张西望，时常踩在人家脚上，嘴里似乎喃喃自语的老头子，我就认识，这就是我。

今天幸亏天气好——不热，有些雨，否则我一定已经死了，最近的将来我一定要生几天病，因为好久不病了。

要是世上只有我们两个人多么好，我一定要把你欺负得哭不出来。

俚词四首[2]

水面花飘水面舟，猖狂一辈少年游。
宁教飞花随水去，莫令插向老人头。
美人汗与花香融，且敞罗衫纳野风。
春去春来都不管，好酒能驻朱颜红。

1 原件宋清如注：1934 年

2 借用张荃女史诗韵

恼杀枝头间关禽，恼杀一院春光深。
敲碎一树桃李花，莫教历落乱侬心。
陌上花儿缓缓开，天涯游子迟迟回。
只愁来早去亦早，不如日日盼伊来。

我爱宋清如，因为她是那么好。比她更好的人，古时候没有，以后也不会有，现在绝对再找不到，我甘心被她吃瘪。

我吃力得很，祝你非常好，许我和你偎一偎脸颊。

无赖　星期日

3[1]

清如：

要是我死了见上帝，一定要控诉你虐待我。

人已做到了山穷水尽的地步，再有何说？要是我进了修道院，我会把圣母像的头都敲下的。

总之你是一切的不好，怨来怨去想不出要怨什么东西好，只好怨你。

今天提篮桥遇见了苏女士，照理一年不见了应该寒暄几句，可是她问我哪里去，我想不出答案，便失神似的说回去，她似乎觉得这话有点可笑，我只向她笑笑而已，一切全是滑稽。

愿上帝祝福所有的苦人儿！

如果穷人都肯自杀，那么许多社会问题，都可不解决而自解决，我以为方今之世，实有提倡自杀的必要。

总之你太不好，我这样不快活！

再没有好日子过了，再不会笑笑了，糖都要变成苦味了，你也不会待我好了。

总之这样下去是不成的，我宁愿坐监牢。

为什么你要骂我？为什么你……人家都给他们吃，只不给我吃，我昨天不也给你吃花生？

---

1 原件宋清如注：1934 年

我秘秘密密地告诉你，你不要告诉人家，我是很爱很爱你的。

我是深爱着青子的，
像鸱鹰渴慕着青天，
青子呢？
睡了。
鸱鹰呢？
渴死了。
没有茶吗？
开水是冷的。
我要吃 ice cream[1]。
我要打宋清如，那尼姑。

1 ice cream：冰淇淋

4

宋：

于是你安然到了家里，我也安然活着。当然我并不愿你来，也不盼你希望你来。今天又是下雨，但你不来而以因为我不愿你来作理由，却太使我恼，因为这是你第一回听我的话。如果我说，我愿你爱我，你愿不愿爱我呢？世上的事都是这样的，你如向人请求点恩惠，人家便将白眼报之，要是请他打一记耳光，人家便会欣然应命的。

当然是我的无理，你不要以为我怪你，但以后请你不要诱我了吧，那真有点难堪。

但愿来生我们终日在一起，每天每天从早晨口角到夜深，恨不得大家走开。

朱　廿六

5[1]

好：

我希望世上有两个宋清如，我爱第一个宋清如，但和第二个宋清如通着信，我并不爱第二个宋清如，我对第二个宋清如所说的话，意中都指着第一个宋清如，但第一个宋清如甚至不知道我的存在。要你知道我爱你，真是太乏味的事，为什么我不从头开始起就保守秘密呢？

为什么我一想起你来，你总是那么小，小得可以藏在衣袋里？我伸手向衣袋里一摸，衣袋里果然有一个宋清如，不过她已变成一把小刀（你古时候送给我的）。

我很悲伤，因为知道我们死后将不会在一起，你一定到天上去无疑，我却已把灵魂卖给魔鬼了，不知天堂与地狱之间，许不许通信。

我希望悄悄地看见你，不要让你看见我，因为你不愿意看见我。

我寂寞，我无聊，都是你不好。要是没有你，我不是可以写写意意[2]地自杀了吗？

想来你近来不曾跌过跤？昨天我听见你大叫一声。假的，骗骗你。

愿你好好好好好好好。

米非士都非勒斯[3]　十三

---

1 原件宋清如注：1934 年

2 写写意意：上海和嘉兴一带方言，意为“舒舒服服”。

3 米非士都非勒斯：Mephistopheles，歌德著名诗剧《浮士德》中与浮士德做交易的魔鬼。现译为“靡非斯特”（Mephisto）。

6

清如：

你的几句话狠狠激怒了我。什么是普通的祝福，什么是不普通的祝福，我不甚清楚，说你待我好的话，不过是因为我在这里很寂寞，谁也不待我好，只你肯频频给信我，故心理上觉得你待我顶好，我不可以这样想吗？凡你对我说过的话，我总相信；不曾说过的，我不想知道也不欲妄测。既然你告诉我了，我知道了而且相信。本来我没有要在你心上占据“特殊”地位的野心，就是你当不当我朋友也满不在乎；我对于你的态度虽似狂妄一些，好像如你所想，不应该这样热烈似的。但我确信我的爱你并没有逾乎一个朋友的爱的界限；也许别人对于朋友的见解不过是普通的泛常的来往应酬，那我就不知道了。我说话常时[1]是放肆一些，即使是在给女朋友的信中，会待好待好地招人疑忌。其实那些话在我倒并不觉得一定是向异性献媚求媚的话。即是普通的朋友，也尽有可以爱的理由，只要别缠到歪处去。我不甚愿和女性交际（如我是女子，我也不甚愿和男性交际），更不愿与任何一女子发生友谊以外的关系。你将永远是我少数的几个女友中之一，也许将是我唯一的女友，不知道你能不能相信我？但你并不待我好，故朋友云者，也不过是我一方面而言。至于我在于你，不过是一个认识人而已，是不是？

愿你好。

朱朱　六日晨起

---

1 常时：上海方言，意为“有时”。

7

朋友：

今天你也显出你的弱点来了。我还以为你真是“寡情”的，然而寡情的人是应该无爱亦无恨的，那么发狠做什么。

你骂我，我会嬉皮涎脸向你笑；你捶我，虽然鸡肋不足以当尊拳，但你的小拳头估量起来力气也无多，不至于吃不消；你要看我气得呕血，也许我反会快乐得流眼泪。我猜想你一定想念我，否则该已忘了我（已经四五十年不通信了呢，把一天当作三年计算）。我早已对你说过我向你说的是谎话，因此你不该现在才知道。你不要我怜悯，我偏要怜悯你，小宝贝怎么好让你枯死渴死萎死呢？天那么暖，冰冻死是暂时不会的。

一个人只被人家当作淡烟一样看待，想想看也真乏味得很，我倒愿做一把烈火把你烧死了呢。做人如此无聊，令人不高兴写信。

寄奉图画杂志两本，并内附图画数幅，亦小殷勤之类。你如嫌嘴酸，不要骂我也罢，如嫌手痛，不要捶我也罢，如怕自己心痛，不要看我呕血也罢。

老鼠（因不及小猫故名）

8

天如愿地冷了，不是吗？

我一定不笑你，因为我没有资格笑你。我们都是世上多余的人，但至少我们对于彼此都是世上最重要的人。

我一天一天明白你的平凡，同时却一天一天愈更深切地爱你。你如照镜子，你不会看得见你特别好的所在，但你如走进我的心里来时，你一定能知道自己是怎样好法（这是一个很古怪的说法，不是？）

一切不要惶恐，都有魔鬼作主。

我真的非常想要看看你，怎么办？你一定要非常爱你自己，不要让她消瘦，否则我不依，我相信你是个乖。

Lucifer

回应[1]

迪娜的忆念

落在梧桐树上的，
是轻轻的秋梦吧？
落在迪娜心上的，
是迢远的怀念吧？
四月是初恋的天，
九月是相思的天，
继着蔷薇凋零的，
已是凄艳的海棠了！
东方刚出的朝阳，
射出万丈的光芒，
迪娜的忆念，
在朝阳的前面呢，
在朝阳的后面呢？

1 1935年，詹文浒建议朱生豪翻译莎士比亚戏剧，朱生豪接受了这一建议以后，把这件事写信告诉宋清如，并说他准备把译著作为礼物献给她。宋清如很感动，写了一首诗《迪娜的忆念》寄给朱生豪，后来朱生豪为这首诗谱了曲。

第四章

刻骨相思

“浙水东流无尽沧，人间暂聚易参商。阑珊春去羁魂怨，挥手征车送夕阳。梦已散，手空扬，尚言离别是寻常。谁知咏罢河梁后，刻骨相思始自伤。”

在世界书局工作了一年多以后，朱生豪逐渐熟悉了社会生活，在信中谈及的面更广泛了，他当时的许多生活片段逐渐丰富，但对宋清如的思恋仍然是信中最主要的内容。经过磨炼，现实和理想差距越来越大。这种差距使他感到自己和周围的环境格格不入，因此“抑郁”、“寂寞”和“孤独”的情绪越来越多地出现在书信中，更加剧了他对宋清如的刻骨思念。

宋清如曾说：“我给生豪的信不多，约一个星期一封。他两三天就给我一封，一天一封是难得。”朱生豪把思念寄托在鸿雁传书中，一封封情书传递着相思之苦。

家：

信不知怎樣寫，很有時我常惦念我自己也會覺得我不配作你的朋友，有時我本来不算生病人，照常好。我想我並不太苦，也許有點太幸福的想。

在這世上，比来再好的人，我想是沒有了。

今天不放假也好，天仍是陰，心裡仍是悶，但無論如何，我算在友情裡（可不可以說你的）找到了活在世上的意義。寂寞實在是人類的，讓我永遠想望那一點天外的星光，縱使看不見他，在夢裡我要給他無數吻。

我們人類的感覺許多是在自己的感覺裡誇張了的，我們也需要這類的誇張。

願你有一切的快樂，都是你的

朋友。

[illegible]

1

宋：

再过五天是星期日。今天，星期一，中午从厂里出来，就在盼望星期日了。星期日是不会有甚么乐趣的，但希望日子快些过去而已。我真不知道怎样把时间 while away[1]，没有一种方法能使自己快乐。看小说也感沉闷，跑出门，不知走到何处去好。歌旧的已唱腻，新的不上口，写信完全不高兴，朋友一个也不要看，无缘无故，想哭也哭不出，好吃的东西一样也没有。星期日最大的希望是身边有钱，走到外面一个人吃一顿中饭，买一大批书回来，再影戏院有好片子映，整下午葬在里面，因为此外似乎没有可以忘却自己的存在的方法。

心里完全是这样的空虚，不知给你说什么话好。明天也许你有信来，但愿你不要因我而不快，我收回一切的话。希望你幸福，接受我不尽的眷慕。

希特勒　廿一夜

1 while away：消磨掉

2[1]

清如：

假使你再跟我多接触一点，那么我仍然会变成你所鄙弃之群中的一个，这话你相不相信。我实在是个坏人，但作为你的朋友的我，却确实是在努力着学做好人，我很满足，因为这努力已获得极大的报酬，可以死无遗憾的了。

说起来有些那个，每回接到你信，虽是很快活，但也有些害怕，生怕你会说嗔怪我的话。我太不天真，心里有太多的尘埃，话如果不经滤过而说出来，有时会使自己回想起来很难为情，到那时侯，也只好涎着脸说“说过的话不算”而已。人要是不能原谅，那么世间将无一个可以称为好朋友的人，如果不是相信你能忽视我的愚蠢可笑的地方，我一定永远不愿意看见你，因为见了你我将无地自容。

以前我最大的野心，便是想成为你的好朋友，现在我的野心便是希望这样的友谊能继续到死时（把这称为野心，我想是一点也不过分），同时我希望自己能变好一些，使你更欢喜我。

人总是那么一种动物，你无论到哪里总脱离不了可厌的诸相，少理会理会他们就是。厌恶是不必，因为你厌恶了人，人也要厌恶你，但你如不理会人，那么人也不理会你，这就很清净了。骂女同学不值三角三的人，其实原来他不会如此无礼，都是因为他在人眼中自

1 原件宋清如注：1934 年

身也不值三角三之故，因此这算不得是侮辱，只能说是阿Q式的复仇。

和异性相处，最好的方法，便是不要过立崖岸，稍为跟他们随和一些，但不要太狎近。有许多女同学遭人嫉骂，都是因为过于矜持，不大方之故。在男女同学的环境中，太装出不屑为伍的神气，的确是足以令人难堪的（当然不屑为伍也许有不屑为伍的理由，但人总是昧于责己，只知道你神气，而不知道反察自身）。我在之江读了四年书，同班的女生，也有到最后一学期，路上相遇如不相识的，这种人我总不知道为什么要到有男人的学校里来念书。男人有时确是很下流，但这是因为他们从未学得尊重女性之故，在他们的经验中，只以为女子是另外一种人类，要把这种思想打翻，男女同学的学校实在是一个最适宜的改造观念的场所，但因为女子一方面的性格上的消极性质，在学问上少合作，课外活动方面不和男生竞争，学校当局则务为不彻底的防闲，对于正规的异性间友谊不加以奖励（他们都以为这些青年们是挺会交朋友的，其实有些只会瞎谈谈恋爱，有些非常面嫩，而有些则对于异性有着成见的憎恶），这些都足以阻碍双方理解的成立，而使男女同学一句话成为虚名，甚至只有坏处而无好处。我以为比如说在之江一类学校里毕业了出来，如果是男子，那么不曾交到一个女朋友还不算奇怪，因为女同学人数少，在较少人数中选择一个朋友，机会是要少些，但如是一个女学生，那么至少也得有二三个以上的男朋友（不是说谈恋爱的人），因为二三百男子中，说是没有人配作她的朋友，这样的女子未免自视太高一些。不过这样的话，在目前是谈不到，男女间差异过大，隔膜太深，在客观环境未更变以前，他们间的关系还只能以恋爱结婚为限，这是无可如何的。我们当然都是理想主义者，也许在旁人眼中是可笑的也说不定。

读了生物学之后，你会知道所谓两性这一问题是如何一种悲剧。人类间的异性爱能从盲目的本能变成感情的交响，再从单纯的感情经过理智的洗练，因是创造出一种完全不同的事物出来，不能不说是绝大的进步。现今人类还不能不忍受许多生物学上定则的束缚，但几千年后，借着科学的能力，也许关于人类的生存和生殖两个问题有着另一的方式，而男女性将变为仅仅是精神上的区别，以彼此的交互影响提高文化的标准，这未不便是梦想，但那时人类当已进化到另一种阶段！

又是胡说。此刻我要出去，暂时不写了。

愿我亲爱的朋友与世无争，自得其乐。做人只有两种取乐之道，一种是忘我，忘了“我”，则一切世间加于“我”的烦恼苦痛皆忘！一种是忘人，忘了“人”，则一切世间的烦恼苦痛皆加不到我的身上。

朱朱　三日

3

清如：

凄惶地上了火车，殊有死生契阔之悲，这次，怕真是最后一次来之江了。颇思沉浸六个钟头的征途于悲哀里，但旋即为车厢内的嘈杂所乱，而只剩得一个徒然的空虚之怅惘了。八点多钟回到亭子间里，人平安。

你会不会以为我这次又是多事的无聊？我愧不能带给你一点美好的或物，并不能使自己符合你的期望。每次给你看的一个寒伧的灵魂，我实不能不悲哀自己的无望。我没有创造一个新运命的勇气，不，志愿，又不能甘心于忍耐。正同你说的，我惟蕲速死[1]，但苦无死法，人生大可悲观。人云，难得糊涂，虽糊涂的骨子里实具有危险，我苦于不能糊涂。

但只你我的友情存在一天，我便愿意生活一天。如果我有时快乐，那只是你美丽的光辉之返照。我不能设想有一天我会失去你，那是卑劣的患得患失的心理，我知道。我相当的爱我每一个朋友以及熟识的人，可能的话，我也愿爱人生和举世一切的人，但我是绝对的爱你，我相信。我希望这不是一个盲目的冲动，我该不能再受感情的欺骗了。

这次给我一个极度美丽的记忆，我不能不向你致无量感激敬爱

---

1 惟蕲（qí）速死：又希望快点死去

之忧。我害怕我终不会成为你的一个真的好朋友，因我是一个不好的人，但我愿意努力着，只要你不弃绝我。

谁知道我们以后还会不会会见了！哀泣着的是这一个失去了春天的心。春天虽然去了，还能让它做着春天的梦吗？虽然是远隔着，在梦里我不愿离开你，永远。

愿你真的快乐，好人！

朱　十八夜

4

好人：

挨过了一个无聊的聚餐，回到斗室里剥去衣裳（我不想对你讲究无聊的礼貌，一定要衣冠端正而写信），便在纸上写上了好人两个字，这光景正像受了委屈的孩子扑到娘怀里便哇的一声哭起来一样，除了这我也想不出什么安慰自己的办法了。

委屈是并没有什么委屈，不过觉得乏味得很，跟别人在一起的时候，我总是格外厌世的。今晚是本级在上海的同学欢送陈尧圣出国，虽然都是老同学，我却觉得说不出的生疏；坐在那里，尽可能地一言不发，如果别人问我什么，便用最简短的字句回答，能用点头摇头或笑笑代替则以之代替。我总想不出人为什么要讲那些毫无意义毫无必要的“你好”“忙不”“放假了没有”“几时来拜访”“不敢当，请过来玩玩”一类的话。

只有你好像和所有的人完全不同，也许你不会知道，我和你在一起时较之和别人在一起时要活泼得多。与举世绝缘的我，只有你能在我身上引起感应。

……

建筑月刊从最近期定起，计洋五元六角，定单上的5字写得不大容易辨认，故再写一笔，免得查问。

我爱你永远爱不完，愿蚊子不要叮你。

朱　廿七

5

二姊已经睡得好好的了，小弟刚看卓别麟[1]回来，胡闹得有趣。

雁歌暝归霞，楼凤惨瘗残。屏墨香尘老，轻灯舞往还。
宿酒愁难却，旅尘染鬓寒。临江慵写黛，病却盼花残。
素缕委尘白，软绡染水红。春归絮舞苦，花老燕飞慵。
千里无情月，尚临别梦明。断魂残酒后，掩泪倚青灯。

——拼字集句成四首

这玩意儿是我发明的，即是把一些诗词抄在纸上，然后一个一个字剪下来，随意把各字拼凑成一些不同的诗句，如上例。很费心思，你一定不耐烦试。然而我待你好。

廿八夜　爱丽儿

我想要是世上有一个人，比你更要好得多，而且比你更爱我，那么我一定会忘了你的。不过那是谎话，如果真有那样一个人，我一定要咒诅那人，因为比你更好，即是不好。而且我为什么要人爱我呢？你倘不待我好我也一样待你好，除了你之外，我不许任何人待我好，但你待不待我好全随你便。

---

1 卓别麟：卓别林

如果我忘了你，你会不会“略为有一点”伤心呢？我知道你一定会说“绝不！”，为着这缘故，我更不肯忘了你，因为一个人如被人遗忘了而一点不伤心，这表示那忘记她的人对她会不值一个大，这是何等的侮辱呢。

莫名其妙的，日常我觉得我很难看，今天却美了一些。

你的鼻子有些笨相，太大一点，你试照照镜子看，你的眼睛最美，那么清澈而聪明，眉毛的表情也可爱。脸孔的全部轮廓，在沉静和愠怒时最好看，笑起来时，却有些凄惶相。是不是胡说呢？你的手跟你写的字一样太不文雅，不过仍然是女性的，令人怜疼，想要吻吻它们。

廿九晨

6

宋：

信不知怎样写法。有时我常惭愧我自己，也会觉得我不配做你的朋友，有时。

我本来不算生病，人照常好。我想我并不太苦，也许有点太幸福，我想。

在这世上，比宋再好的人，我想是没有了。

今天不放假也好。天仍是阴，心里仍是闷。但无论如何，我算在友情里（可不可以说你的？）找到了活在世上的意义，寂寞实在是够人耐的。让我永远想望那一点天外的星光过活，纵便看不见他，在梦里我要给他无数吻。

我们人类的感觉，许多是在自己的感觉里夸张了的，我们正也需要这类的夸张。

愿你有一切的快乐，我是你的。

朋友　五日

7[1]

小宋：

代你作了三首诗，这玩意儿我真的弄不来了。

春风转眼便成秋，昨日欢娱此日愁。
愁到江山齐变色，惹伊鸥鹭亦低头。

不见花前笑脸红，寂寥身世可怜虫。
寒松阡陌娥眉月，肠断坟头夕夕风。

迷离旧事逐烟尘，不尽凄凉剩此身。
梦里依稀犹作伴，一灯红影照三人。

我现在很有钱，你要我买点什么东西给你？

我叫这个名字　廿一

1 原件宋清如注：1934 年

8[1]

好人：

你简直是残忍，一天难挨过似一天，今天我卜过仍不会有你的信来。我渴想拥抱你，对你说一千句温柔的蠢话，然这样的话只能在纸上我才能好意思写写，即使在想象中我见了你也将羞愧而低头，你是如此可爱而残忍。

我决定这封信以情书开头，因此就有如上的话，但这写法于我不大合适，虽则我是真的爱你，如同我应该爱你一样。

如果到三十岁我还是这样没出息，我真非自杀不可。所谓有出息不是指赚三百块钱一月，有地位有名声这些。常常听到人赞叹地或感慨地说，“什么人什么人现在很得法了”，我就不肚热那种得法，我只要能自己觉得自己并不无聊就够了。像现在这样子，真令人丧气。读书时代自己还有点自信和骄矜，而今这些都没有了，自己讨厌自己的平凡卑俗，正和讨厌别人的平凡卑俗一样，趣味也变低级了，感觉也变滞钝了。从前可以凭着半生不熟的英文读最艰涩的 Browning[2] 的长诗，而得到无限的感奋，现在见了诗就头痛，反之有时看到了那些又傻又蠢气的电影，倒要流流眼泪，那时我便要骂我自己，“你看看你这个无聊的家伙，有什么好使你感动的呢，那些

---

1 原件宋清如注：1934 年冬

2 Browning：勃朗宁，19 世纪英国诗人。

无灵魂的机械式的表演？”真的我并不曾感动，然而我却感动了。一个人可以和妻子离婚，但永远不能和自己脱离关系，我是多么讨厌和这个无聊的东西天天住在一个躯壳里！如果我想逃到你的身边，他仍然紧跟着我，因此我甚至不敢来看你，因为不愿带着他来看你。我多么想回到我们在一处作诗（不管是多么幼稚）的“古时候”，我一生中只有那一年是真的快乐，真的满足，满足自己也满足世界，除了太过渺茫了的我的童年，那还是太古以前的事，几乎是不复能记忆的了。

你知道火炉会使人脸孔变惨白，但你不知道人即使在火炉旁也会冻死的，如果有人不理他。杭州已下雪了，这里只有雨，那种把人灵魂沾满了泥泞的雨。冬天唯一的好处是没有臭虫，夜里可以做梦，虽然我的梦也生了锈了。

寄与你一切的思慕。

朱儿

9

清如：

元旦早上到家，过了两夜，今晚回上海，读了你的信，很快活。

家里当然并没有趣儿，来了几个客人，吃吃东西发发闷，想给你写信也没心思，一半因为没有钢笔墨水我写不出。夜里仍做些梦，都不记得了，今天早上睏晏觉[1]，在被中想想你，曾经哭哭，不是为伤心或相思得苦，只是无聊而已。

我的年龄一共有四说，廿二岁，廿三岁，廿四岁，廿五岁。

再过两天是星期，又得玩了，还剩两三块钱。至少可以把西席地米尔的 *Cleopatra*[2] 和刘别谦的 *Merry Widow*[3] 两本一起看过。郑天然这家伙不知究竟打算来不来，要是明天不来，我根本对他失望了，已经是第四次的延期。

什么希望都没有，只希望就看见你，你阴历新年在家还是在校？

这是今年我所写的第一封信。一切的思念和祝福都属于你，愿你无限好。

我怪爱在冷天吃冷东西，此刻尤想吃 ice cream。

朱　三日夜

---

1 睏晏觉：江浙方言，意为“睡午觉”。

2 *Cleopatra*：电影名，当时译为《倾国倾城》，现在译为《埃及艳后》，叙述古埃及女王克莉奥佩特拉七世的生平艳事。

3 *Merry Widow*：《风流寡妇》，电影名。

10

清如：

我心里很悒郁[1]很悒郁。你的信来了，拿在手里，心微微的痛。读了之后，更懊恼得说不出话来。我已写过两封信，寄在栏杆桥。现在写信，又忘记了你常熟的地址号数，得还家翻了出来才能付寄。心真急，话，今天说了要隔天才能听到，已不痛快。回音，又有得等的。冬天的日子也是这样长。这里，有的是把冷淡当作友谊的“好朋友”。我，没有话说，只念你，像生着病。我心里很悒郁很悒郁。不要失约，好人！我把一天当一年过，等候着你。我不能让你在我身边闪过，我要望着你，拉住你，相信不是在梦里。天！我愿意烧，愿意热烈，愿意做一把火，一下子把生命烧尽。我不能在地窖里喊忍耐，一切是灰色得难受，灰色得难受。死，也得像天雷砸顶那么似的死，火山轰炸那么似的死，终不能让寂寞寸脔[2]我的灵魂，心一点一点地冻成冰。我怕冷。愿你好。如果我不是这样不自由，我将飞到随便什么地方来看你。说不尽的心里的一切。

朱　十九下午

1 悒（yì）郁：忧郁，抑郁

2 脔（luán）：切成小片的肉

11

宋：

孺慕[1]这两个字也许用得很不适当，但没有别的名词比这更好地道出我对你的怀念，那不能是相思，一定是孺慕。

你走了一礼拜了，仿佛经过了好几月，前夜写了封信，却不曾发出。话是没有什么可说，只告诉你我虽不快活，也不比一向更不快活，日子尚不至于到不能挨过的地步。其次你到家后还未有信给我，已经在望了。我不要你怎样费工夫给我写信，只草草告诉我安好就是。我只盼快点放假回家，虽然也不会有甚么趣味，或者到杭州望望铭善[2]去。

以全心祝你快乐健康。

朱　廿三

假如有人问我烦忧的缘故，我不敢说出你的名字。[3]

---

1 孺慕：对父母的孝敬；爱戴；怀念

2 任铭善：朱生豪在之江大学的同学与好友。

3 假如有人问我烦忧的缘故，我不敢说出你的名字：这是戴望舒的诗《烦扰》中的句子。

12[1]

二哥：

今天星期三，还有三天，星期六就放假，一共七天。要是阳历新年放那么多，岂不好，不幸而生为阴国民。五日之前，信寄我家里，如果有信的话。

你大概安好，也许很忙，读一点书，或者只是想想而已也说不定。你读一点什么书？

郑天然昨晨六点钟坐大轮船留学去，不曾来看我，当然我也没有去送她[2]。前晚我为她大气特气，电话里关照说我去看她，还想请她吃夜饭哩，巴巴的走到她旅社里，出去了。有事情得留下话，不使人瞎等是不是。这人吊儿郎当，借我至少十五块钱，还我十块，其余的算是我要付她的利息，犹太人碰着她要饿死。写信总是虚假的文言，她爸爸的！以后尽量不理她。

再说。菩萨保佑你易长易大，无灾无病。

拙者　日期见上

---

1 写于1935年1月30日。

2 郑天然，是朱生豪在之江大学时的一位男同学。此信中下面的几个“她”字，都是故意先写作“他”，然后涂改成“她”。

回应

你的歌

你曾经唱过春天的歌，
远归的燕子为你伴奏；
因为你心中有喜悦，
洒落出百花的光辉。

你曾经唱过秋天的歌，
飘零的落叶陪你叹息；
因为你心中有忧愁，
一片片乌云锁住你窗前。

你曾经噙着泪花，
哀叹“人间没有伊甸园”，
你曾经滴着心血，
哭诉“屈辱、痛苦、无望的生活”。

你的歌声消失在人海里——
你用沉默为它饯行；
你的诗篇埋葬在炮火中——
你用冷眼向它们诀别。

可是你永远不会忘记，
那一串串青春的火焰，
纵使只有太少的人，
曾经感受到这一道光、这一份热。

第五章

畅聊人生

朱生豪的信中除了寄托对宋清如的思念之外，还畅聊人生、生活、学习、工作等话题，对她无话不谈。在信中，他无忧无虑地敞开心扉，表达着自己对生活、对社会、对未来的真实想法和见解。沉默寡言的朱生豪，恐怕也只有在给宋清如写信时才会感到自由酣畅吧！

清如：今天上午陰了半天，黑夜下起雨來，心裡很不痛快吧！昨夜我很早的睡了，可是睡不着，今天頭痛，吃過中飯後覺得很頭暈，倒下來。一個小學生上課時舉起手來，問他，他站起來：手背揩了揩眼睛，說，先生，我要睡覺去！……

從前劉延陵有過一首詩，寫小孩子陪着母親，坐船渡河，帶着鮮花去望醫院裡病着的姑姑。母親叫他唱歌，小孩拍起手唱，"……說得盡的安慰，我們都說過了，說不盡的安慰，我們都交付給鮮花了。……"反襯了更輕柔的調子，很美，

1[1]

人生当以享乐为中心。第一种人眼前只道是寻常，过后方知可恋，是享乐着过去。第二种人昨日已去，不用眷眷，明日不知生死，且醉今宵，是享乐着现在。第三种人常常希望，常常失望，好在失望后再作新的希望，现实不过如此，想象十分丰富，是享乐着未来。你在读书时可以想象放假而快乐，放假时可以想象读书而快乐，于是永远快乐。

我假从二月二日（记住那是我的阳历生日，阴历生日已过去两个星期）放起，不想就急急回家，那天（明天）上午或者去买东西，下午或者去看舞台人的演剧，或者晚车回去，三日四日五日六日都在家，七日回上海，八日再可以玩一天，九日上工，十日星期仍上工，到十七再玩。

到家里去的节目不过是吃年糕，点蜡烛，客人来（我希望她们不要叫我拜客了），以及叉叉麻将。

新近发现了一条公理：凡是巴巴的来看我的朋友，都不外是因为：1. 借钱，2. 托我事情；其余的朋友都不愿意见我，这最近有好几个例证：

一个在苏州的好几年不见但常通信的朋友到上海来，打电话叫我到中央旅社看他，我把中央误听了东亚，找不到，后来他说，本

1 写于 1935 年 2 月 1 日。

想来看我，想想见面没甚么意思，因此就走了。

你过上海时我来车站望你，你说我不应该来看你。

郑天然上次穷瘪来投靠我，今番堂而皇之地出洋，于是打电话来关照我都叫茶房代打，当然再不要光顾亭子间了。

我叫任铭善到我家来玩，他想了好几天，终于决定不来。

苦笑而已，云何哉。

看见太阳，心里便有了春天，天气真有暖意，即使不怎样暖（否则室内不用生火炉），至少有这么一点“意”。可是上海是没有春天的，多么想在一块无人的青草地上倒下来做梦哩。手心里确是润着汗，今年的冬天是无需乎皮袍子的，只是不知几时才会下雪，虽然我并不盼望。

你的来看你的朋友，如果不是一个古怪的人，便是一个平常的人，因为你要叫我猜，我便猜她（不是他吧）是一个古怪（means[1] 有些特殊的地方）的人，否则你没有向我特别提说的必要。古怪两字用指最高泛的意义，不单指人的本身，也指 case[2]， condition 等等而言。

这答案答得坏极。

Bertram[3] 的离别使她的眼里充满了眼泪，心里充满了悲伤。因为她虽是绝望地想着他，但每点钟和他相对，对于她终是很大的安慰。Helena 会坐着凝望着他暗黑的眼睛，他慧黠[4]的眉毛，他美发的涡卷，直至她好像把他的肖像完全画在她的心版上，那颗心是太善于保留

---

1 means：意思是

2 case：和后面提到的 condition，意为“情形，状况”。

3 Bertram 和后文提到的 Helena 是莎剧《皆大欢喜》中的男女主人公。

4 慧黠（xiá）：聪慧灵敏

那张可爱的脸貌上每一根线条的记忆了。

当我年轻的时候，我也是这样的。爱情是那朵名为青春的蔷薇上的棘刺。在年轻的季节，如果我们曾是自然的儿女，我们必得犯这些过失，虽然那时我们不会认它们为过失。

不要自寻烦恼，最好，我知道你很懂得这意思。但是在必要的时候，无事可做的时候，不那样心里便是空虚得那样的时候，仍不妨寻寻烦恼，跟人吵吵闹闹哭哭气气都好的，只不要让烦恼生了根。

你是个美丽而可爱的人，春天、夏天、秋天和冬天的精神合起来画成了你的身体和灵魂，你要我以怎样的方式歌颂你？

祝福！

朱朱　一日

2

亲爱的朋友：

今天才回上海，你一日发的信在我去后到，今天才看见，希望你眼皮上的东西已没有了。你真是苦恼子相，要不要我疼你？

已经决定今夜不写信了，可是不写总不成功，在家里，则想写想写总写不出什么话来，除了我爱你。

告诉我谁骂你是滑头，当然也许他也有他的理由，但有人说你是最甜也是最可信赖的好人，你承认不承认？（那个“有人”便是我。）

写信总是那么写不痛快，我真是盼望看见你，就是不说一句话也好。顶好是有五六天样子在一起盘桓[1]，然后再分别。过分的幸福反而不好的，因此我不敢盼望不别的永聚，只要别得不太久远，聚得不太匆促，那么生活也就很可满足了。

生命是全然的浪费，用一个两个钟头写一封无关重要的信，能够邀得心心相印者的善情的读诵，总算是最有意义的事了。

感爱思慕的话是无从诉说的，但愿你好，康健，快乐，有一切福。

朱　八日

几时离家？

---

1 盘桓（huán）：徘徊，留恋不前

3

清如：

在刚从严寒中挣扎出来，有温暖而明朗感的悦意而又恼人的天气，在凄寂的他乡，无聊的环境里，心里有的是无可奈何的轻愁，不知要想些什么才好，只是惓惓地怀忆着一个不在身旁的，世间最可爱的朋友，无论如何，当我铺纸握笔的时候，应该是有一些动人的话好说的，然而我能说些什么呢？

我无法安排我自己的时间，想定定心在公余做一些自己的工作，不能；随便读些书，也是有心没绪的。心里永是那么焦躁不宁。如果不是那样饥渴地想忆着你，像沉舟者在海中拼命攀住一根漂浮的桅杆一样，我的思想一定会转入无底绝望而黑暗的深渊，我觉得我的生命好像不是属于自己的，非自己所能把握。

要是此时我能赶来看看你，该是多么快活！我说如果我们能有一天同住在一个地方的话，固然最好相距得不要太远，但也不必过近，在风雨的下午或星月的黄昏走那么一段充满着希望的欢悦的路，可以使彼此的会面更有意思一些。如果见面太容易，反而减杀了趣味，你说是不是？如果真有那一天就好了！别离有时是太难排遣的。

廿九·夜

4

宋：

你前儿那封信里说的话一通也不通，懒得驳你了。世上没有什么人会爱你，因此只好自己骗骗自己说恋爱是傻了。顶聪明的人都是爱寻烦恼的，不寻烦恼，这一生一世怎么度过去？理学先生都有说不得的苦衷。活人总是常戚戚的，死人才坦荡荡。

我渴望和你打架，也渴望抱抱你。

你这恼杀人的小鬼。不要因为我不爱你而心里气苦。

岳飞　三月二日

你很苦，真是，谁也不疼你，快钻到被头里去哭吧。

三等无轨电车里两个女人打架，今天总算得到了点 thrilling[1]，女人打架，照例我总是同情比较好看一点的那个，事实是女人跟女人相打，总是彼此毫无理由的多，要判断谁曲谁直，永远是不可能的。

天实在太暖了，趁着好的太阳光，多走走路吧，不要闷着等死，你如要等死，死便不肯来的。

1 thrilling：令人兴奋的事

5

清如：

今晚编辑所同人饯别某大编辑进京得意，敝人车钱尚要向人设法，此信的邮票，当然也无着落，明天如仍无希望，则脸孔非得拉到丈二长不可。你的那包糖今天要在邮局里过第四夜了。昨天接到寄来包裹通知，因为不知是哪块来的什么东西，很不放在心上，今天去拿，回头[1]得向四川路总局领去，明天只得央人去拿，以后望写明提篮桥支局为盼。

这两天真是什么心思都没有，一点书也看不进，只是想你想你想你想你想你。昨夜梦见你被老虎吃了，把我哭死。

想不出什么话，而且要跑出去了。我待你好。

和尚　十

1 回头：上海方言，意为“答复，回答”。

6

好孩子：

不会哭吧？我很急，真想跑来瞧瞧你。天十分暖了起来，其实上课堂也要打瞌铳[1]，乐得躺在床上看看云吧。希望快好起来，耶稣保佑你，即使没有什么痛苦，我也是不能放心的。

想不出一个好故事可以讲给你听。“黄鹂”那首写得很可爱，你总是那么可爱。我想写一首诗给你，可不知道写不写得出。歌人一天一天的拙劣了。

春天，我不忆杭州，只忆你，和振弟，他比你寂寞，也许比我还寂寞，他是永不把心开放给别人的人。

我给你念祷告，希望这信到时你已经好了。愿你安静！春天否则是会觉得太短的，生生病，也许会长一些。但是心里高高兴兴，什么时候都是春天，所以还是快些好起来吧！好好珍重，以后不许生病了。再写。

朱朱　十九夜

1 打瞌铳（chòng）：打瞌睡

7[1]

清如：

今天好没有好？昨夜睡得安不安？安安静静，什么都不要想，于是日子会过得很快，一下子就好了。虽是距离隔着我们，但你跟我总是那么近，仿佛我能听见你的呼吸，感得到你的红的热的颊儿似的。弄堂对门有学校，女孩子唱歌，那么活泼，想起过去的时日。愿你痊愈！

朱　廿晨

1 原件信封上的邮戳日期为 1935 年 3 月 20 日。

8

清如：

今天上午阴了半天，果然下起雨来，心里很不痛快吧？昨夜我很早的睡了，可是睡不着，今天头痛，吃过中饭倦得很，头只是倒下来。一个小学生上课时举起手来，问他，他站起来，手背揩了揩眼睛，说，先生，我要睡觉去！

从前刘延陵有过一首诗，写小孩子陪着母亲，坐船渡河，带着鲜花去望医院里病着的姑姑。母亲叫他唱歌，小孩拍起手唱："……说得尽的安慰，我们都说过了，说不尽的安慰，我们都交付给鲜花了，……"反复着轻柔的调子，很美，有太戈尔[1]《新月集》里的调子。《新月集》你读过没有？

你病了，想起来也心里寂寞得想哭，不十分难过还好。我愿意我能安慰你。等你爽了再给我写信吧。祝福！

二十下午

1 太戈尔：泰戈尔

9[1]

昨夜我在梦里大唱其歌，嗓子吊到半天高，被誉为 the world's greatest tenor[2]。学校开学的第一天，我从头龙头下山吃饭去，遇见宋清如和那位 inevitable[3] 的某小姐以及另外一位杜撰出来的女士从宿舍里出来，我对宋清如说，“瞧你简直像个鬼”。因为她满面孔跌破抓碎，贴满了橡皮膏和布片，面色又黄又老又难看，见了怪教人心疼，禁不住要爱她，这是 love at first sight，中文译为一见倾心，于是我 play the gallant[4]，说，“一同吃饭去好不好？”她贼忒嘻嘻地犹豫不定，心里是答应的，但是因为嘴里太干燥，说不出话来。那两位密斯[5]见机说，“我们少陪了（让你们去 play donkey[6] 吧）”，我说大家一块儿去吃饭又有何妨，假使你们小气不肯请客，就各人自会钞也罢。她们说不用客气了，于是带着一副贼腔去了，少不了做个鬼脸，以及笑那种女人特有的笑，那种笑既不是场面上应酬敷衍的笑，也不是中心发出来的愉快的笑，又不是因为感到发松有趣，胳肢里被

---

1 原件宋清如注：1935 年 3 月

2 the world's greatest tenor：世界最伟大的男高音

3 inevitable：躲避不了的

4 play the gallant：献殷勤

5 密斯：指 Miss，意为“小姐”。

6 play donkey：做傻事

tickle[1]了的笑，乃是一种根本不必笑的笑。你——不是你，我说的是宋清如，真腼腆得可以，大学教育不知教了她些甚么，于是我也只好红红面孔，陪着她慢步金莲地走着，心里只想有机会把她作弄一下，虽则未免太罪过。嘿！这顿饭吃得可真写意，每人坐一张桌子，因为菜蔬太多，一桌子放不下。刚要吃之时，幕布便拉拢了，休息五分钟，我说这种电影我不要看了，于是出去做 the world's greatest tenor，可惜你——她没有福气听我唱，（中间省略了几个音符。）唱到最高的地方，力竭声嘶，变成了猫叫，听众大拍其掌，我觉得非常荣幸。

我有没有告诉你过，有一次我梦见宋清如，她开始是向我笑，笑个不住，后来笑得变成了一副哭脸，最后把眉毛眼睛鼻子嘴巴都笑得变动了位置，最后的最后满面孔都笑得面目模糊了，其次的最后脸孔上只有些楔形文字，这是我平生所看见的最伟大的笑。

我真爱宋清如。

元始天尊

1 tickle：挠痒

10[1]

好好：

今天毫无疑问地得到了你的信，就像是久旱逢甘雨一样。

吃喜酒真非得要妈妈同着不可，难为情得一塌糊涂，今后誓不再吃（你的喜酒当然我一定不要吃），世上没有比社交酬酢[2]更可怕的事（除了结婚而外）。

我希望你不要嫁人，如果你一定要嫁人的话，我希望你不要嫁像我这种男人（如果我也可以算是男人的话），要是你一定要嫁像我这种男人呢，那我也不管，横竖不关我事。

我今天要到街上去，买信封信纸墨水（全是为着给你写信用的），再买几本小说看。你有没有看过杜思退益夫斯基[3]的《被侮辱与被损害的》？如果商务廉价部里有这本书，我可以买来给你。

我待你好，直到你不待我好了为止。也许你不待我好了，我仍待你好的，那要等那时再说。

我要吻吻你。

魔鬼的叔父　三日

---

1 原件宋清如注：1935 年 4 月

2 酬酢（chóu zuò）：宾主互相敬酒，泛指交际应酬。

3 杜思退益夫斯基：即陀思妥耶夫斯基

回应

有些人的一生

有些人的一生，
是用彩色渲染的巨像，
是一阕胜利的凯歌；
而你的清影呢？
只是淡墨的泼写，
谱下一支凄怨的悲歌。

韶华，流水的冲刷，
鲜艳一时的画幅，
会出现斑驳的锈迹，
但是一声微弱的虫吟，
有时会激起诗人的叹息，
叮咚的泉鸣不断在山谷回旋。

三十六年的风花雪月，
太阳底下多少生生灭灭，
你的音容笑貌，
不时萦回在我的梦寐，
你的斑斑残简，
不断闪现着泪影和□□[1]

从你第一代的身上，
我读着你的纯朴和□□
从你第二代的眼里，
读着你智慧的余辉。
从莎士比亚的译文里，
读着你搏动的心弦。

1 因原信损坏严重，有些文字已经难以辨认了。

第六章

切磋切磋

朱生豪、宋清如最初相熟是源于请中间人传递诗歌。切磋学问，交换诗文，交流作品也成为他们书信中交流的重要内容之一。

朱生豪是老师，对宋清如的作品时时指点。两人不时地交换新作，在作品交流中增进着彼此的情感，希望有朝一日合编一本诗集是他们的心愿。不管当时环境多么恶劣，即使天各一方，仍通过切磋诗词来传递着爱的誓言。

姊姊：

我叫你姊姊你难不难为情？

老是想你得很，我没有心思工作，先写了这封信再说。书读的跟你说真比莎士比亚还难翻，又没趣味又单调，又要一个个字对照着译。

这几天来我也心思很不安定，人倦得睁不开眼来，也许是你传染给我的毛病。

昨夜我梦见天上有许多月亮，大的小的圆的缺的，很好看，我叫你看，你却不要看，并且硬要争辩说我看月的"说我"是一种傻子，我气得想要揍你一顿。

想来想去还是亚当夏娃最快乐，做了逐出了伊甸园，整个世界都只属于他们俩的，等到第二代，该隐就要杀亚伯了，因此合理的世界，仍然有两个人，不多也不少。

我希望你不要苦，要是你受了委曲，就向我出出气好了。[redacted]（[redacted]）

昨天我们闷了一天，一些不快活，我真想吃些真好吃的东西。星期日你是怎样过的？

要是有那么一个好地方，我们在一起静静生活着多好。每天每天看不见你，真使我心痛。

祝福你好。

淡如　七日

（我姓洪，名水，字淡如，好不好？）

1

清如（规规矩矩）：

王守伟兄很有意思，叫他编年刊，他就在年刊的弁言上斥年刊的无谓，说要是把出年刊的钱花在别种有意思的事情上，一定好得多。你为什么诗刊作序，也可以这样说，说作诗是顶难为情的事情，诗人等于一只狗，要是把写诗的精神去提倡新生活，一定有意思得多。要是有钱办诗刊，宁可吃几碗豆腐浆。我请求你千万不要再说什么诗是人类灵感的最高流露一类孩子说的话了。

我咳嗽了一声，在桌上的你的信纸吓了三跳。

笑话，真是笑话，恋爱没有条件，如何能成立。条件有种种不同，以金钱美貌为条件，我以为未必便比以学问道德为条件卑鄙，after all, this is 20th century[1]，恋爱已不是浪漫的诗意的了。为什么你要说是恋爱的外婆？你的思想总是半生不熟，既然上了台，就该大言不惭，何客气之有。after all, this is 20th century。姑娘们不屑谈恋爱，是表示神气，但如暴露自己无人与之谈恋爱，未免使人听了伤心。万一男同学们听了你的自谦，信以为真，同情你起来，预备给你经验，你岂不又要心跳？唯物论者讲实际，艺术家们讲 taste[2]，唯物论的艺术家们讲灵肉一致，总之需要条件，不见得恋爱至上主义者们会恋

---

1 after all, this is 20th century：不管怎样，现在已经是 20 世纪了。

2 taste：品味，爱好

爱一条癞皮狗。你如袒护反面，我一定得给你一顿教训。

Shall I thus wait suffocatingly for death[1]？于是我读到你诗意的叙述，哎，流落四方，梦花幻灭在不同的土原上，夕阳的光辉下望着蓝空微笑死去，能作这样的想头，不也是幸福吗？我希望我在一间狭小的斗室里，人声的喧嚣中，乌烟瘴气的周围，红着眼睛，白着嘴唇，脸上一抽一搐地喘着气死去。

这两夜，每夜做乱梦，我实在是不爱安静地睡去的，夜静后毫无声息，我会觉得很寂寞，巴不得汽车、无线电、哭、喊、救火车的哭声尤其有趣，打牌、闹，一齐响了起来。因此我也是不喜欢无梦之睡眠，早晨无梦而醒，觉得把一夜工夫白白耗费了似的。这两夜每夜做乱梦，因此使我对睡觉有了热情，顶有趣的一个梦是在经理室里撒尿，尿桶刚放在经理的背后，完事之后大家对我看看，我有点惶愧又有点快乐。

当然你尽管说“我不想望你到杭州来”好了，因为即使你想望，我也是不会来的。

福我已经太多了，以后你得祝我长寿，我希望活一百五十岁，看你曾孙的女儿怎样和人家恋爱。

我的信都写得太无赖，你如不喜欢这些，我以后也可以用八行书端楷恭书吾姐安好的，虽然纸墨笔砚都得买起来。

总之，我知道你所用的信纸是专为写情书用的，可惜不曾再撒一些香粉在上头，至少我闻不出。信封尤其有趣，那个黑小弟弟活像你。总之这是一个人的 taste 问题。

完了，再向你说一声口是心非的“我爱你”。

朱朱

---

1 Shall I thus wait suffocatingly for death：我是否要这样窒息地等待死亡？

2

其实老早倦得想睡了，可是到底发了那么半天呆。

我说，我不高兴写信了，因为写不出话来。可惜我不是未来派画家，否则把一块红的一块绿的颜色在白纸上涂涂，也好象征象征心境。

总之是一种无以名之的寂寞，一种无事可做，即有事而不想做，一切都懒，然而又不能懒到忘怀一切，心里什么都不想，而总在想着些不知道什么的什么，那样的寂寞。不是嫠妇[1]守空房的那种寂寞，因为她们的夫君是会在梦中归来的；也不是游子他乡的寂寞，因为他们的心是在故乡生了根的；也不是无家飘零的寂寞，因为他们的生命如浮萍，而我的生命如止水；也不是死了爱人的寂寞，因为他们的心已伴着逝者而长眠了，而我的则患着失眠症；更不是英雄失志，世无知己的寂寞，因为我知道我是无用的。是所谓彷徨吧？无聊是它的名字。

吴梦窗[2]的词，如果稍微挑几首读读的确精妙卓绝，但连读了十来首之后不由你不打呵欠，太吃力。

没有好杂志看好电影看也真是苦事，我一点不想看西席地米尔的《十字军英雄记》，左右不过又是一部大而无当的历史影片。我

---

1 嫠（lí）妇：寡妇

2 吴梦窗：南宋词人，被称为“词中李商隐”。

在盼望着堇纳倾全力摄制的莎士比亚《仲夏夜之梦》，卓别林的新作，嘉宝的 *Anna Karenina*[1]，和自然色试验作的 Becky Sharp[2]。上海不大容易看到欧洲大陆的影片，就是英国的作品也不多，从德国、意国来的极少几部，都是宣传的东西，我很希望看一些法国的名制。

有点要伤风的样子，老打喷嚏。

傻瓜，我爱你。

想你想得我口渴，因此我喝开水；想得我肚皮饿了，alas[3]，无东西吃。我愿意做梦和你打架儿，把你吃扁得喊爹爹，我顶希望看你哭。

心里不满足。祝你好。

小三麻子

---

1 *Anna Karenina*：根据俄国著名小说《安娜·卡列尼娜》改编成的同名影片。

2 Becky Sharp：据英国作家萨克雷名作《名利场》改编的影片，Becky Sharp 是小说的女主人公。

3 alas：英文感叹词，意为“唉”。

3

姊姊：

我叫你姊姊你难不难为情？

为着想你得很，我没有心思工作，先写了这封信再说。《鲁滨孙漂流记》真比莎士比亚还难翻，又没趣味又单调，又要一个个字对照着译。

这几天来我也心思很不安定，人倦得睡不醒来，也许是你传染给我的毛病。

昨夜我梦见天上有许多月亮，大的小的圆的缺的，很好看，我叫你看，你却不要看，并且硬要争辩蛾眉月的“蛾”是一种蝎子，我气得想要擂你一顿。

想来想去还是亚当夏娃最快乐，虽然逐出了伊甸园，整个世界都是属于他们的，等到第二代，该隐就要杀亚伯了，因此合理的世界，只能有两个人，不多也不少。

我希望你不要苦，要是你受了委屈，就向我出出气好了。

昨天在外面荡了一天，一点不快活，我真想吃点真好吃的东西。星期日你是怎样过过的？

要是有那么一个好地方，我们在一起静坐半天多好。每天每天看不见你，真使我心痛。

我待你好。

淡如　十四

（我姓洪，名水，字淡如好不好？）

4

宋：

你不来信很可恨。

三首贺新凉词，做是做得很吃力，越看越不像样，简直是狗屁不通，你劝我以后不要妄想做诗人了好不好？

彭重熙[1]称赞你很安分守己，我倒希望你惹事招非。

你实在太好，你简直不是女人。

否则此刻我在杭州了，虽则也许你还不曾知道。总之是你不好，明天等待着我的仍然是一整天的空虚。

矮小的中国女子，穿着西式晚礼服，很不好看。

圣灵赐给你满心的喜悦，愿你仍旧待我好。

朱

浅薄的人，人家的仆役，和狗，是世界上最神气的三种动物。

星期六之夜

初到上海来的时候，很有心学做一个 gentleman，可是终于很快地回复到 vagabond[2] 的路上。根性如此落拓，即使有一百个妻子拘管着我，我也不会变成 gentleman 的。

星期日晨自叹

---

1 彭重熙：朱生豪在之江大学的同学与好友，擅于词。

2 vagabond：浪子；流浪者

5[1]

小姐：

样样事情都不如意，这蹩脚钢笔尖又那么不好写，一个月不知要用多少笔尖。一跑进门，孩子又把我的胶水瓶弄过了，桌子上满是胶水，狠狠地把那已被弄空了的胶水瓶掼碎了。我从来不曾喜欢过孩子，这两个孩子尤其讨厌。总之我像一头受伤的狗，今天的薪水失了望，把剩余的三十几个铜板寄出了这封信，连买糖也买不成了。因此你想你这人好不好，昨天还要寄一封欠资信来，剥削去我财产的一半！如果其中说的是我爱你一类的肉麻话，那么或者明天我还可以整天躺在床上做些粉红色的梦，好像真有了一个爱人的样子；毕竟现实是惨酷的，你寄给我的只是一些鬼脸！这象征了人间无爱情，只有一些鬼脸，因此我终将看着鬼脸过此一生了。

把这信寄出之后，预备就做工，明天要做整天的工，晚上想早点睡，使精力充足一些，后天钱到手，便到外头去吃夜饭看影戏，自己请客，到十点钟回家。想想看多惨，一星期做了六十点钟工，把整个的人都做昏了！

可是顶惨的是连半个安慰安慰心灵的爱人都没有，因此要写信也不得不仍旧写给你，虽你是那么不好。

你会不会为我的不幸而落泪呢？愿撒旦保佑你！一个吻。

堂·吉诃德　星期六

1 原件宋清如注：1934 年

6

有一夜，我梦见你做新娘，你猜我送你什么礼物？我送给你一条大鳗鲡(写了这两个字才觉得这东西确实有一个很好的名字，你瞧，除去了鱼旁不便是一个漂亮的洋化的女人名字）。本来我很高兴地赶来吃喜酒，以为你会接待我，然而你哪里有工夫，一句话都不曾对我讲。我很懊恼此行，身上的一件长衫背后又破了一个洞，怕被人见笑，于是一个人上三层楼看火烧去。醒来尚有些悲哀。

吉诃德先生已看了八分之六（六百页），第二部较第一部写得好。昨天看了两本小书，《日本近代小品文选》和《夏目漱石集》。所谓《夏目漱石集》实际只有一篇《哥儿》（已看过了的），一篇《伦敦塔》，和一篇序跋文。可看的也就是那篇《哥儿》而已，因此把它重看了一遍。

下星期日是一定要家里去走走了，这星期日不预备出去。我已定下紧缩政策二十条，今后每月零用只准用十五块钱（连书籍及日用必需的在内）。

我非常绝望而苦恼。

愿你好。

雨

7

弟弟：

《江苏教育》是江苏省政府教育厅出版的。

今天发薪水，买了一块钱邮票，一本信笺，一札信封。跑书店的结果，只买了两角钱一本薄薄的《六艺》，这是现代派作家们继《文艺风景》《文艺画报》《文饭小品》诸夭折刊物之后的又一个花样儿，编制和文艺画报相同。据我所知道他们本来是预备把《现代》复活的，后来仍改出这个杂拌儿的“综合性刊物”，包括文学、绘画、戏剧、电影等东西。施蛰存现在是不声不响着标点国学珍本丛书，起劲干着的，还是叶灵凤、穆时英、刘呐鸥诸公子，《晨报》（被封禁后现改名《诚报》发行，尚未见过）的《晨曦》便是他们的地盘，常和生活书店一批人寻相骂[1]。

《六艺》等我加批后寄给你看。

在读 Lawrence[2] 的 *Sons and Lovers*[3]，如题目所表示，其中所写的是母爱与情人爱的冲突。Lawrence 是写实主义的尖端的作家，完全着重于心理分析（再进一步就要钻进牛角尖里去了），而不注意故事，

---

1 寻相骂：上海方言，意为“吵架”。

2 Lawrence：劳伦斯（1885~1930），20 世纪前期英国颓废派作家。

3 *Sons and Lovers*：《儿子与情人》，劳伦斯写的一部小说。

这本书较之去年所读的他的 *Lady Chatterley's Lover*[1]（据说是外国《金瓶梅》）要好些，因为后者除了几乎给人压抑感的过量的性行为描写外，很干燥而无味，但这本 *Sons and Lovers* 的各个人物的性格剖析，都极精细而生动。

我想不出老读小说有什么意思，但是读什么好呢？

有时我真忙得分不出身来，又想写信，又想作些活，又想看书，又想闭了眼睛沉思，又想在夜之街上徘徊。最是黄昏的时候，最想你得厉害，要是此刻能赶来和你默默相对半点钟而作别，我情愿放弃一切所要做的事。

无尽的离思呵！祝你好！

弟弟

我猜想你近来比较很沉默。

---

1 *Lady Chatterley's Lover*：《查泰莱夫人的情人》，劳伦斯写的一部小说。

回应

高阳台

背面：

录呈

余师请正

清如始学稿

正面：

高阳台　　步玉田原韵

（改前）

云气初收，湖光半暝，再寻不见归船。远逝飞鸥，难凭后约来年。东风不向花间住，任南国零落堪怜。倍凄然，红舞荒林，紫乱清烟。

别来初识离愁苦，怅晨风飘露。梦断斜川，浅笑低歌，何时重上筵边。伤心不共芳莺语，怕娇声更恼愁眠。自障帘，独自沉吟，独自听鹃。

（改后）

云气初收，湖光半暝，重寻不见归船。远逝飞鸥，难凭后约来年。东风不向花间住，任南国飘零谁怜。各凄然，红舞长林，紫乱荒烟。

别来初识离愁苦，怅晨风飘去。断梦随川，浅笑低歌，何时相见芳筵。伤心不共流莺语，怕声声更恼愁眠。自开帘，独数残花，独听残鹃。

第七章

知心交心

朱生豪在信中的称呼变化多样："阿姊、傻丫头、青女、无比的好人、宝贝、小弟弟、小鬼头儿、昨夜的梦、宋神经、小妹妹、哥儿、清如我儿、女皇陛下"等，信末的署名更是百花齐放："你脚下的蚂蚁、伤心的保罗、快乐的亨利、丑小鸭、吃笔者、阿弥陀佛、和尚、绝望者、蚯蚓、老鼠、堂·吉诃德、罗马教皇、魔鬼的叔父、哺乳类脊椎动物之一、臭灰鸭蛋、牛魔王"等。如果不是把对方当作知己，恐怕很难有这些幽默活泼的称呼。两人敞开心扉，坦诚地交流彼此的想法和意见。

我想要在花亭裡看雨，做山石邊看蚂蚁，看蝴蝶恋爱，看蜘蛛结网，看水，看船，看雲，看瀑布，看累了就甜甜地睡覺。

我覺得我已跟破磨的人差不多了，五官（据考据专家只有四官，眼耳口鼻之外還有那一官不知是簡任官還是特任官）都已敗損，眼睛又近視又深度老花，鼻子的左孔常出鼻血，左耳近來就時時嗡嗡作響像風車一樣哄隆隆地搞了一陣，嘴裡牙齒裡面又有毛病，真是。

一切皆味索然，活下去全無指望，横竖時候也不過再有十年好活，我真不想好好兒做人，很想專門真想把自己狠狠地糟蹋一陣。

Kid,

dont worry alright just a bit of being angry about everything ever adore you want to kiss your big nose

ARIEL

1

老弟：

昨夜我简直想怨命，开始是因为今天明天有两天假放，日子无法过去，后来是怨恨你，我说我一定要变成恶鬼和你缠绕，世上没有比你更可恨的人。

顶不好的就是那种说着不确定的话的人，今天任小鬼说“或许”来看我，你想我能欢迎他吗？既不决定，对我说什么，自然啦我不能出去，因为一出去他来了，那是我的不好；然而不出去他不来，他却不负责任，还有比这种更不公平的事吗？你也哄过我不少次了。其实你决不会来看我的，何必说那种来看你不来看你的话呢。不给人希望也不给人失望，这是 fair play[1]，给了人希望再叫人失望，这不是明明作弄人？总之是太少诚意，今后我先预答你一句：“我永不愿你来看我”，这样可以免得你找寻别的理由。

脸孔简直不像人，我也实实在在怕得看见人，让大家忘了我，我也忘了大家吧，讨厌的还要回到家里去。只有寂寞最自由。

你说过你希望将来，因此我希望你将来能到我坟墓上看我。

什么都欺负人，二三十家电影院连一张好片子都没有，日子怎么过去！啊啊。

永远爱你，尽管你那样不好。

朱　廿九

---

1 fair play：公平比赛；公平待遇

2

好人：

昨天梦你到嘉兴来玩，我爱你，凡不爱你的人都是傻子。在我的心中眼中以及一切感官中，你都是美到无可言喻。

天这两天变凉了，我毫无意见，随它冷热，都与我无干。

前天买了一本有趣的旧西书，*House-boat on the Styx*[1]，Styx 是通阴阳两界的河名。其中当然尽是些鬼话，荷马、莎士比亚、孔夫子、伊里沙伯女王、哈孟来特、拿破仑、华盛顿等等都在一起清谈口角，最被挖苦得厉害的是 Dr. Samuel Johnson[2]。书的作者是完全无名的，出版于一八九零年。莎士比亚和约翰逊博士争论莎士比亚戏曲是否莎士比亚本人所作，不能解决，去问 Francis Bacon[3]，Bacon 说是他作的，莎士比亚是他的“打字员”，因为稿子由他打字，便冒认为己作，一个连自己姓名都弄不清楚（莎士比亚的亲笔签名式共有六七种不同的拼法，后来有一位先生著过一本书，发现这个名字一共可以有四千种拼法！）的人，怎么会著出 *Hamlet*[4] 来呢？老莎

---

1 *House-boat on the Styx*：《冥河中的船屋》

2 Dr. Samuel Johnson：塞缪尔·约翰逊博士，18 世纪英国作家和文学批评家，曾编注《莎士比亚戏剧集》。

3 Francis Bacon：弗郎西斯·培根（1561~1626），英国著名哲学家。

4 *Hamlet*：《哈姆雷特》，莎士比亚著名剧本。

大发急，再去问 Sir Walter Raleigh[1]，Raleigh 笑笑说 *Hamlet* 既不是培根作的，也不是老莎作的，那作者正是我哩。莎士比亚说，怎么，莎士比亚的作品都不是莎士比亚作的，那么究竟有没有我这个人呢？又有一个笑话，一次莎士比亚回到阳间去，在伦敦登台演 *Hamlet*，大受批评家的白眼，说他完全不懂莎士比亚。一晚他们举行讲故事会，预先派定约翰逊博士做主席，因为他这个人惯会刻薄人，要是叫他等别人说过后插入一两句批评，那是非常够味的，但要他自己讲起来，便三日三夜讲不完，冗长得叫人异样头痛。第一个立起来讲的是 Goldsmith[2]（他是个不会讲话的人），红红脸孔说了一些反反复复的话，便说要宣读《威克斐牧师传》前五个 Chapter[3]，大家急了起来，主席先溜走了，关照从者等他读完了来唤他。还是拿破仑和威灵顿公爵商量出一个办法，假装因旧恨而吵闹起来，把会场闹得一塌糊涂，才避免去 Goldsmith 读《威克斐牧师传》。拿破仑问 Frederick[4] 大帝有没有读过 Carlyle[5] 所著 Frederick 传记（一部卷帙浩繁的著作），他说不曾，因为没有工夫，拿破仑说你现在永生了，尽管读到 eternity[6]，难道还没有工夫？他说，你读了三四页便知道了。

让我亲亲你，让我爱爱你，无数的肉麻。

朱儿　三十

---

1 Sir Walter Raleigh：沃尔特·雷利爵士，美国文艺复兴时期一位多产的学者。

2 Goldsmith：哥尔斯密，18 世纪英国作家，著有小说《威克斐牧师传》等。

3 Chapter：章节；篇；回

4 Frederick：应为 Friederich，腓特烈大帝，18 世纪普鲁士国王。

5 Carlyle：卡莱尔，19 世纪英国作家、历史学家。

6 eternity：永生

3

我想要在茅亭里看雨、假山边看蚂蚁，看蝴蝶恋爱，看蜘蛛结网，看水，看船，看云，看瀑布，看宋清如甜甜地睡觉。

我觉得我已跟残废的人差不多了，五官（想来想去只有四官，眼耳口鼻之外，还有那一官不知是简任官还是特任官）都已毁损，眼睛的近视在深起来，鼻子的左孔常出鼻血，左耳里面近来就睡时总要像风车一样哄隆哄隆搧了一阵，嘴里牙齿又有毛病，真是。

一切兴味索然，活下去全无指望，横竖顶多也不过再有十年好活，我真不想好好儿做人，恨起来简直想把自己狠狠地糟蹋一阵。

4

宋：

本来我知道你一定不会答应到我家里来，但我确痴心地盼你打上海过，还望你带好东西来我吃呢。又是这么像是特意要避过我似的，连安慰也不留一句地走了，怎不叫人耿耿呢？你或许以为车站上几分钟的相对没有什么意思，徒然引起一些惆怅，但在我，就是惆怅也好，日复一日的枯燥的生活，多么想望一些小小的兴奋，即使不一定是快乐，也总比空虚的想望好些。而且我是那么不自由，要来看你一次，总得顾虑着钱，顾虑着时间。一共在世上我们也没有多少年岁好活，见面的机会是那么稀少得令人伤心，更能禁得起多少次的失望呢？

我常常不大愿意提起关于结婚的一个问题，尤其是在一个要好的女朋友之前，但今天却想以纯粹朋友的立场，提供你一些意见。唯一我替你担心的，便是你对于一切都抱着得过且过的态度，害怕想到将来，甚至于想借着短命来逃避（也许我也有些如此），其实将来也许并非一定那样可怕也说不定。在此刻，我们的处境很有些相仿，我们的家庭方面都在盼望我们赶快结婚，而我们自己则都在托辞敷衍着。关于我自己，我抱着不结婚的理想，少说些也已有五六年了；起初还只是一个理想主义者的诗意的想头，伴着对于现社会婚姻制度的不满，而近年来生活的困苦的暗影更加强了我的决心。姑母她们以为我现在不愿结婚是有所期待，或者因为嫌现在所入菲薄，要等经济方面有恃无恐后再说，因此倒是相当地嘉许我，但我如说出永远不结婚的话来，她们便要说我是傻子，而且也不肯相信（按照我们的道德的逻辑，你不娶妻生子，父母生下你来做甚么？在这种训条之下，一个男人所受的责备要比女子厉害得多），然而我自己相信我是聪明的，虽然未免偷懒规避了“人生的义务”。同时我对自己也很有把握，即使我母亲从坟墓里复活转来硬要逼我尽我所不愿尽的职，我也不惜做一个忤逆的儿子，为着保持自己最少限度的自由。

关于你，那么似乎你的理由只是因为怕和平常女人陷入同样命运之故，然而这并不是怎么充足的理由，因为命运的平凡不平凡和婚姻并无绝对的关系，真是一个能够自己有所树立的女子，那么虽结了婚也不妨害她为一个不平凡者。不然的话，你能说一般的独身妇人比结婚者的命运更可傲些更幸福些吗？多分是反而更悲惨些。你是爱你的母亲的，如果搪饰到无可搪饰，敷衍到无可敷衍的时候，为了不忍伤她的心，会不会乖乖地听起话来呢？如果终不免有那一天，那么宁愿早些留心为是。一个理想的男人和一个理想的朋友不一样，只要人格高尚，有思想，诚实负责，经济宽裕的人就合适了，如果有这种人，还是不要放弃机会的好（一见面感情泛滥的人是靠不住的）。

有了安定的小家庭生活（少年时的彷徨烦闷其实都是生活不能安定之故），只要不忙着养儿子，自己计划着一种有意义的生活方式或找些不烦重的工作，或研习学问，何尝不能获得甚大的乐趣（如果有了计划做不到，那是自己本身的劣根性，这种人无论结不结婚皆无办法）。我不知道你对于自身的将来能不能下一番透彻的考虑，因为无主义的因循是不幸的。我的意思并不是要劝你结婚，或不结婚，但无论结婚不结婚，都得立定斩截的主意，不要含糊过去。我以为你的身体不是个耐得起辛苦磨练的人生战士的身体，事实上你需要一个较温柔的环境。我这种话也许会使你很生气，但这些全是我对于你的诚挚的友情中所发出的一些无我的意见。我相信你如真结了婚一定会使我感到甚大的悲哀，因为也许我们本来不痛快的交往将更受到一重无可如何的拘束，但我对你太关切了，我殊不愿见你永远是一头彷徨歧路的迷羊。我自己又是那么无能为力，除了爱你之外，对你一点用处都没有的。

你当然也不要太用功（我知道你不会用功的），但在之江这种地方如果说稍为读读书就会对健康有碍的话，我总不能相信。我自己的体格，谁都说我很不好，但在如今这种不健康的环境里过着不健康的生活，两年了，身体也不见坏到什么地方去。太娇养了也是不对的。

我是个理想家，想到现实会使我黯然，但我也不想躲避现实，一切凭着上帝或魔鬼的旨意吧！

一切的祝福，你知道我将爱你到永远，像爱一个最喜欢的兄弟姐妹一样。

朱　五日晚

先还你五块钱，因需要付房租等没得多，其余的五块过两星期后准还你，虽然我知道你并不要紧。

5

宝贝：

要是我的母亲“宝贝、心肝、肉肉、阿肉、阿宝、囡囡、弟弟、阿囡、好囡、乖囡、乖宝、小囡”地叫我，我一定要喊她“不要肉麻”。用一种喊法已够，一连串地叫起来，不亦过甚乎？

我伤心得很。

最好我们逃到一个荒岛上去，我希望死在夕阳中，凝望着你的出神的脸。

世上竟有没出息的男子如小生者乎？我最怕人家对我说两句话，一句话是“不要浪费你的时间，好好努力”，一句话是“年纪不小了，快快结婚”。结婚的成为问题不只单单在于成为一个女人的丈夫，还得兼为她的父母的女婿，她的伯叔的侄婿，她的兄弟姐妹的姐夫妹夫，她的姐夫妹夫的连襟，以及说不清的种种关系，以及她的儿子女儿的父亲，岂不难于上青天乎？

Chief[1] 诚意地要介绍“女朋友”给我，我说不要，因为这种事情太 Awkward[2]。

……

我一点学问也没有，学问是可以求得的，我的毛病是我看不起

1 Chief：单位或部门的长官

2 Awkward：尴尬，为难

学问。你看怎么办？要我做起文章来，著起书来，一来都不来。我想不出我有什么用处。

唯一的自慰是你并不比我高明。

我待你好，不许骂我。

（此处的署名已挖去）十六

有的好花是短寿的，但好花不一定都短寿。蔷薇你又写成了“薇薇”。

你顶待我好而且待我顶好是不是？

这封信被刀挖得多么可怜，你疼不疼它？

6

好友：

真不开心，老是那么的那么的，乖乖的好起来了吧，以后就是要生病，也分点给我生生吧，不要太小气。没气力多休息休息，功课马虎点没有关系。

你妒忌不妒忌都好，总之我用不到你也已经和她相熟了，而且要好得一塌糊涂，她是个挺好的（比我还好），你不能冤枉她，要是我告诉你我怎样爱她法，你如不妒忌便会气破肚子，如妒忌一定会变成大皮球满地滚。

你生肖属凤凰，我知道。否则属风，属星星，属月亮，你还没有资格属太阳，虽则我常唱 '*O Sole Mio*[1]！想着你，因为你一点不健康。

还有话，留着。愿你不要病，上帝也不允许的。

路易十六　十日

1 '*O Sole Mio*: 意大利语，《我的太阳》，是一首著名歌曲。

7

Kid,

Don't worry. Alright, just a bit of being angry about everything ever. Adore you. Want to kiss your big nose.

ARIEL

大意

孩子：

别担心，一切都好，只是对一切都有点生气。喜欢你，想要吻你的大鼻子。

爱丽儿

8

宋：

今天四点半一人到常去吃东西的广东馆子里喝茶吃点心看小说，并没有什么趣味，我不知怎样找快乐，life always the same[1]。

人家送了我一本 Lawrence[2] 的小说，一本禁得很厉害的东西，全是描写性交的文字。告诉我你是不是好宝贝，不曾读过一本“秽亵”的书？

我又要忙起来了，工作已逼上身，damn it[3]！

几时你写长一点的信给我，写三张信纸，我回答你六张。女人们常爱多话，可是信总写不长，不知什么缘故，也有会有写得比较长一些的，但都是把同一的意思反复述说着，加上许多“啊”字“呢”字“哩”字。

你知道我刚才搁了笔想些什么？我想你诚然是很美的，不过那不是几何学上所能说明的那种匀称的美，也不是用任何标准可以丈量的美，你有一种敏感的纤细的笔触，我简直不敢碰你（我想你如果胖了，一定要不动人得多）。即使从你的恶劣的字体中，也仍然可以体味出你的美来。

你是世上顶可爱的宝贝，遥遥无期的见面，想起来怪不快活，但我不想再到杭州来。我有点恨，我太容易灰心。

四日

---

1 life always the same：生活老是一个样

2 Lawrence：赫伯特·劳伦斯，英国小说家。

3 damn it：该死的

9

宋儿：

胡铭仁[1]现在有没有事体[2]？他的英文程度怎样？不是问他的写作能力，只问他了解能力是否还过得去？譬如译《莎氏乐府本事》《天方夜潭》一类程度的书，是否能准确无误（须要字对字句对句的）。如果你以为他可以的话，请把他的通信处告知我。

我不知道人应不应该穿衣服，我想人那么丑都是因为穿了衣服的缘故，然而也许因为是那样丑，所以才要穿衣服。照现在的情形看，还是穿了衣服好。女人穿了聪明的衣服，可以有很美的肉感，脱了衣服，也许什么肉感都没有。维持风化最好的办法，是不论男女裸体往大街上跑，不到一个月，谁都要倒了胃口。单想想我们那些岸然绅士或讲道学的老先生们的肉体，就够令人毛发悚然，还有那些发育过分的胖太太们，谢谢上帝！保佑不要做怕梦。

明天礼拜 hurrah[3]！！！！！！！！

你说我今天要不要买栗子吃？我今年已用了七十八个钢笔尖，十三瓶墨水。我爱你。

鸭子　廿八

---

1 胡铭仁：之江大学国文系同学，常熟人（宋清如的同乡），1935 年毕业，这时刚毕业正在找工作。

2 事体：上海方言，意为“事情”。

3 hurrah：英语象声词，表示欢呼。

今天日历上的格言说：“忠国家，孝父母，尊师长，和夫妇，友兄弟，信朋友，笃亲族，睦乡党”。除了没有父母，可以不用孝，没有夫妇（一个人永远不能同时有夫又有妇的），也无须和之外，其余我懒得理会。惟所谓信朋友大概是写信给朋友的意思，所以我要常常写信给你。

10[1]

昨夜我真的梦见了你，我们都还在之江山上。你对我的态度冷得很，见了我常常不理我。后来在茅亭那边我看见你，你坐在小儿车里，说要回家去。我自告奋勇推着小儿车下山，可是推来推去推了半天还不曾下得山，却推到我自己的房间里来了。你很恼，我很抱歉。我于是把满房间的花盆都搬开，撬起一块楼板来，说从这里下去一定可以下山。可是你嘟着小嘴唇走了，我的心也扑的一声碎了。

星期日，如果我此地在八点半出发，十一时许可以到常熟，你还不忙就上学校去吧？

伤风有没有好？日子过得太慢，你有没有老些了？我真想疼疼你。

罗马教皇　廿一

1 写于1935年8月21日。

11[1]

宋：

离放工还有半小时。星期三欠四页，星期四欠一页，今天做了十五页，一起拼命赶完了。只想给你写信，好像要把我的心我的脑子一起倒出掏空才痛快的样子，你厌不厌烦，笑不笑我呢？要是我能把我的灵魂封在信封内寄给你，交给你保管着（你爱顾他也好，冷丢[2]他也好），那么让我这失去灵魂的形骸天天做着机械的工作，也不会感到任何难过了。我深觉得，我们的灵魂比形骸更要累赘烦重，否则它早已飞到天上去了。

昨夜做了个梦，可是再也记不起做些什么。要是我今夜坐了汽车来看你，你欢迎不欢迎我呢？横竖我已认识了路，我会悄悄地摸到你睡着的地方的。我希望你正酣睡着不看见我，我会静静地看守着你的睡眠，替你驱除噩梦，到了天将明，你未醒之时，我便轻轻地吻一下你的手，自个儿寂寞地回来。

像得了心爱的宝贝一样，这才接到了你的信。我愿意永远做你的孩子，要是你肯做我的母亲的话。今晚我已心安了，我许给我自己一个甜蜜的睡眠。

如果你母亲高兴见我，你为什么不留我多住一天呢？我回来之

---

1 此信写于 1935 年 8 月 30 日。

2 冷丢：上海方言，意思是“弃置，不闻不问”。

后，陆师母说我为什么这么要紧就回来，因为明天有假放。不过即使你留我，我也不想多住，因为衣服什么都没带来。

寻来寻去总寻不见你八月上半月给我的两封信，心里怪那个，你骂不骂我又丢了呢？如果要骂的话，请补写两封来，我一定好好藏着，再不丢了。你有些信写得实在有趣，使我越看越爱。要是你怪我不该爱你，那么使我爱你的实在是你自己，一切我不知道，你应该负全责。要是我为你而情死了，你当然也应该抵命的。

五块钱，给陆师母借去了，她也要向我借钱，可见紧缩之一斑。这星期底没得钱用，星期一发薪不知是否仍打折扣。但只要肚皮不饿（只是有得饭吃的意思，因为饿此刻就在饿），有得房子住，你待我好，什么都不在乎。我是个乐天者，我不高兴为物质问题发愁。

你想不出此刻我是多少快乐，快乐得想哭。谁比我更幸福呢？比起你来，我也是要幸福得多，因为我的朋友是一个天使，而你的朋友只是一个傻小子。

卅下午

12[1]

小鬼头儿：

我太不高兴写信给你，此刻不知你在跟谁讲些什么小姐经，而我却不知道是谁逼着我硬要写些什么，写信的对象偏偏一定要是我所最讨厌的人你。要是写得好，能博你欢喜，叫我几声孩子，那么也许还可窝心窝心，骗骗自己说世上还有个人疼我。要是写得戆[2]一些，便要惹你发神经，把朱先生哩聪明哩佩服哩知己哩劳驾哩这些化装了的侮辱堆在我身上，想想真气不过。如果你是个头号傻瓜，我准是个超等傻瓜。

自己安慰自己这句话实在可怜得很，既然决心不受人怜，又何必对影自怜呢？要是我，宁愿自己把自己虐待的。

当心伤风。

此夕

要是你是个男人，你欢喜哪一种女子呢？要是我是个女子，我要跟很多男人要好，我顶欢喜那种好好先生，因为可以随便欺负他，"好人"是天生下来给人欺负的。

---

1 原信封邮戳日期为 1935 年 9 月 14 日。

2 戆（gàng）：傻，笨；鲁莽

哥儿：

今天天气很好。不叫人兴奋也不叫人颓唐，不叫人思慕爱情也不叫人厌恨爱情，去外面跑，也不会疲劳，住在家里，也不会愁闷。今天写信，目的就是要说这两句话，多说了你又会厌烦我。

借了三本《行为主义的心理学》，希望能读得下去。

愿你乖。

次日下午

回应

我怎能忘记[1]

我怎能忘记：
你多么想望有一双翅膀，
跟着云雀自由翱翔；
用嘹亮的歌喉，
迎接灿烂的朝阳。

我怎能忘记：
你多么想望有一阵风，
高高把你举起，
像一朵漫游的云，
用甘霖滋润祖国的大地。

我怎能忘记：
你多么愿意沥尽心血，
写下清新的诗章，
在百花的艺苑里，

1 宋清如于1985年11月为悼念朱生豪去世三十七周年写的诗。

散发独自的芬芳。

但是，理想啊理想
终究挣不脱现实的枷锁：
历史的沉重负担，
民族的深重灾难，
时代的风风雨雨，
生活的重重羁绊。
你——
怎能不彷徨苦闷？

因为你沉默寡言，
有人说你“呆”；
因为你哭笑无常，
有人说你“疯”。
可是，我知道，
你愤世嫉俗却有满腔热忱；
你弱不禁风而又桀骜不驯。
不断闪现着泪影和□□

第八章

爱至细微

爱何以如此细致入微，只因爱到深处。朱尚刚先生回忆说，老年的母亲把一切都看得很淡了，唯有父亲仍然是她心目中永远清晰的偶像，母亲在她最后一段生活道路上，把剩下不多的全部经历都用来塑造这个偶像了。晚年的宋清如回忆着与朱生豪生前的点点滴滴，她从来没有真正离开过那些书信，沉浸在往日的甜蜜与回忆中。

宋宋：

今天有沒有進城去呢？我不出去，很寂寞很無聊。想着要吃月餅，買了一個"蟾宮夜月"，一個"雙黃蓮蓉"，吃到把胃口吃倒為止，現在還剩了一些些兒。無論吃什麼東西，總歸不快活。我想宋宋，宋宋一定不想我。

現在我倦得想睡，不寫了。你說過將帶我到月亮裡去，我將去呢？你要是忘記了我不依。你講我一個故事聽好嗎？

祝你老人家萬福金安。

朱兒 十五夜

昨夜睡得甜極了，我手腫死。今天下雨。

宋宋上學去，要聽先生話，不要打手心。

1

清如：

真的是满城风雨，外面冷得令人发抖，雨不单是从天上落下来，还要从地面上刮起来，全身淋湿在雨中（伞当然是撑着的），风可以把你吹倒，真令人兴奋。回到斗室中，那么温暖！无月的中秋是可爱的。

昨夜

今天大家嚷冷，有人夹袍戴草帽，有人夏布长衫内罩绒线背心，无奇不有。冷我是欢迎的（你当然也赞成），可是这一下太突然，多多珍重玉体吧。

秋是最可爱的季节，因为她是最清醒的季节，无论春夏冬，都能令人作睡眠的联想，惟秋是清醒的。

我怕一切人，我顶怕你，我可不怕我自己，我高兴的时候，我爱爱他，我不高兴的时候，我虐待虐待他，有时完全把他当作一个不相干的人，他发痴，他被你吃瘪，都不关我事。

昨夜又做梦，你不了解我，我伤心。滑稽总归是滑稽，了解这两字的意义我就不了解，我也从不想了解我，我也不曾了解你。

祝我的爱人好。

吃笔的家伙　今天

2[1]

婆婆：

今天有没有进城去呢？我不出去，很寂寞，很无聊。想着要吃月饼，买了一个“蚝黄夜月”，一个“蛋黄莲蓉”，吃到把胃口吃倒为止，现在还剩着一些些儿。无论吃什么东西，总归不快活。我想婆婆，婆婆一定不想我。

现在我倦得想睡，不写了。你说过几时带我到月亮里去，几时去呢？你要是忘记了，我不依。你讲我一个故事听好吗？

祝你老人家万福全安。

珠儿　十五夜

昨夜睡得烂极了，几乎要死。今天下雨。

婆婆上学去，要听先生话，不然打手心。

1 原件信封邮戳日期为 1935 年 9 月 17 日。

3[1]

我对于一切的意见，都脱不了幼稚两个字，想起来要脸孔红。

世上最傻不过的人就是母亲（这又是一个意见），要是我做女人生了一个儿子（或女儿），我一定不高兴爱他。

天晴使人不快活，因为又要烦闷。

你如肯做我干女儿，我一定把你掌上珠样看待，肯不肯呢？

活着无趣味，一点点使自己满足的事都没有，而就此死了，又不能甘心。

想来想去只觉得你比我更可怜。

我每星期中星期日除外，总有两天很兴奋，两天很安静，其余两天，则怨天尤人。出太阳的日子心里常气闷，落雨天有时很难过，刮风则最快活。

我想我唯一要训练自己的，便是“如果世上没有你这样一个人，怎样我也能活下去”的方法，因为不然的话，我只好每天躺在床上流着泪想你，再不用想做事情了。

我很渴想着做一个幸福的梦，一个和你在一块儿亲爱地生活着的梦，然而无论在现实生活中或想象里，都不曾有过这种经验，因此我再没有得到这样一个梦的希望。

四年前的昨天，我送一个朋友回苏州去，四年前的前天，我们

1 原件宋清如注：1935 年 9 月 18 日

在满觉陇，但没有桂花，正如四年后的你一样起了落寞之感。四年前的明天午后，王守伟在都克堂[1]大声疾呼，痛哭陈词[2]，现在，不知他在活动些什么滑稽玩意儿。四年前，世界上还不曾有你，也可以说，还不曾有我。

---

1 都克堂：浙江大学之江校区小礼堂，又名“育英堂”。

2 指1931年“九一八”事变发生的次日，之江大学爱国师生举行的抗日救国集会。此后成立的抗日救国会由朱生豪同级同学王守伟任主席，朱生豪任文书股长。

4

昨天，在附近的影戏院里看卓别林，觉得他大是一位诗人。米老鼠的卡通，颇有趣。

今天过得十分冤枉，我以为会得到你的信的，上午还是很高兴。

我想象有那么一天，清如，我们将遇到命定的更远更久长更无希望的离别，甚至于在还不曾见到最后的一面，说一声最后的珍重之前，你就走了，到不曾告诉我知道的一个地方去。你在外面得到新奇和幸福，我则在无变化的环境里维持一个碌碌无奇的地位。那时我相信我已成为一个基督教徒（因我不愿做和尚），度着清净的严肃的虔敬的清教徒的独身生活，不求露头角于世上，一切的朋友，也都已疏远了。

终于有一天你厌倦归来，在欢迎你的人群里，有一个你几乎已不认识了的苍癯[1]的面貌，眼睛，本来是干枯的，现在则发着欢喜的泪光，带着充满感情的沉默前来握你的手。你起始有些愕然，随即认识了我，我已因过度的欢喜而昏晕了。也许你那时已因人生的不可免而结了婚，有了孩子，但这些全无关系，当我醒来的时候，是有你在我的旁边。我告诉你，这许多年我用生活的虔敬崇拜你，一切的苦难，已因瞬间的愉快而消失了，我已看见你像

1 癯（qú）：瘦

从梦中醒来。于是我死去，于你眷旧的恋念和一个最后最大的灵魂安静的祝福里。我将从此继续生活着，在你的灵魂里，直至你也死去，那时我已没有再要求生存的理由了。一个可笑罗曼斯的构想吗？

祝福！

朱　廿二下午

5

看完了一本《我与文学》，读了一些 Wordsworth[1] 的诗，只是赶着一个字一个字念下去，什么意味都茫然，一切寂寞得很。

研究文学这四个字很可笑，一切的文学理论也全是多事，我以为能和文学发生关系的，只有两种人，一种是创作者，一种是欣赏者，无所谓研究。没有生活经验，便没有作品，在大学里念文学史文学批评某国文学什么什么作法之类的人，都是最没有希望的人，如果考据版本校勘错字或者营稗贩业于文坛之流的都足以称为文学者，或作家，那么莎士比亚、高尔基将称为什么呢？

因为你说过你对于风有好感的话，我希望你能熟读雪莱的《西风歌》，那不也是如同“听见我们自己的呼声”一样吗？

IV

If I were a dead leaf thou mightest bear;
If I were a swift cloud to fly with thee;
A wave to pant beneath thy power, and share

The impulse of thy strength, only less free
Than thou, O uncontrollable! If even
I were as in my boyhood, and could be

1 Wordsworth：华兹华斯，19 世纪英国诗人。

The comrade of thy wanderings over heaven,
As then, when to outstrip thy skiey speed
Scarce seemed a vision; I would never have striven

As thus with thee in prayer in my sore need,
Oh! Lift me as a wave, a leaf, a cloud!
I fall upon the thorns of life! I bleed!

A heavy weight of hours has chained and bowed
One too like thee: tameless, and swift, and proud.

若使我是片你能吹动的枯叶；
若使我是朵与你同飞的流云；
一丝在你威力下喘息着，分有

你浩然之气的波浪，只赶不上
你的自由，啊，不可拘束的大力！
甚至于若使我还在我的稚年

能做你在天上漫游的侣伴，
以为能跑得比你在天上的
遨游还快；我决不会这样感到

痛切的需要，向你努力祷告：
吹我起来吧，像一丝浪，一片叶，一朵云！
我坠在人生的荆棘上！我流着血！

时光的重担锁住且压着一个
太像你的人：难训，轻捷，而骄傲。

（略改梁遇春译文）

因为要找一本书，在藤篮里拿出了那本 *Modern Short Stories*[1]，这上面留着你可贵的手泽，有你给包上去的包书纸，其实当初我把它借给你时，应该叫你尽量地在它上面乱涂的，那现在翻起来，一定非常有意味。我以为书本子上确应该乱涂，这是一种很好的习惯，将来偶然翻看，足以引起会心的微笑。买一本新书送人，实在远不及把自己看过的旧书，上面留着自己的手迹的，送人来得更为多情。

当初在之江最后两天的恋别，印象太深刻了，至今追忆起来，还是催人肺腑，眼睁睁看你去了，灵魂上留着一片空虚，人真像死了一样。实在我不能相信我们友谊的历史还只有三年许，似乎我每次见了你五分钟便别了你一百年似的。

如果世上什么人都没有，只有你，多么好。不，我说，世界如果只有平凉村那么大，那多么好。

叹叹气结束了这封信，我愿你好，因为你是无比的好。

Xzptqrsmnnrrs[2]　9/24

1 *Modern Short Stories*：《现代短篇小说》

2 系无意义的字母组合。

6

Forget-me-not[1]

古昔一对男女
走到这桥上，
说，“别忘记我！”
他们手中的蓝花，
无意跌进水中，
水边伤心地长起来的，
是蓝色的毋忘我了。

撷了它，
表示相思之情。
远离的人，
记得王维的诗吗？
“红豆生南国，
南国的秋天是这样愁思着了；
红豆子是顶相思的，
多多的采哪！

1 Forget-me-not：毋忘我

多多的采哪！”

南国的春天是一样寂寞的，

赠与你，

这一束毋忘我吧！

清如：

这样的诗，算不算得诗究竟？近来颇想作诗，然 Rhythm[1] 的贫乏乃是生命中的根本问题，能做一个 Poetaster[2] 也只是由于你的感叹，故 Verse Libre[3] 似更适宜于我。

你将要说“几天的假期，莫名其妙地过去了。”是不是？也许，“人有点疲乏。”

昨夜我是来到你的楼下叫你，叫法有点特别，我是这样叫着：“宋！—清！—如如如！”楼上有人说快来了，你也答应我就下来，然而等着叫着，我却无可奈何地醒了，这样的调排[4]人，悲哀得很。

忽然记起了许多近来做过的忘却的梦。昨夜也做过无数的梦，其中有一个是“激于正义”的梦，学校逮捕了两个学生，也许是为着“思想”上的问题，总之是非常无理由的。其中一个女同学已嫁人，怀着孕并且在生病，幽在一所古寺里。学校召集全体同学开会，征询全体对于他们的意见，布告上说，“将于此会觇[5]出每个学生思

---

1 Rhythm：韵律

2 Poetaster：蹩脚诗人

3 Verse Libre：自由体诗

4 调排：上海方言，意为“作弄”。

5 觇（chān）：观测；窥视

想的邪正，谁对他们说援助的话就是‘卢布党’，同情于学校的才是稳健党”。所谓“卢布党”也是要逮捕的。我当时很想在开会时甘冒不韪[1]，侃侃发言，但很快又做别个梦了。自己是自由思想者，对于法西斯派的抬头颇不愿意。

你可不可怜我常常做梦？梦里常常有你，但不大看见你，你又老不说话，大概因为一向你在我面前总是那样斯文的缘故。你怕不怕痒？胳胳……肢！

八日上午

---

1 韪（wěi）：对，是

7

好人：

心烦得想死，可是不再见你一面而死，又有些不甘心。

昨夜梦见汉高祖，他要我把《史记》译为英文，费了整天工夫，我把《史记菁华录》上的《项羽本纪》译完，最后一段译不出，我便对他说可以不用译。我告诉了他两句诗句，他大为得意，连忙召集群臣，大开宴会，席上把这两句诗念了出来，说是自己作的（“年年老我春光里，片片花飞是异乡”），大家一齐喝彩。我说：“陛下，你忘了，这两句诗是我告诉你的。”他恼羞成怒，便把我的手指头都斫[1]去了。他的女儿因为她父亲太残忍，和我商量把他杀死而一同逃走。未央宫前有一条黑水河，河里荡着一只不系之舟，我们预备乘黑夜坐这舟到上海租界里去……

我希望我是个乌龟，不痛快的时候把首尾手脚一齐缩进壳里，一切都不管账。

你很可怜，因为你居然会爱我，其实我比蚂蚁还不如。让我忘记一切一切，只记得世上有一个你吧。我疼你，我爱你，我崇拜你。

子路　十

1 斫（zhuó）：用刀斧砍

8

宋神经：

叫你神经是因为你又要说甚么凋谢的花醒了的梦一类话，再讨厌不过了。我也知道你不是诗人，但不是诗人就不该说这种诗话。我说花落了之后更好看了。至于醒来而能把梦记忆清楚，我认为是一种快乐；要是忘记了，根本已无此梦，当然无苦痛可感。你东西吃完了之后，也会感到一阵空虚而流起泪来吗？这当然是滑稽的。一个人不能老是吃东西，因为肚子会胀，美味也会失却它的味道。同样一个人也不能老是做梦，因为老做下去会做厌的，会使心灵不消化。但人不能不做梦，正如不能不吃东西一样，做梦吃东西，同样是使人生丰富的力量。

大凡一个标准男人，必有三个或三种不同型的女性做他爱慕的对象。第一个是远胜于他自己的，有时不一定实有其人，如果他的理想太高的话；对于她他将敬而远之，避免一切世俗的来往狎暱[1]。第二个是和他差不多好坏的，他把她作为亲密的朋友。第三个是及不上他的，他把她作为妻子。因为男人娶了一个比他自己好的女人，是会杀害他的自尊的，但女人则恒以有一个好的丈夫为荣。因为男人总是要神气神气的，如果在外面神气不起来，不得不碰社会的钉子，在大亨前面低声下气，回家来还要被老婆吃瘪，摆不起臭架子，

---

1 狎暱（xiá nì）：过于亲近而态度不庄重

人生对于他不是有点太惨了吗？

昨夜失眠，因为是礼拜六之故。看杂志上的几篇写一个乡村医生的小说，觉得很满意，一篇写一个污七八糟的贫民家庭里的女孩子，父亲只会喝酒，母亲只会养小孩，那女儿为了服侍她的幼弟而死；一篇写一个被儿媳嫌恶的八十矍铄[1]老妪，因服了过多的药而昏睡过去，被认为已死，然而重新活了转来；都很有柴霍夫风格的幽默与同情。另一篇写一个害肺病的过时的红歌剧女伶，流落在下等哑剧团中，受人姗笑的故事，十分伤感。

今天淡淡的太阳，刮风。

如果你说已经写得够了，那么我就不再写。

你是好人，我抱抱你。

朱　十二

1 矍铄（jué shuò）：形容老年人很有精神的样子。

9

挚爱的朋友：

我已写坏了好几张纸了，越是想写，越是不知写什么话好。让我们不要胡思乱想，好好地活着吧。在我的心目中，你永远是那样可爱的，这已然是一个牢不可拔的成见了。无论怎样远隔着，我的心永远跟你在一起，如果没有你，生命对于我将是不可堪的。

我知道寂寞是深植在我们的根性里，然而如果我的生命已因你而蒙到了祝福的话，我希望你也不要想象你是寂寞的，因为我热望在你的心中占到一个最宝贵的位置。我不愿意有一天我们彼此都只化成了一个记忆，因为记忆无论如何美妙，总是已经过去已经疏远了的。你也许会不相信，我常常想象你是多么美好多么可爱，但实际见了你面的时候，你更比我的想象美好得多可爱得多。你不能说我这是说谎，因为如果不然的话，我满可以仅仅想忆你自足，而不必那样渴望着要看见你了。

我很欢喜，“不记得凝望些什么，一天继续着一天”两句话，说得太寂寞了。但我知道我所凝望着的只是你。

祝好。

朱　十日夜

10[1]

十天没有信了，虽然并不怎样盼。不知你现在如何，眼睛上的东西总退了吧。

你们镇上一家本家最近遭盗劫是不是？我有点害怕。

住在监狱里的悲哀，还不及新从监狱里释放出来的悲哀，那全然是一种冷漠荒凉之感，像独个人在秋风中等死一样。

要是医生对你说，你还有几天工夫好活，生活在那几天里应该有些刺激。

这两天早上因为鼻腔出血，他们在面盆里看见了血，以为我吐血了，叫我留心身体早些睡，说得我很无可奈何。如果每天听见这种话，一星期之后我一定会真的害了肺病。

心没处安放，寂寞得难堪。

十二

1 此信原件上宋清如注：1935 年

回应

招魂[1]

也许是你驾着月光的车轮
经过我窗前探望
否则今夜的月色
何以有如此灿烂的光辉
回来回来吧！
这里正是你不能忘情的故乡

也许是你驾着云气的骏马
经过我楼顶彷徨
是那么轻轻地悄悄地
不给留一点印痕
回来回来吧！
这里正有着你惓惓的亲人

---

1 朱生豪于1944年12月26日病逝。宋清如的这首诗是在朱生豪去世一周年的时候写的，五十多年后她又再一次作了修改。修改稿是宋清如去世后在她的抽屉里发现的。

哦，寂寞的诗人
我仿佛听见你寂寞的低吟
也许是沧桑变化
留给你生不逢时的遗憾
回来回来吧！
这里可以安息你疲乏的心灵

第九章

红颜知己

“卿似秋风，侬似萧萧叶。叶落寒阶生暗泣，秋风一去无消息。倘有悲秋寒婕蝶，飞到天涯，为向那人说。”

朱生豪和宋清如自认识起，彼此心有灵犀，相互鼓励，相互支持。她是朱生豪事业背后坚定的支柱。朱生豪英年早逝后，她选择要替他活下来，替他做他没有来得及做的事，替他看他没有看到的人生风景，只为在与他永恒厮守的寂静中，说给他听。

二姊：

为了拘泥文字的缘故，他们会把"for the simple reason that…"翻作"为了单纯的理由就是……地"，for = 为了……地（因为这是adverbial phrase故用"地"字表明），simple = 单纯的（凡adjective必须加"的"字），reason = 理由，the却没有译出，其实它应当再加上"这個"两字。简直叫人笑了气死，that则用就是表明。"只是为了……的理由"，岂不又明白又正确。最可笑的就是"地"字的胡用，譬如queenly作副词时，便会译作（应当说"被"译作）"女王地"，女王怎么地法呢！microscopically便是"显微镜地"。for some mysterious reason便是"为了某种不可思议的理由地"。总之。

时间已很晚，不啰叨了，你不知道在什么地方，我只有寄去再到学校来找你了。总之你撇得我冷清清的好苦。

祝福你。　　　　WATATA 卅夜裡

夜裡很冷，你冷不冷？

天真冷，我怕你衣服一定穿得很少，有没有冻坏呢？

—卅—

1

清如：

你“叽咕”得甚是有趣，算我能了解你吧。

思想有时使我苦痛。我自己常常知道自己错，但如别人以为我错时，我却永远不认错，有许多话我也说不来。近来常痛恨过去，我一点不以为消逝的总是美，反之我常愿意每一分钟重新做人过。一个人年纪大了起来，过去的记忆加重地负担起来，叫人活着不松快，最好是活到今天便把昨天的事情完全忘却。我们过去的交情不算尽如理想那样美，至少在我这方面说过许多蠢话，希望你能完全忘记了，我也允许你不向自己说过的话负责。

一个人能活得越轻越好，能在世上一无牵挂，永远像云一样飘着，不想过去，只想望未来，那样才是有意思。在感情这一方面，似乎我比你更能放任一些，实在我并不惧怕它会拘缚了我。有时我恨一切人，有时我觉得谁都可爱，比如在此刻，我很希望拥抱世间每一个人。

2

清如：

读了来信，我不快活，我气（不是气你），我知道我向你做了一个不应该的提议，你恕我吧。你的信给我的印象是存在于我们中间的绝大的鸿沟，谁要跨越一步谁就该杀，我如早明白这事实，我一定不要跟你做朋友。一切规矩礼法都是为一般人制定的，但为什么不能给特殊的人以较大的自由呢？说一句话走一步路都要怕嫌疑的世界，对于我是不能一日居的。谢谢你的提示，以后我把你是一个女孩子（诗礼人家的小姐，不是街头流浪的野孩子）这事实永远放在心上，感情用事的话也不敢随便向你说了。

一切是不痛快得令人不想活下去，想起来似乎我到你家里来也是多事，谁知道你家里的人不把特殊的眼光看我？

何处才能和你一同呼吸一点较自由的空气呢？要是我能忘了你，我一定忘了你，友谊如果一定要立界限，这种友谊是不卫生的。我灰心。

有便，也许仍然让我来杭州看你吧，男孩子是不怕什么的，只要你不怕我的话。我问你，你是不是因为我是个“男的”而有些怕我呢？祝福你吧！

照不到阳光见不到一张亲切的脸的你的绝望的朋友

3

宋：

薪水大概是后天发，今晚寄出了给你的信，邮花还剩最后的一个，身边还余四角大洋，买了三角大洋糖回来，留着一角钱明天用。买糖的时候有了一个感想，因此回来又写信。糖店里那个小弟弟因为我是老主顾，一见我便笑嘻嘻招呼，这使我很难为情，觉得我比他更小。叫他板了脸孔才好。有时我为了怕他的笑嘻嘻，特意赶到较远的店里去买。——这个便是我的感想。

偶然抬起头来看见月亮，觉得她并不比那一盏大的白的灯更可爱一些，大概她老了，又住在上海，很寂寞，甚至于没有糖吃。

宋，我待你好。

八日夜

4

青子：

我觉得我已好久不曾给你写信了。在我看来，昨天和十年之前，全然是一样的事，因为它们一样属于过去。

我不知道如果我们一旦失了接触时，我们会不会和旁人一样疏远冷漠起来，不知道有时你会不会再想到我，也许那时我的印象全然是可笑的也说不定。你以不以为我很有点自私，如果我想永远占有你的友情？因为我不愿意失去你，因为我不愿意失去我自己。说不定也许真有一天我会不欢喜你，当我迷失了自己的时候，那时我希望你肯用一点努力把我拉回来，如果我不曾离开你太远。因为离开了你，我不会有幸福和平安的，你的心里才是我唯一的灵魂的家。这要求确实是过分，你肯不肯允许我？你知道“我不欢喜你”这一件事对于你实际上是毫无损害的，因为你本不曾要我欢喜你，但对于我却有重大的关系，它的意义是一切的绝望苦恼和永久的彷徨。我知道即使我不欢喜你，我不能使我不爱你，因为欢喜不欢喜是心绪的转移，而真的爱，永久是生着根的，因此要是我不欢喜你了，我的灵魂将失去了和谐。

你的信在这时候到。I am veree veree happee[1]。

---

1 I am veree veree happee：我非常非常快乐，其中“非常”（veree）和“快乐”（happee）两词都故意用了不规范的拼法，第二个音节要特别念长音。

贼来你叫不叫起来？你叫起来很好听。很奇怪昨夜我坐在椅子上瞎想（昨夜有人来，去了之后，觉得一个黄昏已经扰去了，索性出去看末一场的《亨利第八》，回来已过十一点钟，又坐了两个钟头才睡），我想象你还是睡在那个小房间里，忽然一个贼进来，于是你叫了起来……

四绝句的第一首第一句“凌云志气竟千秋”似乎有些不称，不要管它；“化得流萤千万只”，“只”字还是改普通一点的“点”字吧，你知道郑天然爱用“只”字，但我不喜欢。你的意思是不是说万斛愁都化为照在陌横头的流萤？第二首较好。第三首略俚俗一点，但实际上“今日黄泥复白骨，当年同是上坟人”两句还是这四首中最真切感人的句子，我想可以加圈的。“廿载尘缘孰附身”好像不通，我也不甚懂，最好改过，“孰为亲”也不行。第四首可以不要，“夜月不知人事改”二句蹈袭[1]太甚。拟咏怀诗毫无意义。阮嗣宗[2]的诗骚忧沉郁，我极喜欢，你能多读读他也好，在不快活的时候。

我希望我在现在就死，趁你还作得出诗的时候，我要你作诗吊我，当然你不许请别人改的。

我非常之欢喜你，愿你好！

红儿　星期三

---

1 蹈袭：因袭，沿用前人的东西

2 阮嗣宗：三国时期魏国诗人

5

二哥：

星期日，今天我比平日早起半点钟，开开窗，先让外面的冷风洗我那留着泪痕的脸，默默地回味着甜蜜而感伤的梦境，感觉到真正的幸福。

因为昨夜我曾梦着你，梦得那么清楚而分明，虽然仍不免很有些傻气。我是到杭州来了，他们（我不知道他们是谁，但总之是他们）为着欢迎我，特为我开映卓别林的影片，你同着张荃也来了。我很想坐在你的身旁，但是座位都已占据满了，于是他们把我葬在坟墓里，连着坟墓把我扛到你的跟前。我可以隔着坟墓和你说话，但是看不见你，眼前只是一片黑，鼻子里充满了土气息泥滋味，以及自己尸体腐烂的臭味。“我要闷死了！”我痛苦地嚷着，但终于被我挣扎着从坟墓中伸出头来，虽然身体仍然被重压着动弹不得。这是一个颇有象征意味的开头。

后来我们并肩漫步着，我知道这个下午我要离你而去了，心头充满惜别的情调，但我知道这是个宝贵而幸福的瞬间，和你走在一起，更没有别人在旁边，我们好像说了许多话，又好像一句话也不说。我侧过头来凝望你的脸孔，这是第一回我在梦里看得你那样仔细，你并不发胖，但显然不像从前那样荏弱相，肌肤也似乎结实得多了。你的脸是那么明净那么慈爱，像秋之晴空那样地，像春之白云那样地，一个可以羽翼我的母亲，看得我哭了，我眼中并没有泪，但觉得我的全身，全灵魂，都充溢着眼泪，我希望世界赶快在这一个瞬间毁灭，或是像太阳照着雪人一样让我全身的机构一下子碎为粉末，播散在太空中，每一粒粉末中都含有对你的眷恋。我真不知道盈溢在我胸中的，是幸福、欢乐、苦痛、惆怅，或是什么。这些真是我梦中的感觉，并不是此刻为要把信写得动人而随便胡诌起来的。这是三部曲中的第二部，是一首浪漫主义的抒情诗。

后来你到厨房里弄饭菜去了，我因为一刻也不愿离开你，也跟着你去，你瞧我一弄都弄不来，但我尽力帮你的忙，我们一同炒肉丝饭，锅下的火很旺，火焰冲了起来，把我右手中指上烫起了泡，我说，“你看，我手指都烫坏了。”但我很骄傲很满足，你微笑着安慰我。跑出去吃饭，我弟弟们面前都是一碗满满的肉丝炒饭，我却只有一碗白饭，我待要叽咕，你悄悄地对我说，“不要吵，你就吃白饭好了”，我也就很快活地吃白饭了。这一段梦略有写实主义的情调。醒来之后，像是一个蒙了祝福的灵魂，恐怕起身之后会把这梦忘记，因此不住地记忆着每一个琐细的枝节，就像怕考问而温书一样。渐渐记忆有些模糊起来，人也倦了起来，闭上眼睛，好像身子在云端里，要飘起来了的样子，但终于不曾飘了起来。

我不要作你的哥哥，我愿意作你的弟弟。

十二晨

6

好人：

为什么你欢喜叫我朱先生我总不懂，简直使我很悲哀。

我知道你成绩并不坏，如果从来不曾用过功，更见得你的天才，因此不用再自谦了，如果你门门功课拿 1[1]，我也不见得会更爱你一些。

我要寄一些外国花纸头给你。

No.1 “*Scenes Galantes*” *of the Romantic Period*[2]

（十九世纪法国名画四帧）

No.2 *Sleeping Beauty*[3]（色粉素描）

No.3 猎人与枭（水彩）

No.4 舞蹈素描六帧

No.5 画人谑画九帧 附说明

很精美的印刷物，收到后告知我一声。

我想你得不得了，怎么办？几时才许我看见你？我明知你并不欺负我，但总觉得似乎你欺负我一样。地球明年要和某行星相碰，

1 之江大学当时评分办法以 1 为最好成绩，分数数字越大越不好。

2 *Scenes Galantes of the Romantic Period*：18 世纪末到 19 世纪初，浪漫主义时期表现男士向女士求爱的情景的绘画。

3 *Sleeping Beauty*：睡美人

我们所处这一带很有陆沉的危险，要是不能多见你几次面，岂不令我饮恨而长终？

又怨又气又恨又伤心，你的来信也不能使我略快活一点，很想发神经病打地上滚。

我确信你是个女人，但我害怕你不大能做得来女人，正如你做起男人来也要失败一样。

不骗你，从那天为了你做了一次阿木林后，一直抱悲观到现在，时间重得拖都拖不动。

房间里是狗窝一样糟，窗外是单调的房屋和半片灰黑的天，耳朵里是怪难听的无线电播音和隔壁不断的放自来水的声音。一个黄昏从八点到十一点之间，那间洗脸室浴室兼厕所是永远没有空的，心烦的时候听着那种水声简直要发疯。其实如果有眼睛而不能见你，那么还是让它瞎了吧，有耳朵而不能听见你的声音，那么还是让它聋了吧，多少也安静一点。只要让心不要死去，因为它还能想你。

7

因为心里好像很高兴，所以就有点安定不下，所以就有点烦躁，所以觉得很气闷，所以心里不高兴。听见别人唧唧唧的谈话声，怪心烦的，没法子，写信。你不应该怪我老找你麻烦，因为是没法子，虽说是不久荒唐了两天回来，但星期日不准出去，总有点怨。特此声明，请你不要……

其实我很快活，我很快活，la la la。

我觉得我如作得出诗，一定会胖起来。从前多有趣，自命谪仙人[1]的那种神气，现在只好自命为猪猡了，而且是瘦得不中吃的猪猡。呒啥话头，也无怪你不爱我。

你不要待朱朱好，他不好。

十九下午

明天我答应你不再写信。

1 谪（zhé）仙人：一般指李白。

8

因为某种令人感到无限厌恶的事，忍不住讥笑与侮辱，我负气出亡，逃到一个荒漠的地方。那似乎是亚洲之外的别一洲，土地非常荒瘠，连土人野兽也都已绝迹，只有一批不容于国内的叛徒在此啸聚着，度着艰苦的生涯，据传闻他们都是非常剽悍凶恶，陌生人一到他们的手里都有丧生的危险。我一到那里，首先便遇到了两个风尘憔悴的白种人，初时以为他们便是传说中的凶徒，但后来知道也是两个不幸的旅行者，于是便共同计议着躲避我们可怕的敌人的方法。这群啸聚者时时派人到地面巡逻，我们一听见细微的脚步声，便赶紧缩在山洞隐蔽的所在。

后来他们把一袋食物故意放置在我们的地方，忍不住饥饿的引诱，才一探出首来，便被他们抓去监禁了。之后我探知他们并不是如传闻那样穷凶极恶的人，原都是有血性的侠少年，因不满国内的政治，或公开地叛变，失败逋亡于此，所以严防外来的人，也无非害怕是政府谴来的侦探，要将他们缉捕的缘故。

然而我却憎恶起我那两个同伴来，他们正在用卑劣的方法设法通知他们国内的政府，详细告知此地的一切形势，将有不利于他们的俘获者的企图。一知道了这，我便不顾卖友的嫌疑，把一切去告诉了党徒的首领。这两人知道事发之后，一个已吓得半死，一个在被呼唤着拿去捆绑的时候，却紧紧地抱住我的腿，像要生噬我的样子，那首领拔出枪来，把他击死了。后来我也成为他们中的一个，过了好些年头，一方面努力于植物学上的探求。这样到了垂暮之年，这一群人也逐渐地零落起来了，而生活的困苦则年甚一年。

我又思念起故乡来，久已忘诸脑后的你的可爱的影子，也突然在我心中复活起来，使我感到无限的牵萦。最后决定一个人芒鞋负担，飘然潜归，只遗留给那些朋友们一件贵重的物事，是我新近搜探的发现。那是几根小小的草秆，其中各有几个如臭虫一样的小虫，这些虫的腹中各有一粒谷子，把它们埋在地中，它们死了之后，谷子便会在沙地上生长起来，和稻麦无异。

自己飘然回到故国之后，认识的人是一个都没了，而且深信你也已经死去，但终于在一个角落里访到了你，你是那么老得使人完全认不出来，倘使不是因为你的姿态在我心中留下太深刻的印象的话。耳朵完全是聋了，只眼睛却像少年人一样明亮，人家说你这些年来完全不曾说过一句话，也许简直连说话都已忘记了。

我知道你一定怪我当初的杳无音信的出亡，我永远想不出，别人也不能告诉我，你这些年来的生活的情形，你自己则除了你的形态之外不能使人相信还是个活人，除了眼灼灼地注视之外，你全然不动情感地看着我归来，我也不知道你还认不认识我。但我既然已回到你的身边，我已满足了，我发现你的美好并不曾随着外形的消枯而失去，我找得出一切过去梦似的记忆，我重又感到了青春的血在流，当我像小孩一样在你沉默的怀中打滚的时候，我想象你是在抚我爱我，所以不如此者，只因为你已完全忘记了这些动作之故。总之我又沉醉在爱天恋地之中，虽在旁人的眼中那是如何可笑。最后有一天我们死在一块儿。

除了我，我的朋友，谁还能做这种滑稽的梦？

三日

不要相信任何巫卜的话，我愿意把那算命的打一个大嘴巴。

9

二姐：

为了拘泥文字的缘故，他们会把“for the simple reason that... 翻作“为了单纯的理由就是……地”，for = 为了……地（因为这是 adverbial phrase[1]，故用“地”字表明），simple = 单纯的（凡 adjective[2] 必须加“的”字），reason = 理由，that 则用“就是”表明，the 却没有译出，其实应当再加上“这个”两字。简直叫人读了气死。“只是为了……的理由”岂不又明白又正确。最可笑的就是“地”字的胡用，譬如 queenly 作副词时，便会译作（应当说“被”译作）“女王地”，女王怎么“地”法呢？ microscopically 便是“显微镜地”。for some mysterious reason 便是“为了某种不可思议的理由地”。总之。

时间已很晏，不唠叨了，你不知道在什么地方，我不高兴再到梦里来找你了。总之你撇得我冷清清的好苦。

祝福你。

WATATA[3] 卅夜

夜里很冷，你冷不冷？

天真冷，我想你衣服一定穿得很少，有没有冻坏呢？

卅一

---

1 adverbial phrase：副词词组

2 adjective：形容词

3 WATATA：无实际意义，系“哇他他”的拟音。

回应

伤逝五章之一：祭[1]

我遵从你的预嘱，
亲自为你写上墓铭：
“这里安眠着一个
孤独而又古怪的孩子”——
深深地刻在我的心上。

三十七年的雨雨风风，
人间又经历几度沧桑。
也许你神魂相依，休戚与共，
无须我喋喋叙述诉申。

在那难堪的日月无光的日子，
我曾衷心地为你祝福，
因为生不如死，
莎士比亚也“罪该万死”。

1 宋清如于 1985 年 11 月为悼念朱生豪去世三十七周年写的诗。

可是今天，大地春回。
我不能不怨你过早地长眠，
辜负了伟大光辉的时代，
辜负了多少不相识的知音！

第十章

命定爱你

朱生豪对宋清如的感情之纯粹，更像是一个出类拔萃者，最初更像是纳西索斯爱上了自己的影子。不过，这个爱情的走向，并不是朱生豪变成了水仙花，而是宋清如和他深深相爱。她懂朱生豪，懂他的爱情观：对精神世界极致之美的追求。他们的爱恋，是一种心有灵犀。这种爱情不可复制，但是穿越时空。

好姊姊：

今天中午回来，妹妹带着随随便便的神气对我说，"你房间里有一封信，"一跳跳到楼上，信没有，那时知道受了骗，可是也许被风吹在地上，也许被放在书底下枕头底下抽屉里，仍旧作第一次找地寻了一番，好像你并不是昨天才有信给我的。

说不出来的闷，空虚，灵魂饿得利害。鬼知道这样那样呼才能受满。

我们廿九三十两天不作工，廿九是黄花节假，三十补革命纪念日假（或者说廿九是革命纪念日，三十补黄花节假也可），我们公司方面的好意，实在也并不十分欢迎，一切事情天晓得！

我把我的灵魂封在这封信里，你去旅行的时候，请把它随身带在口袋里，带带它回去玩玩，但不许把它失落在路上。

幸亏世上还有一个你。我弱得利害，你应当都赐我所有的祝福！

饿鬼

写于伏在书桌之上

烦杂间 廿六

1936年3月

1

宋：

你的字写得真不好看，用横行写比较看上去齐整些。

这里连雪的梦都不曾做过，落在半空中便化为雨了，我们也不盼雪，根本没甚意思，还是有太阳可以走动走动活泼一些。一九三六年是在这阴惨的日子里开始了的，昨天的过去，不曾给我牵情的系恋。本来抵庄一个人在外边流浪一天的，看了一场早场电影《三剑客》，很扫兴，糖也不买，回来咕嘟着嘴躺在床上昏昏沉沉地看《醒世姻缘》泼妇骂街了。

天初冷时很怕冷，冷惯了些时却根本不觉得什么，每天傍晚或夜间，不论风雨，总得光着头在外边吹了一遍冷风回来。

有闲钱，自己印几本诗集送送人，也是无可无不可的顽顽儿，只要不像狗屁一样臭，总还不是一件作孽的事。只是不要印得多，也不要拉什么臭名人做臭序捧场，印刷纸张装订要精雅玲珑，分送分送亲近的朋友，也尚不失为风雅。可是不出诗集最好，因为这种东西实在只是自己写给自己看的。

我只想变做个鬼来看你，我看得见你，你看不见我。总有一天我会想你想得发痴了的。

我不要有新的希望，也不要有新的快乐，我只有一个希望，这希望就是你，我只有一个快乐，这快乐就是你。祝愿魔鬼不要使我们的梦太过匆忙地结束，凭着 Lucifer 的名字，Amen[1]！

Julius Caesar[2]

---

1 Amen：阿门，基督教用语，意为“真诚，实实在在的”。

2 Julius Caesar：裘力斯·凯撒，即凯撒大帝，古罗马著名统治者，也是莎士比亚历史剧中主人公的名字。

2

小妹妹：

你那里下雪，我这里可是大晴天。如果你肯来上海，那么我就不来杭州了，我最怕到杭州来的理由是要拜访老师。而且到十五六里，我的钱又要用得差不多了。

我不准你比我大，至少要让我大你一岁或三个月。要是你真比我大，那么我从今后每年长两岁，总会追及你。明天起我就自认廿五岁，到秋天我再变成廿六岁。其实我愿意我的年纪从遇见你以后才正式算起，一九三三年的秋天是我一岁的开始，生日待考，自从我们离别以后，我把每个月算作一年（如果照古老话一日三秋，那是太过分些），如是到现在约已有三十个月，因此我现在已满三十一岁。凡未认识你以前的事，我都愿意把它们编入古代史里去。

你在古时候一定是很笨很不可爱的，这我很能相信，因为否则我将伤心不能和你早些认识。我在古时候有时聪明有时笨，在第十世纪以前我很聪明，十世纪以后笨了起来，十七八世纪以后又比较聪明些，到了现代又变笨了。

我从来不曾爱过一个人像爱你那样的，这是命定的缘法，我相信我并不是不曾见过女孩子。你真爱不爱我呢？你不爱我，我要伤心的，我每天凄凄惶惶的想你。我讨厌和别人在一起，因为如果我不能和你在一起，我宁愿和自己在一起。

暂时搁笔，你笑我傻也随你。愿魔鬼保佑我们，因为他比上帝可爱一些。

伊凡叔父　六日午

3

清如：

一辆黄包车载了我回来，敲开了门，向陆师母招呼了一声，便飞奔上楼，放下伞，摔下套鞋，脱下贼腔的帽子，披上青布罩衫，觉得比较像一个人些，肚子里也开始觉得有些饿了，出去吃了六个馒头，回来出了一回神，倒头便睡，心酸而哭。睡到七点钟起来，马马虎虎吃了碗饭，想昏天黑地地睡下去，觉得心事未了的样子，便写信。

想着自己的一付贼腔，真又好气又好笑，你真没有理由要和我要好。你气色很好，我很快活，我总觉得你很美很美。你和我前夜梦中所见的很像，我看了看你的照片（照相馆里拍的那张），心里有点气，人工的修饰把气韵都丧失了，简直不像你。下回如赴照相馆拍照，我劝你拍一张侧面像试试，全侧面的。

此行使我充满了幸福感，你不要想象我又起了惆怅，即使是惆怅，也是人生稀有的福分，我将永远割舍不了你。近着你会使我惝恍，因此我愿常远远地忆你。如果我们能获得长寿，等我们年老的时候，我愿和你比邻而居，共度衰倦之暮年，此生之愿足矣！

回家安好且快乐，不要多想起我！祝福。

朱　十六夜

4

要是有人叫我不许和你写信，那我一定要急得自杀，然而一方面觉得非写不可，一方面又真是没有可写的话，如之何如之何！

好容易诌出了一个故事：

从前有一个少年，他爱了一个女子，一共爱了三年六个月，她还不知道她自己被爱着。那一天他闷不住了，红红脸孔对她说“我爱你”，刚说了个我字，莫名其妙地心中想起，“国家快要亡了！”吓了一跳，爱字上半个字只说了一半，便不再说下去，红红脸孔转身而去。后来她嫁了人，他仍旧一声不响地爱着她，国家仍是快要亡了的样子，他很悲伤，不知道如何是好。

因为华北已失去而不准人写风花雪月的诗，写惯新月体现代体的新诗的，一定要转过来学冯玉祥体，总不大妥当。马赛歌是一支好曲子，但说法国革命成功是它的功劳却太夸张了吧。你看这一段话和上面这故事有什么关系？

我廿二上午动身回家，廿六晚上回到上海，因此你在二十至廿四之间如有信写给我，请寄到我家里，我会盼着你的。

玻璃窗上有很美的冰花，今天我正式穿皮袍子，去年新做的，一直搁在箱子里不穿。

我待你好，爱你得一塌糊涂。

白痴　十八午

5

宋：

干么你要问我会不会追悔这次的无聊？你告诉我要怎样才算不无聊。如果你能想到我每天过着这种无聊的生活，如果你能想到我多么想望着逃避，即使是至短的暂时也好，你就不会这样说了。我知道这对你是无聊，我也知道每次你来看我或允许我来看你，都只是因为你顾念我，不忍令我不快的缘故，但你如明白你对于我的意义远甚于我对于你的意义，那么你就不会以你的观点来评衡我的观点了，虽然这也许是我们唯一不同之处。

我不愿说我的“瘦了”是因为思念你的那种可笑的蠢话，但你知道我没有可以变胖的理由，除了接读你的来信之外，没有什么可以真使我高兴的事，也许换一下环境会对我有益，但我并不相信，世界到处都是一样，既瞻望不见向前的路，也没有可以归向的地方，我总想不出我们活着是为什么。但下回你看见我时，我允许你不给你以“更瘦了”的印象，倘使你肯不因为“无聊”而不愿让我见你的话。

关于结婚的意见你知道我是完全和你同意的，想来你也不会对我有什么误会。过了三十四十以后，也许我会随随便便地结一次婚，但那时我一定把自己认为已经完全死去，而且那时我们也一定不复是朋友了。我不希望有那一天，因为我还想照着我的理想活下去。

无论如何，我现在还算是过着幸福的日子，因为我还享有着你的友情，我不敢往以后想，也不愿我们的关系会发生任何种的变化，结婚是一件太不自然的事，至少我相信我是不能使你幸福的。

如果你说你明白我，完全了解我，我将十分感激你，比之你我没有更亲爱的人可以诉说这一切。

话说得完，但意思是诉说不尽的，虔诚的祝福！

朱　十九夜

6

清如：

要是你和我结了婚，或者你做了我的母亲，我相信我每天要挨你的骂。这并不是说你是那样凶，实在人家见了我不由不生气，我自己也每天生自己的气。

其实你并不曾骂过我，但每回你的信来了的时候，我总害怕这回你要骂我了。其实你仁慈得像菩萨一样，然而我总有点怕你。这理由我想我可以解释。大凡在一个凶恶的后母手下的孩子，他对他的暴君的感情初时是畏惧中杂着憎恨，等到被打过的次数加多以后，就没有畏惧而只有敌意的憎恨和反抗了，越打他，他越不怕。但在慈母手下的孩子，则她的一颦眉一板脸就会使他心慌。

顶令人气闷的是等放假，尤其是放假前的第二天，到处是那样无聊。又盼不到信。

我有一本外国算命书，今年我的流年：岁首有重大消息，须作一次大冒险，但结果意外美满（news of A1 importance early in 1936, a big chance will have to be taken, but reward will surpass all expectation）。如果你告诉我你的生年月日（阴历的我能推算作阳历），我也可以告诉你今年的流年。

无聊，不要骂我！

朱　十九

曾允许你今天不写信，故写昨天的日期。

7

宝贝：

说得那样可怜。自己要别人忘记你，别人信刚写得略微迟一点就那么急，真有意思！我不会恼你的，即使你的话说痛了我的心也仍是欢喜你的。也许你望着月亮的时候，我正在想着我的宝贝笑哩，或者是正神往于那天的同游也说不定。

回答我，不准含糊：究竟您愿我待你好还是不愿我待你好？只回答我愿与不愿，不准说其余的话。如不回答，只算你默认愿意。

明儿你上北方去，大概我已经死了，否则总不会不知道，也许我连做人的一半资格都没有，所以你说没有半个人知道。我想我一定要更多的写信给你呢，也许那时心情好一些，能说一些略为有意思一点的话，你也有更多的物事好告诉我吧？别离是只使我更爱你的，想到我的好人一个子跑得那么远，无论如何，要不爱她是不行的。

日子过得非常恶劣，只想你是我的安慰，昨夜我梦见你的。

朱

8

姊：

我懊恼极了，怨、恼、苦、气、恨、愁、悲、惨、闷、伤心……为什么？不为什么。

昨天夜半房间里闹水灾，隔壁人家自来水管爆破，水从墙缝里钻了进来，几乎人都淹死（此夸张语也），房间里弄得一塌糊涂，今天那边修好了之后，戽出了几提桶水，你想我怨不怨？

信又盼了个空，罩衫臂上又撕破了一块，一切的一切，怨之不尽。昨夜局方开结束会议，大家都有减薪希望，但看今天有没有甚么通知，如果太不情了，我辞职书底稿也已经打好：

“总理先生大鉴：上海居大苦恼，拟回家乡吃黄米饭，请准辞职！”

拿他两个月津贴，回家白相[1]半年再说。

明天下午或后天早上动身回家过年去还未定，要是到家后仍接不到你信，以后永远不待你好，死了之后变恶鬼永远跟你缠绕，拜四十九天梁皇忏给我也没用。

但现在我仍待你好。

弟弟　廿一

---

1 白相：上海方言，意为“玩”。

9

姊：

你给我一些 advice[1]。判决书已下，二月份起薪水大洋五十，心理上已实在没有再留恋这蹩脚饭碗的可能（我决不嫌不够用，尽管四十块钱一月都可以生活得不致过于局促，但这种腌臜[2]气受不住，好像不解你雇还是皇恩浩荡似的。初进来时有七十多块一月，每况愈下，要是涎着脸不走，明年一定拿四十块钱一月），其实我也真想回家休息一年半载，可是我又有有家归不得的苦，姑母她们不能常住在我家里，弟弟在外边，我不好守着弟媳妇在一起，真是走投无路，怨尽怨绝。

无论如何，明年下半年一定得别寻主顾，我不愿在家乡做事，如果到杭州去，物是人非，也太令人不快活，我想竭力在苏州方面想想法看，就是四十一月也愿就，只要不再编那种骗杀人的字典。

明天下午准回家去，渴盼你的信，我寂寞得什么似的。

愿你快乐。

老弟弟　廿一夜

---

1 advice：建议，劝告

2 腌臜（ā zā）：肮脏，不干净

10

好友：

我不知道今天是年初五还是一二八[1]。唯一想得出可以说的话便是今天天气很好。

无论说什么话，总觉得很可笑，无非是一些可耻而无味的废话，然而也只有借这个方法，才能打破时间空间拦在我们中间的阻隔，要是想得出一个更好的方法，可以使我们永远在一起，又永远不在一起，那就好了，因为如果单是永远在一起，便尝不到相思的美味了。

我愿把我的灵魂浸入你的灵魂里。你在我脑中的印象一天比一天美好。我说不出话来。

朱

1 一二八：1936 年 1 月 28 日是农历正月初五。

11

澄哥儿：

今天天气很好，心里有点松快，可是又闷得快要闷死的样子，要是身边有钱，一定在家里坐不住。你不知道那个Flaubert[1]多少可恶，净是些古怪的生字，叫人不耐烦看下去。唉，我昨夜做的梦真有趣，尸首从床板上跳起来，身上还淋着脓，哎，啧啧，我一看不对，连忙奔下楼。昨天不是我说我多么爱你吗？这种话你不用听就是，因为我怎么能自己知道我爱不爱你呢？天晓得你是多么好！我要是从来不曾读过英文就好了，那种死人工作恨一百年都恨不尽。

今天才初八，还要等你至少一星期，真心焦！唉，我透了一口长长的气。你说我写些什么好呢？我什么话都没有，你只痴痴地张大了眼睛（我说的是你的照相），一句话也不响。要是谁带点糖来给我吃吃就好了。如果我亲你的嘴，你打不打我耳光？我真不高兴，真怨。你房间里冷不冷？情形真是一年坏一年……不说了。

我在梦里筑了一座宫堡，那地方的风景真是好极了，你肯不肯赏光常来玩玩？我特为你布置了一间房间，所有房间中最好的一间，又温暖又凉爽又精巧又优雅。窗外望出去的山水竹树花草，朝晨的太阳，晚来的星月，以及飞鸟羊群，都是像在一个神奇的梦境里。你这间房间我每天吩咐一个美秀的小婢打扫收拾，但别人不许进去

1 Flaubert：福楼拜，法国小说家。

一步，即使你永远不来也将永远为你保存着。我真不知道要怎样才好，早早死了就好了，做人真没有趣味。谢谢撒旦的父亲，日子快些过去才好！你已经三十岁，是个老太婆了，实在日子过得真快，我还亲眼看你从娘肚子里一二三开步走地跑出来呢，那时我还是个毛头小伙子，如今老了，不中用了，国家大事被后生小子弄得一团糟，也只好叹口气罢了。总而言之，还是让我以这垂朽的残生爱着你直到死去吧！你是世上最可爱的老太婆。

傻老头子

12

宝贝：

我不想教训你，大家彼此原谅原谅吧。只有长进的人才配教训不长进的人，你说是不是？我希望你永远不长进，因为你长进了一定不再待我好了。

我压根儿看不起诗，尤其看不起旧诗，尤其看不起做感事一类的诗。做得不好固然臭，做得好也不过和唐朝人的感事一样，一点也看不出感的是一九三六年的事。旧瓶子总是装不下新酒的（有一位先生看见这一句话就要生气，因为这句出于圣经，原来是说盛酒的“革囊”，并不是“瓶子”，瓶子是后学者的传讹，其实我看瓶子也可以通得，何必如此顶真，你说是不是？），要是杜甫活在今日，一定也不会写那种七字八句的感事诗。律诗绝句这一类货色，顶多是一种玩意儿，吟吟风月，还可以卖弄一些小聪明，真要把国家大事之类弄进去，总脱不了滥调，新鲜的思想是无论如何装不进这么一个狭窄的圈套里的，你说是不是？

以宝贝的大作而言，颈腰联都对得很完整，末句是很不合律的，你说是不是？而且……而且很不好。无题一首戏作我希望你把它算作不曾作，因为出韵还不打紧，如把人字和心字相押之类，但天字可和头字叶韵那太自由了，你说是不是？

天是如此之冷，我今年开春以后，手上冻出冻疮来，现在在出脓，你瞧作孽不作孽？

我抱抱你。

二毛子　星期三

13

好姊姊：

今天中午回来，妹妹带着随随便便的神气对我说，“你房间里有一封信”，一跳跳到楼上，信并没有，虽然知道受了骗，可是也许被风吹在地上，也许被放在书底下枕头底下抽屉里，仍然作万一之想地空寻了一番，好像你并不是昨天才有信给我的。

说不出来的闷，空虚，灵魂饿得厉害。鬼知道这种罪几时才能受满。

我们廿九、三十两天不作工，廿九是星期例假，三十补革命纪念日假（或者说廿九是革命纪念日，三十补星期例假均可），虽承公司方面的好意，实在也并不十分欢迎，一切事情天晓得！

我把我的灵魂封在这封信里，你去旅行的时候，请把它随身带在口袋里，挈带它同去玩玩，但不许把它失落在路上。

幸亏世上还有一个你。我弱得厉害，你不要鄙夷我。

所有的祝福！

饿鬼　写于没有东西吃的夜里　廿六

回应

伤逝五章之二 我愿[1]

我愿
也许你飞入天宫，
拜访历代的英豪。
莎翁向你亲切道谢，
你却以微笑致歉，
从眉根直红到脖颈。

也许你漫游地狱，
相迎你的是和善的问候，
因为那里还主持着公正，
而你是一生清白、胸怀坦荡。

也许你遨游太空，
乘寒气，驾长风，
印证名山的胜迹，
追寻太白的仙踪。

1 宋清如于 1985 年 11 月为悼念朱生豪去世三十七周年写的诗。

也许你眷恋乡土，
呵护孤苦的遗属，
为解放的胜利高歌，
为重重的灾难悲愤。

上天入地茫无路，
我愿你——

灵性不泯，
挟风雨作伴，
与日月同存；
我也愿你——
酣睡千秋，
超然尘俗之外，
忘怀古今得失。

第十一章

爱到深处

“这里一切都是丑的，风、雨、太阳，都丑，人也丑，我也丑得很。只有你是青天一样可爱。”收到宋清如的来信，就像救命药一样。在信纸上，朱生豪的蝇头小字密密麻麻，如絮絮叨叨的孩子，有时这封信刚寄出，下一封又续上。想到什么写什么，一句话也成一封信寄出，有的则纸张太薄，连签名的地方都无。他不停地写信，只是为了迫切地向恋人表达自己的心境和衷肠。

好人：

前晚兄弟来，和他玩了一晚一天，昨天回去时很吃力，因此写不成信。

你很寂寞如何是好？我又想不出说什么话。

曾经梦和你纳凉夜话（据说我们已结婚了好多年），六十岁醒来得太早。我希望我们变作一对幽魂，每夜在林中水边徘徊，因为夜里总是比白天静得多可爱得多。

我想你活不满六十岁，但也不至于短命（因为现在已经很老了是不是？）我希望你不要比我先死，但如果我比你先死我也要恨的。最好我们活同样年纪。我很愿我们都活三百岁，无论做人怎样无聊怎样麻烦，有你在一起总值得活。

这信暂时停止写，等我想些话再写。

祝你好。

鲸鱼　　十七（1936年）

1

清如老姊：

松江有一个教员位置，有人已向我说过，大概有六七分把握，不过如这学期就要去上任，想起来有些心慌，而且我也不甚喜欢松江，又小又寂寞。

郑天然寄了三本《世界名曲文库》给我，门外汉买给门外汉，甚为抱歉。《俄罗斯歌曲集》和《Falla[1] 歌曲集》还可以念着日本字哼哼，那本 Schubert[2] 就只好看着发呆。顾敦鍒已敦促了几次纪念刊的稿子，而且特别指定要白话诗，“能此者甚少，非借重不可”，实在难于应命，你替我代做不好？小弟此身自问已和一切艺术绝缘，想起来寂寞得很。

你几时走？

我不知道恋爱是否原来就是一件丑恶的东西，还是人把它弄丑恶了的，但无论如何这两字总不给人好感。我希望人家不要以为我和你发生了恋爱，而且我写给你的信也并不是情书。——可笑的蠢话！

想要谈谈时局战争一类的话，可是谈不来，不谈了。

如果天真能倒下来，就好了，省得我明天还要跟你写信。你觉得我讨不讨厌？

我待你好，我待你好，我待你好，我待你好。

卅

1 Falla：法里雅，西班牙作曲家。

2 Schubert：舒伯特，奥地利作曲家。

2

宋：

说过的傻话请不要放在心上。

今天我很快活，因为清晨走在路上，看见一个中国巡捕，脸孔圆圆的，一头走路一头眼睛眯着打瞌铳，样子甚可爱。

昨天借了六本弗洛伊德的《精神分析引论》，一口气看完了。今天毕竟又去把 *Jane Eyre*[1] 买了转来，一块钱。

我很安静，不淘气了。我猜想你明天会有信来，我有点害怕，不知你要说些什么话，我真不好。

虔诚的忆念和祝福。

不好的孩子　七日晚

---

1 *Jane Eyre*：《简·爱》，英国作家夏洛蒂·勃朗特的著名小说。

3

清如：

天一晴，就暖，一阴一雨，就冷。今天又下雨了。然而晴雨终引不起我任何感兴，随便怎么总是一样的。但你的每一封信，给我的喜悦，却也可说是一线阳光的照耀，也可说是一阵甘霖的滋润。即使是深知如你也没法想象你的一句轻轻的话，对于我有何等感激奋发的力量。

人真是感到辛苦得很，巴不得有一个月休息才好。如不是你安慰着我，我真不乐此身，老是这样活下去在这种寂寞的地方，真不是可以开玩笑的。何况心里的冤屈诉说不尽，我简直不愿想起从前的一切。除了你之外我愿意忘记一切，一切都只是梦而已，只让我相信你是真实，我爱你是无限的。

不要对自己失望，你有很好的天禀，作品的内容是会随生活经验而丰富起来的，至于读书乃是一种助力和修养，我永远期望你比我有出息一些。

想起你在杭州的时候大概不会多了，我为之江恋你。

愿你永远快乐！

朱朱　十日傍晚

4

好友：

我懒得很，坐在椅子里，简直懒得立起身来脱衣裳睡觉，看了几页小说，闭了眼睛出了一下神，又想写信，又有点不大高兴。今天有了钱，也吃到了你的糖，糖因为是你给我吃的，当然格外有味，可是你知道，一个人无论怎样幸福怎样快乐，如果他的喜乐只有自己一人知道，更没有一个可以告诉的人，总是非常寂寞的。如果我有一个母亲或知心的姐妹在一起，我会骄傲而满足地对她说，“妈，你瞧，我有一样好东西，一包糖，‘她’给我的。”她一定会衷心地参与我的喜乐，虽然在别人看来，一点也不值得大惊小怪的。

编辑所里充满了萧条气象，往年公司方面裁员，今年有好几个人自动辞职，人数越减越少，较之我初进去时已少了一大半，实在我也觉得辞了职很爽快，恋着这种饭碗，显得自己的可怜渺小，可是自己实在什么都不会干，向人请托谋事又简直是要了我的命，住在家里当然不是路数。我相信我将来会饿死。

听两个孩子呼名对骂，很有味道，打着学堂里念书的调子彼此唱和，哥哥骂妹妹是泼婆大王，妹妹骂哥哥小赤佬，以及等等。

明天再说。你是天使，我是幸福的王子。

朱　十一

5[1]

好人：

前晚兄弟来，和他玩了一晚一天，昨天回去时很吃力，因此写不成信。

你很寂寞，如何是好？我又想不出说什么话。

曾经梦和你纳凉夜话（据说我们已结婚了好多年），只恨醒来得太早。我希望我们变作一对幽魂，每夜在林中水边徘徊，因为夜里总是比白天静得多可爱得多。

我想你活不满六十岁，但也不至十分短寿（因为现在已经很老了，是不是？）我希望你不要比我先死，但如果我比你先死我也要恨的，最好我们活同样年纪。我很愿我们都活三百岁，无论做人怎样无聊，怎样麻烦，有你在一起总值得活。

这信暂时以此塞责[2]，等我想想过后再写。

我待你好。

鲸鱼　十七

---

1 原件宋清如注：1936 年

2 塞责：抵偿过失，抵罪

6

清如：

你说话很可怪，好像以为我是无所不怪似的，你不来看我我也要怪你，你来看我我也要怪你。如果我真是这样，那么你这人岂不难做得很。

毕业论文这时就要担心起来，很像个好学生。这题目容易不过，二十天便可以完成。

第一天：看较详尽的文学史，获得轮廓（如已知道，则这一天可以白相）。 三十分钟

第二天：搜集主要的参考书（不须过多，遇疑惑有问题时才再去找别的书），包括关于此题之重要论著、各家传记、文集。

一点半钟

第三、四、五天：略览各书 每天四小时

第六天：拟制详细大纲，大概分四部分 一点钟

1. 叙论（历史的背景，二派产生以前及当时的文坛状况，二派之主要标榜等）。三千字

2. 分论（各论二派之渊源流变，代表作家作品及其影响等）。六千字

3. 合论（比较二派之得失短长异同之处）。四千字

4. 批评（用现代的眼光评论二派之主张及其在文学史上之意义

等）。二千字

第七天：休息，远足至龙井品茗。

第八至十四天：按大纲写论文（每日工作三小时，约写二千五百字）。

第十五天：复阅补漏。 五小时

第十六至十八天：托人誊清，自己休息，以每日写五千字计，三日完工。二份可请二人写。甲抄上半篇时乙抄下半篇。

第十九天：作最后之审阅，交卷。

第二十天：西爽斋请客表示庆祝。

这样还是认真的办法，叫我弄起来，那么省去了打草稿的时间，一路看书，一路定大纲，一路写下去，一星期也够了。

如果我想吃你，你肯不肯给我吃呢？

愿蚊子不要咬你，咬我。

一日

一接到你的信，我便精神百倍，什么都有了兴致。我不知道为什么你会是这样好的。

7

宋：

风雨如晦，天地失色，我心寂寞，盖欲哭焉。今天虽然盼得你的信，可是读了等于不读，反而更觉肚子饿，连信封才七十字耳，吝啬哉！

不知你玩得算不算畅快？鲰生[1]无福，未能追随芳躅，惟有望墨水壶而长叹而已。

本来我也可以今天乘天凉回家去一次，但一则因为提不起兴致，二则因为钱已差不多用完，薪水要下星期一才有，因此不去，下星期已说定要去，大概不得不去，并非真想去。狗窝一样的亭子间，虽然我对它毫无爱情，只有憎恶，但在这世上似乎是我唯一不感到陌生的地方。

如果你要为我祝福，祝我每夜做一个好梦吧，让每一个梦里有一个你。如果现实的缺憾可以借做梦来弥补一下，也许我可以不致厌世。

愿你好。

X　四日

---

1 鲰（zōu）生：浅薄的、见识短的人

8

姐姐：

今天早上弄堂里叫卖青梅，喊着：“妹子要口伐妹子？亲妹子，好妹子，好大格亲妹子要口伐？”

真的我这么许久不见你了，不知道几时才能托上帝的福再见你一次，今天是风雨凄凄，思想起来好不伤心人也。

舍弟很客气地来信请我端午节到家里去做客人，但要我衣裳穿得楚楚一点，因为他的太太不大看得惯寒酸（或者好听一点说落拓不拘细节）的样子。实在，我对于故乡的姑娘儿们是只有叹气的，尤其是暴发户气息的小商人阶级的女儿。嘉兴是太充满商人味儿的城市，你走遍四城门也找不到一个高贵清华的少女，当然更绝对产生不出宋清如那样隽秀的才人。

我要多么待你好，每两分钟你在我心里一次，祝福你。

弟弟　星期日

9

阿姊：

你走了，我很寂寞，今夜不知你在什么地方，梦魂不识路，何以慰相思？

人静之后，夜的空气甜柔得有些可爱，无奈知心人远，徒增惆怅耳。旅途倦乏，此刻你一定已睡得好好儿的了。如果天可怜见，让我今夜梦里见你吧。

愿煦风和日永远卫护着可爱的你，愿你带着满心的春笑回来。

爱丽儿　廿八

天看了本影戏（有什么办法呢！）打倒了胃口，今天不想出去了。你玩得高兴不高兴？

卅

回应

朱生豪周年祭[1]

似梦非梦地，这一幕太凄凉，太悲惨的事实，竟已过去有一年了。

谁说时间的老人，会医治沉重的创伤，我不信这悲痛的印象，会有一天在我记忆里淡忘。

一年，整整的一年，我在雪花的纷飞时，在红杏的灼灼中，在滔滔的淫雨中不断地悲悼着，感伤着，现在又是秋尽入冬了。季节过去得太慢也太快，但谁又能把失去的生命重新捡回来呢？

在胜利声中，在中美日报复刊声中，在莎氏全集出版声中，祇有我使用眼泪追悼着你，一名为文化事业奋斗过而不幸中途牺牲的无名英雄。你的心血不曾为你自己开出鲜美的花，更不曾亲自尝到果实的滋味。我不能想象你现在究竟有没有灵觉，假如有，该是作何种感想。

我不会淡忘了你在用心时的态度，为了力求文意字句的尽善尽美，不惜时间地反复思考着，体味着，一个个一个个字津津有味地咀嚼着。你告诉我从辛苦的思维中蕴蓄着无限的乐趣，可是害你生命的病魔，却也从此生了根。你自己明知道翻译莎氏剧本是顶着石头做戏，吃力不讨好的工作，可是你却始终不断地惮心竭力，毫不

1 朱生豪去世一周年的时候宋清如写的祭文。

顾惜自己的精力有限。我真奇怪你干着这工作究竟是为名还是为利。说是为名吧，人家避重就轻，沽名钓誉的事情多着呢，像你这样的天才，就怕没有工作做吗？如其说为利，那才是笑话！这几年文人末路，是谁也不会否认的事实。世界书局所给你的稿费，连自己的生活都不够维持，生生地看着缺少营养的身体，一天天挣扎到呕完最后一口心血为止。甚至在病重时，无可奈何时告借一点生活费，人家会给个不睬。死了之后，也许正有人在说着活该。

你以为忠实地为中国文化努力，不顾一切在困苦中努力，是你的本份，可是你却不曾明白现在的时代，决不是如你那般忠厚、纯洁、清白的人所能应付的。你可以站在本位上努力，可是谁会对你抛掷一丝同情？人家称你是圣人，这还不是笑你的迂？牛角尖的空隙里，自然你会临到末日了。

认识你的人谁都知道你不善说话，也许这就是不易得人了解的一个原因。可是善于用口的人不善于用手，是一般的现象。我记得你的每一句话，就因为你的话不太多的缘故。但我也保留着你的信件，它们记载了你的几年中的生活。

你告诉我工作得最有兴趣的是在中美日报中当编辑的时期。你说你做着忙碌的工作，夜以继日地在被压制的环境下作正义的奋斗。以极短的睡眠恢复疲劳的精神。后来，在太平洋炮声响起以后，你从牢狱似的报社逃出以后，便如有所失的起了茫茫之感。现在中美日报已经复刊了，而你过去的成绩，却跟着你的死亡给人遗忘了。

如其你现在还活着，我不知道你将再找寻哪一种为人类呕心沥血的工作，如其你现在还活着，对于自己的成绩，会有何种满意的微笑。如其你还活着，会再给文化界多少贡献。

总之，你活着是为了文化不惜牺牲，死了却苦了我和孩子。孩子固然太小，太不懂事，但我却为了他这摆脱不了的累赘，在现在的社会经济制度下简直无法谋生。以后的问题，死的无力安葬，活着的无法自存，解决的办法，只有天才知道。

实在是，像你这样的人，太天真，太纯洁，就是你真的活着，教你发财升官走红，你也不会。我觉得你的本身就是一首诗，一件艺术品，不懂得人间的把戏。要你自己负担自己的生活，已是多事的，残酷的，何况要把家人的生活，压在你自己身上。我知道你最后仍不能放下我和孩子，而我却为了竭力减少你的痛苦起见，勉强说着“我们总不至走上绝路”，要你放心。其实痛苦啮着我的心，比苦口的药物正不知难受到几倍。你的死亡，带走了我的快乐，我的希望，我的敏感。一年来，我失去了你，也失去了自己。要不是为着这才满周岁的孩子，我不知道哪来活着的勇气。

我不敢多想，但我怎能不想？什么都有刺激我悲哀或怨恨的力量。

但是，生豪，人们的命运同你我相仿佛，也许多的是。多少成功的英雄们，是踏着牺牲者的血迹前进的。

我祝福你灵魂的安谧，我祝福同你我同样命运的人们有较好的遭遇。

第十二章

盼信如年

“渴望着信来的时候，每一分钟是一个世纪，每一点钟是一个无穷……”朱生豪的情书不断地从上海飞到杭州，倾诉心中的相思，等待宋清如的回信，成了他生活中最重要的期盼。

在物欲横流的大上海，现实变得越来越糟糕，满怀自由浪漫情怀的朱生豪，把自己的思念、寂寞、孤独在给恋人的信中一一道出。在等待宋清如来信的日子里，他度日如年。

我爱宋清如、风流天下闻、红颜不爱酒、秀颊男生羡、
冷雨孤山路、凄风苏小墳、香车安得即、徒此挹清芬、

我爱宋清如、诗名天下闻、无心谈恋爱、埋首写诗文、
夜怕蛾来叹、晓嫌侍到频、撑舍谈亭阴、且暮仰孤芬、

我爱宋清如、温柔似杨云、三生无有幸、一笑倾前盟、
莫道缘浅薄、佳人曾有恨、书心怀风好、常藏梅香芬、

右打油诗三首

1

爱人：

写一封信在你不过是绞去十分之一点的脑汁，用去两滴眼泪那么多的墨水，一张白白的信纸，一个和你走起路来的姿势一样方方正正的信封，费了五分钟那么宝贵的时间，贴上五分大洋吾党总理的邮票，可是却免得我食不甘味，寝不安席，无心工作，厌世悲观，一会儿恨你，一会儿体谅你，一会儿发誓不再爱你，一会儿发誓无论你怎样待我不好，我总死心眼儿爱你，一会儿在想象里把你打了一顿，一会儿在想象里让你把我打了一顿，十足地神经错乱，肉麻而且可笑。你瞧，你何必一定要我发傻劲呢？就是你要证明你自己的不好，也有别的方法，何必不写信？因此，一、二、三，快写吧。

2

女皇陛下：

我希望你快些写信给我，好让我放心你已不恼我了。至少也得告诉我一声十个月不写信是从哪一天算起，好让我自即日起伫颈期待它的满期。我很欣幸你恼我得并不彻底，否则你会说永远不再写信给我的。既然不是彻底的恼，那么最好还是索性不恼，因为恕人者最快乐，而我也将感恩不尽，永远纪念你的好处。我不愿说保证以后不再有这种事发生，因为也许为了空间的时间的、心理的生理的、物理的化学的、形而上的形而下的、物质的精神的、个人的社会的种种关系，仍旧会身难自主。

叔本华说得好，"人类是环境之奴"（叔本华并没有说过这句肤浅的话，至少我不曾读过叔本华，不知道他曾说过这句话）。但为了对你表示最大的忠诚与感激起见，总将竭力避免此等事件之再发生，倘不幸而力有未逮，则惟有等待挨骂一顿，之后复为君臣如初，此则私心之所企祷而无任拜悚者也。否则的话，我虽不至于幼稚过火得向你说"人生无趣，四大皆空，一切有为法，如梦幻泡影，Vanity, vanity, all is vanity[1]，行将自杀以谢君"。当然也不至于sophisticated[2]得喝香槟酒，搂舞女以消忧。

---

1 Vanity, vanity, all is vanity：空虚，空虚，一切都是空虚。

2 sophisticated：久经世故的

但我这奇怪的我会无聊得狂吃东西，以至于生了胃病，是或有可能的。虽然也许现在你要咒我呕血，但真呕血之后，你一定要悔恨；同样你也决不真的希望我生胃病的是不是？太阳、月亮、火炉、钢笔、《牛津简明字典》，一起为我证明我对于你的忠心永无变更，不胜诚惶诚恐之至，臣稽首。

3

我爱宋清如，风流天下闻；红颜不爱酒，秀颊易生氛。
冷雨孤山路，凄风苏小坟；香车安可即，徒此挹清芬。

我爱宋清如，诗名天下闻；无心谈恋爱，埋首写论文。
夜怕贼来又，晓嫌信到频；怜余魂梦阻，旦暮仰孤芬。

我爱宋清如，温柔我独云；三生应存约，一笑忆前盟。
莫道缘逢偶，信知梦有痕；寸心怀夙好，常艺瓣香芬。

打油诗三首

4

宝贝：

为着不要使你气馁，我说你一定可以做一个受爱戴的教师。不过想起来很惨是不是？有没有别的出路可想呢？我看一切职业都很无聊，做拆白党[1]最有意思。不过你做不来，母亲也不许。

戴方帽子照相如果照得很贼腔，请给我一张，最好签个大名在上面。如果照得很神气，则不要给我，因为我见了要害怕。

我想你离开之江的时候，一定还要写一首伟大的诗篇，是不是？也许它会使你不朽，“架上荼蘼”那半首蝶恋花为什么不涂去呢？小孩子的东西。

我们会永远要好的，是不是？

十五

1 拆白党：骗取财物的骗子或流氓集团

5

宋：

你在不在发愁？

我在发愁，希望天下雨。不是我喜欢雨天，晴天我总希望下雨，雨天我总希望天晴。

今天又比昨天老了一天。

我爱你得很。

朱生　十五

你寄一张戴方帽子的照相给——不是给我，给姓朱的。我待你好。

五点半

6

宋：

昨夜我写了一封痴痴颠颠的信，幸亏不寄出，否则你又要骂我。

我知道你很爱我，如果你骗你自己说不爱我，我也无法禁止你。

照相即使你硬要送给我，我也不要了，因为你已送过了别人。你瞧我好像也会喝醋的样子。

关于朋友我向来主张“不交主义”，除非人家要来交我，我决不去交人家。男朋友我也不要，何况女朋友，何况是含有特殊意义的女朋友。除非你忍心要我在不识相的姑娘们前出乖露丑，像一个呆大女婿那样地，你总不好意思劝我交女朋友吧？

你说的光明坦白四个字我也不很懂，心中存着光明坦白四个字，已经有些不十分光明坦白，时时刻刻记得这四个字而去交起朋友来，往往会变得充满了做作。友情不是可以用人工方法培植起来的，毫无理由地和一个不相识者交起朋友来，随便你怎样光明坦白也是awkward[1]的。你老是说些不通的话，真是可爱得很。

你因为客气而不骂我，不知这算不算得光明坦白。如果朋友有失而不骂，也未免不够交情。只有好朋友的骂才能使人心悦诚服，即使被骂者脸红耳赤，也不致怀恨在心，你为什么不骂我呢？还是我没有被你骂的资格？——我简直要声势汹汹地质问你。

1 awkward：笨拙的，拙劣的

你原来就是笨的，现在并不比从前更笨，可是笨得可爱。

这次你写了一段很好的文字：“日日在怅惘中看着天明，再由白天捱到夜晚。这种不快意的心情，说悲哀似乎太重，说惆怅又嫌太轻，要说这是愁，那我更不知是愁些什么来。”令人咏叹不尽。

不要不待我好，在这世上我最欢喜你。

朱　十九

7

清如：

从前我觉得我比你寂寞，现在我觉得你比我更寂寞得多。我很为我们自己忧虑。

今天下午我试译了两页莎士比亚，还算顺利，不过恐怕终于不过是 poor stuff[1] 而已。当然预备全部用散文译出，否则将要了我的命。

你天津的事情有没有成功？我觉得教书不甚合你的个性。但也许世上还没有发明出一种为我们所乐就的职业。

不知道我有没有告诉过你？我的大表姐有四个儿子，二个女儿，第四个的男孩子是个心地忠厚，但在兄弟行中最不聪明的一个，今年也怕有十三四岁了。一次被他的最小的妹妹欺负到哭起来，也没有人帮他。我因为是他的“老朋友”，便挈着他到近郊走走安慰安慰他。他一路拭眼泪，一路向我说做人的无趣，谁都不待他好，他说他不高兴读书（因为总是留级），学商也没有趣味，顶好是穿了短衣，赤了脚，做个看牛孩子，整天在田野里游荡，“多么写意！”这些话要是给他母亲听见了，准要说他没出息，一顿骂，但我觉得一点都不错。

我想不出再要向你说些什么话，我也想不出你有些什么话好对我说，但你无论向我说什么无聊的话，我都一样乐意听的，而且你

1 poor stuff：劣质品

也不要以为我不肯听你话，因为在世上你是我唯一肯听话的人，不是我现在不再每天给你写信了，因为你不喜欢太多的信。虽然我巴不得一天到晚写信给你，即使单是握着笔，望着白纸，一个字写不出，这么从天亮呆坐到天黑也好，因为这样我可以不想到别的一切，只想着你，只有在想着你的时候我才会感到幸福不曾离弃我。我希望有一天我们将永远在一起，不再分离，即使是在很老很老的时候也好，甚或在死后也好，如果人死后灵魂尚存在的话，不知道这是不是奢望。

一切的祝福！

我欢喜你给我取一个名字，你曾许过我。

你的兄弟　廿一

8[1]

好好：

你有一点不好的地方，那就是爱用那种不好看的女人信笺。

你不大孝顺你的母亲，我说你应当待她好些，如果怕唠叨，那么我教你一个法子，逢到你不要她开口而她要开口的时候，只要跑上去 kiss 她，这样便可以封闭住她的嘴。

你崇拜不崇拜民族英雄？舍弟说我将成为一个民族英雄，如果把 Shakespeare[2] 译成功以后。因为某国人曾经说中国是无文化的国家，连老莎的译本都没有。我这两天大起劲，*Tempest*[3] 的第一幕已经译好，虽然尚有应待斟酌的地方。做这项工作，译出来还是次要的工作，主要的工作便是把僻奥的糊涂的弄不清楚的地方查考出来。因为进行得还算顺利，很抱乐观的样子。如果中途无挫折，也许两年之内可以告一段落。虽然不怎样正确精美，总也可以像个样子。你如没事做，替我把每本戏译毕了之后抄一份副本好不好？那是我预备给自己保存的，因此写得越难看越好。

你如不就要回乡下去，我很想再来看你一次，不过最好什么日子由你吩咐。

---

1 原件宋清如注：1936 年夏

2 Shakespeare：莎士比亚

3 *Tempest*：《暴风雨》，莎士比亚剧本。

我告诉你，太阳底下没有旧的事物，凡物越旧则越新，何以故？所谓新者，含有不同、特异的意味，越旧的事物，所经过的变化越多，它和原来的形式之间的差异也越大，一件昨天刚做好的新的白长衫，在今天仍和昨天那样子差不多，但去年做的那件，到现在已发黄了，因此它已完全变成另外的一件，因此它比昨天做的那件新得多。你在一九三六年穿着一九三五年式的服装，没有人会注意你，但如穿上了十七世纪的衣裳，便大家都要以为新奇了。

我非常爱你。

淡如　廿五

9

宋宋：

今夜的成绩比较满意，抄写了三四千字。起了风，砰砰磞磞地听见玻璃窗碎了好几扇。

要努力就决定个努力的方向，如果一无可努力之事，那么拼着懒过去，也用不着寒心，归里包推总是一样。

据说中国已经复兴了，我总觉得很疑惑，而且好像就是这几个月里头复兴起来的，不知道是人家骗我们呢，我们自己骗自己呢，还是真的已经复兴了？

我待你好，我嗅嗅你的鼻头（爱司基摩人的礼节）。

牛魔王　廿六

10

宋：

我想用一个肉天下之大麻的称呼称呼你，让你腻到呕出来，怎样？

你老是说不通的话，我不知道你把我的思想和精神怎样抱法？其实我是根本没有思想也没有精神的。

你的诗写得一天比一天没希望，如果真要做诗人，非得多发发獃，弄到身体只重五十磅为止不可。我承认你现在还是相当獃[1]的，因此还能哼几句，像我因为很聪明，所以就写不起来了。

我很满足人生，你说你怕看见我也不能使我伤心。

昨天吃了很多冰淇淋。

此间需要小编辑一位，须中英文皆能过得去而相当聪明者，月薪至多五十，至少五十，你们班里如有走投无路的此项人才，可来一试。

不要哭，我仍旧欢喜你的，心肝！

廿七

---

1 獃（dāi）：同“呆”

11

好友：

湖州地方也不错，如果天津不成功，当然很可去得。月薪五十其实已不算小了，在上海也许不够用，在内地很可以每月积蓄些，又不要你供给家用。只要事情不十分忙，环境相当好，钱你很可以不必计较。

郑天然下星期一来。

我已把*Tempest*译好一半，全剧共约四万字，你有没有这耐心抄？这篇在全集中也算是较短的。一共三十七篇，以平均每篇五万字计，共一百八十五万言，你算算要抄多少时候？

我待你好。

朱

近来夜里很好睡，虽然有时很夜深，臭虫很奇怪变少了，也许因为人倦不觉得。蚊子比较多，但这里的蚊子有沉默的特性，不向你唱歌，还比较不使人心烦，叮就让它叮去，没有工夫理它们。

卅一

回应

残简情证

岁月易逝，朱生豪（1912～1944）离开这个风云激荡的世界已快将五十年了。展阅残简，依稀可以辨认他那短促的生命历程中留存的斑斑痕迹。就这两封信来说，流露的主要是诚挚的友情，对诗歌修养的自负和骄矜，勤读过思的习性，以及某些个人的情趣。

这里第一封信的写作时间，约在一九三三年九月或十月之间。因为他给我的信都不记年月，所以难于确定。但很突出的一点，是他刚刚跨出校门，进入世界书局工作的时间不长。在他的生活道路上，开始了新的转折点。

今天我们提起朱生豪，往往把他跟戏剧巨人莎士比亚连在一起，使他荣膺翻译家的桂冠。因为他曾经不折不饶，殚精竭力，留下了一定的业绩。但是，大学读书时期，他在师友同学们的心目中，却是一个颇有才气的诗人。记得他在赠给我的《鹧鸪天》中，曾有这样的几句："楚楚身材可可名，当年意气亦纵横；同游伴侣呼才子，落笔文华洵不群。"可以想见他那少年风采，不乏骄矜和自信。他对诗歌的爱好，渊源于中学时期，怀着孤儿的悲苦心情，奋发勤学，以期报答慈母的厚望。他博览深思，涉猎诗词歌赋，对于传统名篇，大家杰作，加以比较揣摩，达到心领神会。同时也读了大量英国文学，尤其喜爱雪莱、济慈、拜伦、莎士比亚等的作品。那时五四之后新诗坛上灿烂群星的光芒，也在他身上得到反映。所以，高中时期的朱生豪，已经在诗歌方面崭露头角。他写旧体诗、新体诗，也有少量译诗，和颇有见地的诗论。进入大学之后，在教室里，在图书馆中，他吸收消化，融会贯通，视野逐渐扩大，思路愈见开阔。之江环境优美，门挹钱江风涛，东迎沧海日出，他有时踽踽独步江边，有时结伴曲径探幽，草坪觅句，茅亭听雨，大自然的丰厚赐与，使他经常诗兴勃发。而且，在词人夏瞿禅（当时任之江诗词学教授）的倡导下，有“之江诗社”的组织，才人荟萃，同声相应。诗友之间，唱和频繁。朱生豪的诗词作品，这一阶段趋于成熟，也最为丰富。但是，国难当头，身世凄凉，前途茫茫，流露笔端的，难免多的是感伤情调。这就是他在这封信中所说的“一向沉迷着的感伤的情调的氛围”，“过去的梦”，而在新的环境中，“静味一切”之后发生了“厌弃”，有着摆脱旧我，“努力做人”的愿望。

此后，他确实很少写诗，特别是在他决定译莎之后，真是集中精力，全力以赴。但是，我始终认为“诗人”的素质，正是他翻译莎士比亚诗剧的基础。有了这样浓厚的基础，才会对莎翁作品如此心领神会，毅然握笔，殚精竭力，终于译出了三十一篇戏剧，为祖国，为人民，献出了自己的一份光，一份热。

人生的道路，不乏偶然的机缘。我在进入之江大学的第一学期，第一次参加“之江诗社”的会场上，初次认识了朱生豪。过后不久，他就写了封信给我，还抄录了他自己的几首新诗请我“指正”，因为他知道我能写新诗。之江学校不大，人数不多，但男女同学之间，制度上，习惯上，风气上，思想上，有形无形的壁垒是存在的，所以大家都很拘谨。我们之间主要是用书信来往，咨流诗作。由于我不曾写过旧诗，连平仄格律都不熟悉，相互酬和的也只能是新诗。

直到第二年，生豪已经毕业了，我见到比我高两班的女诗人张荃写了十一首绝句，出于好奇，就模仿着尝试着也写了十一首寄给生豪评改。这就是信中所引述改正的部分。由于试作成绩不佳，自惭形秽，以后很少再写旧诗。即使是新诗，也因为缺乏新的意境，不见长进，也逐渐少写，甚至不写了。这像走路一样，一般正常的人，都能从蹒跚学步到跋涉奔驰，而步履如飞，能够跻身运动场上博取金牌的健儿，只能是少数佼佼者。这也许只是我自己不求上进的遁词。对于曾经对我有所期望的人（包括朱生豪在内）来说，唯有深抱歉疚。

那年头[1]，国难日深，农村凋敝，经济萧条，文化事业尤其不景气。朱生豪所在的世界书局同样陷入困境，不得不大幅度地裁员减薪。原来在生活上、工作中感到孤独、寂寞、烦恼的他，处在重重压力下，怕失业，怕没有出路，多次在给我的信中倾诉他的苦闷。工余时间，唯有读书，可以转移注意，暂时摆脱烦闷，甚至心驰神往，乐在其中。由于自幼勤奋好学，涉猎古今中外，博览文史哲学，逐渐有了评价臧否的标准，也形成了个人的特有兴趣。他自己认为“因为受英国文学的浸润较深，所以趣味比较上是英国式的”。但在小说方面，则推崇法国和俄国的伟大作家，认为英国毕竟没有像福楼拜、柴霍夫等人的成就，至于像莎士比亚、高尔基那样的巨人，中国还不曾出现过。不过这种观点，只是片言只语的泛论，从未有过系统的较为具体的阐述。而且他还申明过最不适宜自己的职业是当批评家，因为所持的观点，很容易改变。当然，他的观点，主要还是体现着他的兴趣。而他的兴趣，则是植根于他的中西文化的消化修养。个人对社会生活的观察体会，以及受时代思潮的影响，那就难以详

1 那年头：1935 年

加分析了。

总之，盖棺定论。他留给我的总的印象是一个质朴的人，待人坦率诚恳，工作认真负责。他曾经给自己拟写的墓志铭是“一个孤独的古怪的孩子”，也许这是他超然自得，与世无争，不能随俗也不甘随俗的自我表白。现在时过境迁，历历往事，只能在他留存的残简中取证了。

一九九二年一月

第十三章

诗侣莎魂

1936年下半年到1937年“八一三”日军攻入上海这段时间，是朱生豪全神贯注于译莎工作的时期。从这些残存的信中也可以看出朱生豪翻译莎士比亚的大致情况，他的翻译计划和进程，翻译过程中的甘苦和获得某些成功之后“大喜若狂”的喜悦之情。

这一年宋清如在湖州民德女校开始了她的教学生涯，朱生豪对她在新环境中的生活、工作和健康等都非常关心。对于译莎工作，宋清如除了在精神上给朱生豪支持，分享他的甘苦外，也参与了一些具体的工作，包括誊抄、校勘等，两人合力，可谓是莎剧翻译增进了爱情，爱情成就了莎剧翻译。

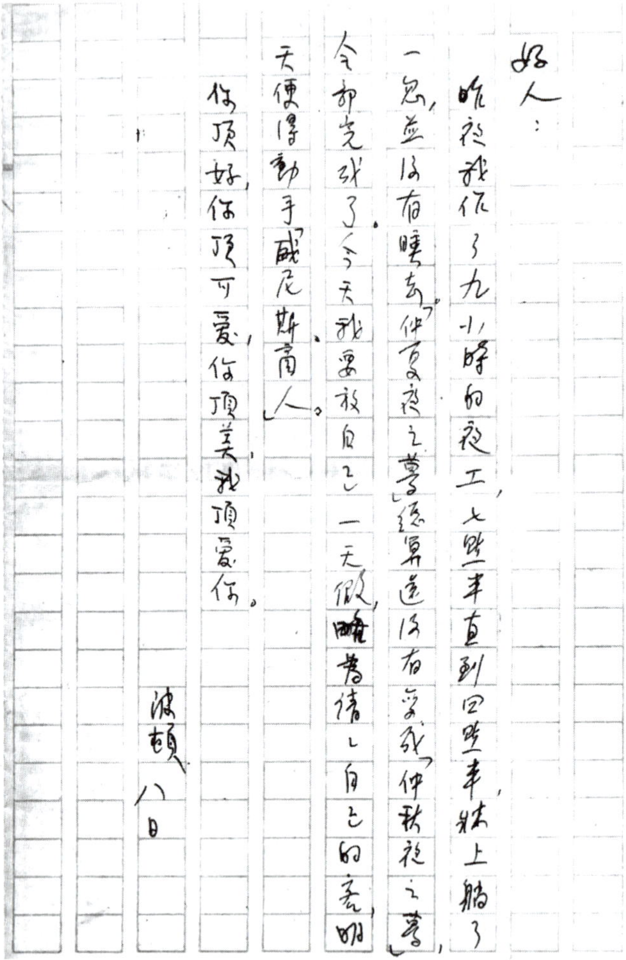
好人：

昨夜我作了九小时的夜工，七点半直到四点半，床上躺了一忽，并没有睡去，仲夏夜之梦总算没有等我仲秋夜之梦，全部完成了。今天我要放自己一天假，瞻着倩倩自己的亮，明天便得动手威尼斯商人。

你顶好，你顶可爱，你顶美，我顶爱你。

波顿

八日

1

清如：

你知不知道你是个了不得的人？今天我精神疲乏得很，想不要工作了，不工作又无法度日，影戏又没有什么好看，想去重看《野性的呼声》，因为对它我有非常好的印象（不管它把原著改窜到若何程度，单就影片本身说，清新、乐观、没有其他一切文艺电影的堆砌的伟大，又没有一点恶俗的气味，旷野中的生活是描写得够优美的，对白也非常之好，况且还有 Loretta Young[1] 的津津欲滴的美貌），可是抬不起脚来。

睡又不肯睡，因为一睡下去，再起来人便真要像生病的样子，夜里一定得失眠，而且莫想再做什么事。于是发了个狠，铺开纸头，揭开墨水瓶的盖，翻开书，工作；可是自己的心又在反叛自己的意志，想出种种的理由来躲避，诸如头痛啦，眼皮重啦，腰酸啦，没有东西吃啦；幸亏我的意志还算聪明，想出一个法子来哄慰我的心，于是开开抽屉，取出你的尊容来，供在桌子上我的面前，果然精神大振，头也不痛啦，眼皮也不重啦，腰也不酸啦，至于没有东西吃也没有什么关系。现在已把 *Tempest* 第三幕翻好，还剩三分之一的样子，希望在四五天内完全弄好。

总之世上比你再可爱的人是没有了，我永远感谢不尽你待我的

---

1 Loretta Young：洛丽泰·扬，演员名。

种种好处。我希望有一天……不说了。

无数的爱。

朱　二日晚间

不知你有没有回乡下去。

2[1]

好人：

今晚我把《仲夏夜之梦》的第一幕译好，明天可以先寄给你。我所定的计划是分四部分动手：第一，喜剧杰作；第二，悲剧杰作；第三，英国史剧全部；第四，次要作品。《仲夏夜之梦》是初期喜剧的代表作，故列为开首第一篇。

今天已把所抄的你的二本诗寄出，希望你见了不要生气。

今天下雨，很有了秋意。湖州有没有什么可以玩玩的地方，人家陪不陪你出去走走？除国文外，你还教些什么功课？

《仲夏夜之梦》比《暴风雨》容易译，我不曾打草稿，“葛搭”（这两个字我记不起怎么写）的地方也比较少，但不知你会不会骂我译得太不像样。

虽则你还没开学，我却在盼望快些放寒假（或者新年），好等你回家的时候来看你。民德是不是教会学校？大概是的，我想。我顶不欢喜教会里的女人。

我记住你的阴历生日是六月十八，阳历生日是七月三十一[2]，错不错？

你肯不肯给我一个吻？

---

1 原件宋清如注：1936 年秋 8 月

2 实际上，宋清如的阳历生日是 7 月 13 日，这封信里搞错了。阴历生日是对的。

愿你秋风得意，多收几个得意的好门生，可别教她们作诗，免得把她们弄成了傻子。

魔鬼保佑我们！

一个臭男人　十七夜

3

宝贝：

我知道你一定生了病了，谢天谢地，现在好了吧？以后不许再生病了，否则我就要骂你。

这两天我整天整夜都在惊惧忧疑的噩梦中，真的，我在害怕也许你会一声不响地撇下我死了，连通知也不通知我一声，这当然是万万不可以的。

下星期我来望望你好不好？到湖州还是打苏州转便当还是打嘉兴转便当？

今天据说是中秋，你不要躺在床上又兴起感慨来，静静地养养神吧。对于我，除了多破费几块钱外，中秋是毫无意义的。

停会再写。祝福你，可怜的囡囡！

伊凡·伊凡诺微支·伊凡诺夫

4

青女：

从前以为年轻人谈精神恋爱是世上最肉麻的一回事，后来才知道人世间肉麻事，大有过于此者。放眼观之，几无一事不肉麻，所谓生命也者，便是上帝在不胜肉麻的一瞬间中创造出来的。人要不怕使人肉麻，才能成为大人物；至少也要耐得住肉麻，才能安然活在世上。否则你从早上起身到晚间睡觉之间的几多小时内，一定会肉麻而死的。展开报纸来，自从国际要闻起直至社会新闻报屁股，无论哪一条都是肉麻的文字。除非你一个人关了房门闭起眼睛天不管，否则便不免要看到一切肉麻的事；然而即使一个人关了房门闭起眼睛天不管了，你也会发觉在你的脑中有许多肉麻的思想。

战争在三四月间发动，我私人方面所得的可靠消息也是这样说。我们即使不就此做亡国之遗民，至少总也有希望受到一些在敌人势力下的滋味。

说你是全然的温柔婉约当然有些过分，不过人家所说的浪漫当然也和我所认为的那种浪漫不同。也许别人所斥责的过于浪漫，我仍然会嫌太温柔也说不定。我们的灵魂都是想飞，想浪漫的，但我们仍然局促在地上，像绵羊一样驯服地听从着命运，你说这不算温柔吗？太浪漫的人是无法在这世上立足的，我们尚能不为举世所共弃，即是因为我们是太温柔了的缘故。

有许多话，但是现在一时说不起来。等想想再说吧。

我欢喜你，我欢喜你，我欢喜你，而且我欢喜你。

朱儿　十二

5[1]

好人：

今夜我的成绩很满意，一共译了五千字，最吃力的第三幕已经完成（单是注也已有三张纸头），第四幕译了一点点儿，也许明天可以译完，因为一共也不过五千字样子。如果第五幕能用两天工夫译完，那么仍旧可以在五号的限期完成。第四幕梦境消失，以下只是些平铺直叙的文章，比较当容易一些，虽然也少了兴味。

一译完《仲夏夜之梦》，赶着便接译《威尼斯商人》，同时预备双管齐下，把《温德莎尔的风流娘儿们》预备起来。这一本自来不列入“杰作”之内，*Tales from Shakespeare*[2] 里也没有它的故事，但实际上是一本最纯粹的笑剧，其中全是些市井小人和莎士比亚戏曲中最出名的无赖骑士 Sir John Falstaff[3]，写实的意味非常浓厚，可说是别创一格的作品。苏联某批评家曾说其中的笑料足以抵过所有的德国喜剧的总和。不过这本剧本买不到注释的本子，有许多地方译时要发生问题，因此不得不早些预备起来。以下接着的三种《无事烦恼》《如君所欲》和《第十二夜》，也可说是一种“三部曲”，因为情调的类似，常常相提并论。这三本都是最轻快优美，艺术上

1 原件宋清如注：1936 年

2 *Tales from Shakespeare*：《莎士比亚故事集》

3 Sir John Falstaff：约翰·福斯塔夫爵士，莎士比亚历史剧中的人物。

非常完整的喜剧，实在是“喜剧杰作”中的“代表作”。因为注释本易得，译时可不生问题，但担心没法子保持原来对白的机警漂亮。再以后便是三种晚期作品，《辛伯林》和《冬天的故事》是“悲喜剧”的性质。末后一种《暴风雨》已经译好了，这样便完成了全集的第一分册。我想明年二月一定可以弄好。

然后你将读到《罗密欧与朱丽叶》这一本恋爱的宝典，在莎氏初期作品中，它和《仲夏夜之梦》是两本仅有的一喜一悲的杰作，每个莎士比亚的年轻的读者，都得先从这两本开始读起。以后便将风云变色了，震撼心灵的四大悲剧之后，是《裘力斯·恺撒》《安东尼与克里奥佩特拉》《考列奥莱纳斯》三本罗马史剧。这八本悲剧合成全集的第二分册，明年下半年完成。

但是我所最看重，最愿意以全力赴之的，却是篇幅最多的第三分册，英国史剧的全部。不是因为它比喜剧悲剧的各种杰作更有价值，而是因为它从未被介绍到中国来过。这一部酣畅淋漓一气呵成的巨制（虽然一部分是出于他人之手），不但把历史写得那么生龙活虎似的，而且有着各种各样精细的性格描写，尤其是他用最大的本领创造出 Falstaff（你可以先在《温德莎尔的风流娘儿们》中间认识到他）这一个伟大的泼皮的喜剧角色的典型，横亘在《亨利四世》《亨利五世》《亨利六世》各剧之中，从他的黄金时代一直描写到他的没落。然而中国人尽管谈莎士比亚，谈哈姆莱德，但简直没有几个人知道这个同样伟大的名字。

第三分册一共十种，此外尚有次要的作品十种，便归为第四分册。后年大概可以全部告成。告成之后，一定要走开上海透一口气，来一些闲情逸致的顽意儿。当然三四千块钱不算是怎么了不得，但至少可以优游一下，不过说不定那笔钱正好拿来养病也未可知。我很想再做一个诗人，因为做诗人最不费力了。实在要是我生下来的时候上帝就对我说：“你是只好把别人现成的东西拿来翻译翻译的”，那么我一定要请求他把我的生命收回去。其实直到我大学二年级为止，我根本不曾想到我会干（或者屑于）翻译。可是自到此来，每逢碰见熟人，他们总是问，你在做些什么事？是不是翻译？好像我唯一的本领就只是翻译。对于他们，我的回答是“不，做字典”。当然做字典比起翻译来更是无聊得多了，不过至少这可以让他们知道我不止会翻译而已。

你的诗集等我将来给你印好不好？你说如果我提议把我们两人的诗选剔一下合印在一起，把它们混合着不要分别哪一首是谁作的，这么印着玩玩，你能不能同意？这种办法有一个好处，就是挨起骂来大家有份，不至于寂寞。

快两点钟了，不再写，我爱你。

你一定得给我取个名字，因为我不知道要在信尾写个什么好。

十月二日夜

6

好人：

昨夜我做了九小时的夜工，七点半直到四点半，床上躺了一忽，并没有睡去。《仲夏夜之梦》总算还没有变成《仲秋夜之梦》，全部完成了。今天我要放自己一天假，略为请请自己的客，明天便得动手《威尼斯商人》。

你顶好，你顶可爱，你顶美，我顶爱你。

波顿[1]　八日

1 波顿（Bottom）：是莎士比亚喜剧《仲夏夜之梦》中逗笑的主角。

7

宝贝：

以后你如不耐烦不痛快的时候，我欢迎你到上海来找我出气，我简直不大能相信你会发脾气，因为你一向对我都太“温柔”了。如果再那么“凶”一点，我相信我将会爱你得更凶一点。

如果我命令你爱我，你一定不会服从的；因此如果你不允许我爱你，我也不见得就会乖乖地听话，总之这事已经解决于三年之前，现在更无犹疑之余地。

关于你的那篇大作，我不知道你说“你也一定不许看”这句话有甚么意思。你瞧你并不曾把它寄给我，即使你许我看我也看不到。譬如说，我从来不曾看见过你，一天你的母亲对我说，“我有一个女儿，你一定不许爱她”，这话有不有些奇怪？最好你还是把它寄给我看一下，否则何必对我说是不是？

路透社电：徐金珠[1]婚牛天文。

BIG BAD WOLF[2]

P.S. 我爱你。

---

1 徐金珠：之江大学同学，1936 年毕业，和宋清如同级，主修经济。

2 BIG BAD WOLF：大坏狼

8[1]

宋儿：

谢天谢地我没有老婆，要是在这种风声鹤唳的时节，小鸡胆子吓得浑天糊涂，忙着要搬家逃难，岂不把我活活麻烦死？这两天风声十分恶劣，谣言更是多得了不得。我是听都不要听这些，顶多也不过是那么一回事。只要局中一天不停工，我便自得其乐一天，如果工厂关门，卷起铺盖回家乡，仍旧可以自得其乐，逃难我决不。其实苟全性命于这种无聊的年头，于这种无聊的国家里，也真是无聊，见了怯懦的人真令我伤心。我们的陆师母已吓得唉声叹气，急得不得了，什么小房子都肯住，房金不论，预备忙着搬法租界去。

我所懊恼的是据说明天薪水发不出，这个问题似乎比打仗更重要一些，因为没有钱便不能买糖吃，这是明明白白的。

当今之时，最好谈谈恋爱，因为……没有理由。

朱儿　十五

1 原件宋清如注：1936 年

9

好人：

昨夜二房东家里（我有没有告诉过，我已搬进了新居？）请仙人捉鬼，因为他家的女人害着重病，这位老爷附身的职业仙人装着比梅兰芳黎明晖还难听的声音，是一种说不出来的怪声，一种不像样的falsetto[1]，说的话我听不出，总之是带着不成熟的戏台腔调，喷着水，嘴里“呋！呋！”地把鬼赶出来，砰砰砸砸放鞭爆，大家在楼上楼下奔上奔落，这么闹了一下子。这条弄堂里迷信空气特别浓厚，因为有一家“西方莲花佛会”。

我说鲁迅的死，还不及阮玲玉的死更有意义。因为就作品的影响而论，纵的方面固然若干年后没有人再会记得阮玲玉，但鲁迅的著作，是不是能永久成为中国文学里不朽的classic[2]，也还是一个疑问，他的杂文固然绝少保留的价值（在“现今”也许还有用），以薄薄的两本《呐喊》和《彷徨》来说，其价值也不过是新文学草创时期的两块纪程碑；《阿Q正传》（在《呐喊》中不是最出色的一篇）虽然搔着了中国人的痛处，但其性质只是一篇satire[3]，如认为小说是太草率了。至于横的方面，鲁迅的读者就不及阮玲玉的观众之广入

---

1 falsetto：声乐术语，指用假声演唱高音。

2 classic：经典作品；优秀典范

3 satire：讽刺作品

社会各阶层，对于一般大众的生活思想，阮玲玉的影响无疑要比鲁迅的影响大得多。

我不要上帝宠爱，我宁愿你宠爱我。

近来常常扯国旗，一忽儿胡主席国葬，一忽儿蒋院长做寿，一忽儿黄先烈纪念，一忽儿段执政去世，街上的国旗比往年热闹，见者以为是民气奋兴的表示，其实是国旗制销局摆卖的结果。

其妙　五日

10

天使：

又到了两点钟，真要命，近来要做夜工，把人烦死。算是校订过了两遍，校对过了三次的样子，拿到我手里仍然要改得一塌糊涂，其实偷懒些也不妨事，可是我又不肯马马虎虎。人也总是，白天尤其是上半天总是有气没力的，一过了夜里十点钟，便精神百倍，夜猫的生活虽然也颇有意味，可奈白天不得睡觉何。

每天每天看不到你，这是如何的生活。事实上你已成为我唯一的亲人了，可以寄托我心情的对象，无论是人或艺术、主义、宗教，是一个都没有，除了你。但就是你也不能给我大的启发与鼓奋，一切是虚无得可怕。

我永远爱你。

魔鬼　十二夜

11

宋：

你走得这样快，没有机会再看见你一次，很是怏怏，不过这也没有什么。你要不要我向你说些善颂善祷的话？

今天往轮船码头候郑天然，没有碰着，因为他没有告知我确实的时间，赶去时轮船已到，人已走了。也许明天会打电话给我。

抄写的东西我想索性请你负责一些，给我把原稿上文句方面应当改削的地方改削改削，再标点可不必依照原稿，因为我是差不多完全依照原文那样子，那种标点方法和近代英文中的标点并不一样。你肯这样帮我忙，将使我以后不敢偷懒。纸张我寄给你，全文完毕后寄在城里。

希望一切快乐等在你前面。要是我做你的学生，我一定要把别的功课不问不理，专门用功在你的功课上，好让你欢喜我。

多雨而凄凉的天气，心理上感到些空虚的压迫，我真想扑在你的怀里，求你给我一些无言的安慰。

永远是你的怀慕者。

三日

12

心爱：

昨夜梦你又来了，而且你哭。你为什么哭呢？是不是因为我们的交好使你感觉不幸？是不是因为我太不好？还是不为什么？

你是太好了，没有人该受到我更深的感激。开始我觉得你有些不够我的理想，你太瘦小了，我的理想是应该颀长[1]的；你太温柔婉约了，我的理想是应该豪放浪漫的。但不久你便把我的理想击为粉碎，现实的你是比我的空虚的理想美得多可爱得多。在你深沉而谦卑的目光下，我更乐意成为你的臣仆，较之在一切骄傲而浮华的俗艳之前。我明白我们在这世上应该找寻的是自己，不是自己以外的人，因为只有自己才能明白自己，谅解自己，我找到了你，便像是找到了我真的自己。如果没有你，即使我爱了一百个人，或有一百个人爱我，我的灵魂也仍将永远彷徨着，因为只有你才是属于我的 type[2]，你是 unique[3] 的。我将永远永远多么的多么的欢喜你。

梦中得过四句诗，两句再也记不起来，那两句是“剧怜星月凄凄色，又照纤纤行步声”，很像我早期所作的鬼诗。

《孟加拉枪骑兵传》已在大光明卖了一星期满座，尚在继续演

1 颀长：细长，修长

2 type：类型

3 unique：独一无二

映中；《罪与罚》则如一般只供高级鉴赏者观看的影片一样，昨天已经悄悄地映完了，只有报纸的批评上瞎称赞了一阵，为着原作者和导演人冯史登堡的两尊偶像的缘故。在我看来，它还不能达到理想的地步，虽仍不失为本季中最值得注意的一个作品。除了演员的表演而外，你有没有注意到本片构图和摄影的匠心？

再谈，祝你好。伤风有没有好？做不做夜工？珍摄千万！

九日

13

好人：

今晚为了想一句句子的译法，苦想了一个半钟头，成绩太可怜，《威尼斯商人》到现在还不过译好四分之一，一定得好好赶下去。我现在不希望开战，因为我不希望生活中有任何变化，能够心如止水，我这工作才有完成的可能。

日子总是过得太快又太慢，快得使人着急，慢得又使人心焦。

你好不好？

不要以为我不想你了，没有一刻我不想你。假使世界上谁都不喜欢你了，我仍然是欢喜你的。

你愿不愿向我祷求安慰，因为你是我唯一的孩子？

Shylock　廿四夜

14

好人：

我不打你手心，我待你好，永远永远永远，对着魔鬼起誓，我完全不骗你。

你想不出我是多么不快活，虽则我不希望你安慰我，免得惹你神气。

我吻你—这里—这里—这里—还有这里。

你的　十六夜

回应

莎氏剧集单行本序

盖惟意志坚强，识见卓越之士，为能刻苦淬砺，历艰难而不退，守困穷而不移，然后成其功遂其业。吾于生豪之译莎氏剧本全集，亦不得不云然。余识生豪久，知生豪深，洞悉其译莎剧之始末。且大部之成，余常侍其左右，故每念其沥尽心血，未及完工，竟以身殉，恒不自禁其哀怨之切也。

生豪秀水人，幼具异禀，早失怙恃，性情温和若女子。然意志刚强，识见卓越，平生无嗜好，洁身自爱，不屑略涉非礼，颇有伯夷之风。年十八卒业于邑之秀州中学，入杭州之江大学攻国文英文两科，师友皆目为杰出之人才。卒业后于世界书局任英文编辑，每公事毕辄浏览群书，尤嗜诗歌。后乃悉心研究莎氏剧本，从事移植。尝谓莎翁著作足以冠盖千古，超越千古，而我国至今尚无全集之译本，诚足令人齿冷。余决勉为其难，一洗此耻。其译作之经过，略见于其自序。厥后因用心过度，精神日损而贫困日甚。译事伤其神，国事家事短其气，而孜孜矻矻工作益勤，操心益苦。不幸竟于三十三年六月肺疾加剧，委顿床席，奔走无方，医药不继，终致于十二月廿六日未时谢世，年仅三十四。莎剧全集尚缺五本又半，抱志未酬，哀哉痛哉！

生豪喜诗歌，早年著作均失于战火。尝自辑其旧体诗歌，釐为四卷，分歌行、漫越、长短句及译诗，而命之谓《古梦集》。新体诗则有《小溪集》《丁香集》等。皆于中美日报馆被占时失去。今所存仅少数新诗耳。

自致力译莎工作以后，绝少写作。良以莎翁作品使之心醉神往，反觉己之粗疏浅陋，不能自惬于怀。尝拟于莎剧全集译竣而后，再译莎翁十四行诗。不意大业未就，遽而弃世。才人命蹇，诚何痛惜！生豪于中国诗人中，酷爱渊明，盖其恬淡之性，殊多同趣也。至于译笔之优劣短长，自有公论，余不欲以偏见淆其面目也。

第十四章

爱的牵挂

“昨夜一夜我都在听着雨声中度过，要是我们两人一同在雨夜里做梦，那境界是如何不同，或者一同在雨夜里失眠，那也是何等的有味。可是这雨好像永远下不住似的，夜好像永远也过不完似的，一滴一滴掉在我的灵魂上……”

宋清如回忆，1943 年春节回常熟娘家过年。她在常熟住了 20 天左右。朱生豪日日盼她回来，后园有一株杏梅，花瓣被雨一片片打落，他把这些花瓣捡起来，掬在手里抚着呵着。每捡一瓣，他就在纸上写一段想念的话。等宋清如回来，花瓣已经集了一大堆，他也好几顿饭都没吃了。爱是无时无刻的牵肠挂肚，牵挂着思念，思念一起相处的分分秒秒，回味当时一起走过时的心情，重温那份温馨和美好！

My little baby child:

I am angry with you. Very angry. Why not write to your uncle, seeing him so lonely lying in hospital? My health is rapidly recovering. This morning: pulse – 72, temperature – 98.4°F. Shall get up Jan. 1. Leave hospital Jan. 13. Will write you no more until I come out. God bless you

Uncle Chu.

1[1]

My little baby child,

I am angry with you, very angry. Why not write to your uncle, seeing him so lonely lying in hospital? My health is rapidly recovering. This morning: pulse—72, temperature—98.4℉[2]. Shall get up Jan.1. Leave hospital Jan.13. Will write you no more until I come out. God bless you.

Uncle Chu

附译文大意

我的小宝宝：

我在生你的气，非常生气。看着你的叔叔孤零零地躺在医院里，为什么不给他写信？我的健康恢复得很快。今天早晨，脉搏：72，体温：36.8℃。我将在1月1日能下床，1月13日出院。在出院之前我不再给你写信了。上帝保佑你。

朱大叔

---

1 1936年12月，朱生豪得了猩红热，病情十分险重，经胡山源师母张罗将他送往医院治疗，到元旦前后病情基本好转。这是1936年12月29日他从上海海宁路工部局华人隔离医院寄出的一张明信片。

2 ℉为华氏度的符号，华氏度=32+摄氏度 ×1.8

2[1]

Silly boy,

I write you this once because I have a postcard left. 5 days and I'll be out. But I'm not eager after it. Shall immediately back to work because impatient of rest. What a bore to go to office! But anyhow I'll be glad to return to my Shakespeare again. Read Oscar Wilde just now and dislike him. Am longing to see you, wonder whether I'll have any opportunity.

Big Bad Wolf

附译文大意

蠢孩子：

我用这个给你写信，因为我还剩有一张明信片。五天以后就要出院，但我对此并不热切。因为已经休息得不耐烦了，所以马上就要回去工作。回到办公室去是多么使人心烦！但不管怎么说，我能重新回到我的莎士比亚那里去总是高兴的。现在正在读奥斯加·王尔德的小说，我并不喜欢他。我想见你，不知有没有机会。

大坏狼

---

1 1937 年 1 月 9 日从上海海宁路工部局华人隔离医院寄出的又一张明信片。

3

在一处大寺院里巡礼，果然香火鼎盛，规模宏大，深叹佛法之无边，方丈名叶天士，用斋时请李培恩院长[1]向全体僧徒演说。请他教以公民常识，际此壮丁训练举行之时，如何致力国防，宣劳党国，大家肃听，佛说如是云云。出了山门，跨下梯阶，和一头小羊交了朋友，他告诉我石阶甚滑且峻，不信佛者，常遭颠踬[2]。余谓余身有佛骨，闭目信步随所之，一脚跨三步而行，竟得无事。时有一队马乱冲直撞地奔上山坡，大家狼狈惊窜。小犬向小羊虐扰，小羊苦之，余不知是戏，怒以石子投犬，不中，中羊腿，羊哭，犬殷勤慰之，余则遭羊白眼焉。深叹抱不平良非易事，遂醒。

昨日把信投在贝开尔路邮筒内，据闻彼处无赖小儿常挖开邮筒偷信，未知有否被偷去？

明后天放假。一到放假，总是无钱，等发年底的奖励金，至今未发，借我去的也还不出，否则我又要撒一次谎了（意谓来看你也），好在你并不欢迎我。但至少还够看一次业余剧人的《雷雨》（Ostrovsky[3]的，不是曹禺的，他们特加一“大”字，以表区别）。

你好不好？快活不快活？忙不忙？怨不怨？我爱你。

Xochimilco

---

1 李培恩：当时之江文理学院院长。

2 颠踬（diān zhì）：比喻处境穷困。

3 Ostrovsky：奥斯特洛夫斯基，俄国作家，《大雷雨》是其代表作。

4

清如：

在家没趣，只想回上海来。一回到自己独个儿的房间里，觉得这才是我真正的家。其实在我的老家，除了一些“古代的记忆”之外，就没有什么可以称为“我的”的东西；然而三天厌倦的写字楼生活一过，却有点想家起来了。家，我的家，岂不是一个 ridiculous[1] 的名词。

我常常是厌世的，你的能力也甚小，给我的影响太不多，虽然我已经感谢你，要没你我真不能活。

有经验的译人，如果他是中英文两方面都能运用自如的话，一定明白由英译中比由中译英要难得多。原因是，中文句子的构造简单，不难译成简单的英文句子，英文句子的构造复杂，要是老实翻起来，一定是噜苏累赘拖沓纠缠麻烦头痛看不懂，多分是不能译，除非你胆敢删削。——翻译实在是苦痛而无意义的工作，即使翻得好也不是你自己的东西。

我们几时绝交？谁先待谁不好？

愿你好。有人说他很爱你，要吃了你，因此留心一些。

常山赵子龙　十一

1 ridiculous：荒谬的，可笑的

5

阿姊：

天冷得很呢，你冷不冷？

做人真是那么苦，又真是那么甜，令人想望任性纵乐的生涯，又令人想望死想望安息。从机械的日程中偷逃出来的两天梦幻的生活，令人不敢相信是真实，我总好像以为你不是真存在于世上，而是一个虚构的人物，我所想象出来以安慰我自己的。世界是多么荒凉，如果没有你。

今天我有点忧郁，我以你的思忆祛去一切不幸的感觉。

祝你一切的好，以我所有对你的虔敬、恋慕、眷爱和珍怜。

爱丽儿　十七夜

6

昨天上午八时起身，到四马路去，在河南路看见原来摆的那个旧书摊头已经扩大了地盘，正式成立一个旧书店的样子。买了一本Macauly[1]的论文集，一本Hazlit[2]的小品文集和一本美国版集合本的*Hamlet*，一共一块两毛半。杂志公司里买了《文摘》《月报》，商务新近出版的文学什么，《戏剧时代》《新诗》《宇宙风》《译文》六七种杂志，是寄给郑祥鼎的。杏花楼吃了两只叉烧饱（平声）、两只奶油饱、一碗茶，以当早餐，不过两角钱，颇惬意。这样回来吃中饭。因为是国耻纪念，故不去看影戏（其实我近来星期日总不看影戏，看影戏常在星期一夜里，因为这样可免拥挤）以致悲哀。在房间里抄稿子，傍晚出去。我说即使我有爱人在上海，人家那样并肩漫步的幸福我也享受不到，因为一到上海来，我已经完全没有了走慢步的习惯，即使是无目的地散步，也像赛跑似的走着，常常碰痛了人家的脚。买了四条冰棒回家吃了。一个下午及一个晚上，抄了一万多字，然后看一小时杂志，两点钟睡觉。斯乃又一个星期日。

我觉得星期日不该去玩，方可以细细领略星期日的滋味，尤其应当一个人关在房间里。但星期六晚上应当有玩一个整夜的必要。

---

1 Macauly：麦考莱，19 世纪英国史学家。

2 Hazlit：赫兹里特（1778—1830），英国散文作家、文艺批评家。

你的诗，仍旧是这种话儿，这种调子，这种字眼，蔷薇、星月、娇鸟、命运的律、灵魂的担子、殊有彻底转变一下的必要。

我悄悄儿跟你说，我仍旧爱你。

7

好人：

否则我今晚不会写信的，因为倦得很不能工作，所以写信。今晚开始抄《皆大欢喜》，同时白天已开始了《第十二夜》，都只弄了一点点。我决定拼命也要把《第十二夜》在十天以内把草稿打好，无论如何，第一分册《喜剧杰作集》要在六月底完成，因为我急着要换钱来买皮鞋、书架和一百块钱的莎士比亚书籍。等过了暑天，我想设法接洽在书局里只做半天工，一面月支稿费，这样生活可以写意一点，工作也可早点完成。

今晚我真后悔不去看嘉宝的《茶花女》，其实这本片子我已经在一个多月前看过了（那次好像是因为给你欺负了想要哭一场去的，结果没有哭），而且老实说，我一点不喜欢这种生的门脱儿[1]的故事（正和我不欢喜《红楼梦》一样），但嘉宝的光辉的演技总是值得一再看的。当然她的茶花女并不像是个法国的女人，正和她的安娜·卡伦尼娜并不像是个俄国女人一样。看她的戏，总觉得看的是嘉宝，并不是看茶花女或安娜·卡伦尼娜，这或者是演员本身的个性侵害了剧中人的个性（好莱坞的演员很少能逃出一个定型的支配，即使他们扮的是不同性质的角色，从舞台上来的比较好些）。但无论如何，她的演技的魄力、透澈与深入，都非任何其他女性演员所能儿及。

1 生的门脱儿：sentimental，感伤的平常美国作品中描写男女相爱，好像总有这么一个公式，也许起初男人大大为女人所吃瘪，但最后女人总是乖乖儿地倒在男人的怀里。然而我看嘉宝的戏，却常会发生她是个男人，而被她所爱的男人是个女人的印象。《茶花女》中扮阿芒的罗勃泰勒，我觉得就是个全然的女人，她的演技远逊于嘉宝，但她比嘉宝更富于 sex appeal[1]。我想这也许是喜爱嘉宝的观众，女性多于男性的一个理由，因为大多数男人心理，都是希望有一个贤妻良母式的女子做他生活上的伴侣（或奴隶），再有一个风骚淫浪的女子做他调情的对手（或玩物），可是如果要叫他在恋爱上处于被动的地位，就会很不乐意。个性强烈的女子，比较不容易有爱人，也是这个道理。

买了四支棒冰，吃了一个爽快。赤豆棒冰好像是今年才有起的，味道很好，可是吃过了冰，嘴里总会渴起来，水壶里又没有冲水，很苦。今年到现在还不曾有臭虫发动，大概可免遭灾。你有没有得好的荔枝吃？我什么水果都不在乎，只有荔枝是命。

我相信你一定寂寞得要命。

批评家是最不适于我的职业，我希望我以后再不要批评任何人或作品或思想，今天说过的话，明天便会反悔，而且总是那么幼稚浅薄。

要睡了，因为希望明天早点起来好做点工作。

---

1 sex appeal：性感

8[1]

Get home in a midnight dark train last night, with a group of five ladies and an amah[2], two of the former acting as general managers, the third is an ugly idiot, the first and the fifth, a chicken-hearted imbecile and an ancient dame, whom I held up in my arms in getting up and down the train. It's a scene I won't describe. Anyhow, farewell Shanghai! I am rather unwilling to leave thee amidst this stirring spectacle.

Please write me as soon as possible, to the following address: 嘉兴芝桥街曹思濂转。

Kashing very peaceful that I fear she will weary me. But my work is still with me now.

I love you.

8/26

---

1 这是现存的朱生豪寄给宋清如的最后一封信，写于1937年8月26日。1937年8月13日，日军向上海发起突然进攻，当夜在虹口一带开炮登陆。朱生豪被迫在半夜里仓促出走避难，大部分译稿和个人用品都毁于一旦。在亲戚家住了几天后，朱生豪搭半夜的火车挤在难民群中，于8月26日回到嘉兴姑妈家。这封信是他回到嘉兴后写的。

2 amah：阿妈，嘉兴方言中把老太太称为“阿妈”，这里用的是音译。

附译文大意

昨晚我乘半夜的火车回到家里，同车的还有一群共五个妇人和一位老太。那五个妇人中有两个的举止就像是总经理，第三个是个丑陋的白痴，第一个和第五个，一个是小鸡胆子的蠢货，另一个像是古代的夫人，上下车都得我用双臂扶持着。这一路的情景我真不想讲了，不管怎样，再见了，上海！在这一番动乱的情景之中，我真有点不大愿意离开你（指上海）。

请尽快给我写信。来信可寄：嘉兴芝桥街曹思濂转。

嘉兴非常平静，我害怕它会使我厌倦的，但是我的工作还在继续着。

我爱你。

8/26

9[1]

亲爱的朋友：

心头像刀割一样痛苦，十八天了，她还是没有来。

我知道我太不配接受她的伟大而又纯真的爱，因此所享受的每一份幸福，必须付出十倍于此的痛苦做代价，因此我便忍受着这样的酷刑。

她是个太善良的人，她对谁都那么顾恤体贴；她也是个太老实的人，她说的话都没有半分虚伪。她不会有意虐待我，或对我失信。可是她是个孝顺不过的女儿，在她母亲强有力的意志下，我的脆弱的感情，只好置之不顾了。我能怨她吗？不，我因此而更爱她。

亲爱的朋友，恕我把你和她做一个比较，你是我所认识的人中最可爱最完美的一人，可是她的美丽她的可爱，永远是发掘不尽的宝藏。你只是她过去生命中的一部分，是她美丽的灵魂投射在我心镜上的一个影子，因为我的感受力非常脆弱，不能摄取她的美丽灵魂的全部，然而我所能摄取的却已经深深地锁在我的记忆里，没有什么力量可以把它夺去。

---

1 这是朱生豪在 1943 年春写给宋清如的一封未曾发出的信，也是朱生豪写给宋清如的现存的最后一封信。这年春节前，宋清如回常熟娘家住了 20 多天，这是他们婚后时间最长，也是最后一次离别。朱生豪在家度日如年地等待着，每天展开纸笔，抒写对于宋清如的思念之情，每天写一点，直到宋清如回来。这封信虽然最终没有寄出，但却生动地记写了朱生豪对于宋清如真挚动人的爱情。

迷迷糊糊地睡了一觉，醒来就盼望天明，不料邻家的钟才敲上一点，这时间怎样挨过去。起来点了火，披上衣裳，坐在被窝里，写上几行，反正你也不在这里。她们也不在这里，一个人由得我发疯。

明天大概不会下雨了，历本上说是好日子。你没有理由再不回来。要是你再不来，那我必须在盼望你的焦虑上，对你的平安忧虑了。最亲爱的人，赶快回来吧！大慈大悲的岳母大人，请你体恤体恤一个在热恋中的孩子的心，不要留着她不放吧！她多住三天两天，在你是不知不觉中很快过去了，可是她迟回来一天，这一天对多么漫长的时间啊！

但愿你平安着！

听见邻人家孩子呼唤母亲的声音，就勾起我失母的悲哀。二十年了，她的慈爱的音容，还是那么深刻在我的心上。我不愿把一般形容母亲的慈祥二字放在她的身上，因为她到死都只是一个□□[1]的好心情的孩子。你是一个有母亲的人，你一定不会想到一个早年失母的人，是怎样比人家格外希望有一个亲切的人永远在他的身边。

今天濂姐[2]回来，给她的母亲放衣服，我见了她，忍不住要哭。

今年的春天，我们婚后第一年的春天，是这样成为残缺了，我为了思念你而憔悴。

梅花在你去了以后怒放，连日来的风雨，已经使它消瘦了大半，它还在苦苦地打叠起精神，挨受这风朝雨夕，等待着你的归来。

昨夜一夜天在听着雨声中度过，要是我们两人一同在雨声里做梦，那境界是如何不同，或者一同在雨声里失眠，那也是何等有味。

---

1 因为原信损坏比较严重，有一些字已经无法分辨了。

2 濂姐：曹思濂，朱生豪的表姐。

可是这雨好像永远下不住似的，夜也好像永远过不完似的，一滴一滴掉在我的灵魂上，无边的黑暗、绝望，侵蚀着我，我□□着做噩梦。

要是这雨再阻延了你的归期，我真不知道我怎样还有勇气支持下去。每一天是一个无期徒刑，挨到天黑上了床，就好像囚犯盼到了使他脱罪的死亡，可是他还不知道他的灵魂将会上天堂或下地狱。要是做梦和你在一起，那么我的无恨的灵魂便是翱翔在天堂里，要是在噩梦或失眠中度过，那就是在地狱里沉沦。天堂的梦是容易醒的，地狱的苦趣却漫漫无尽，就是这一夜天便等于一个永劫。好容易等到天亮了，又开始了一个新的无期徒刑。

我不愿向上帝祷告，因为他是从来不听人的话的，我只向你妈祷告。好妈妈，天晴了赶快放她走吧！

天气是那样捉摸不定，又刮起风来。要是你今天来了多好。一定是你妈出行要拣好日子，明天下了雨怎么办？我一定经受不住第二次的失望，即使那只仅是一天的距离。今夜是无论如何不能入睡的了。

明天，明天，明天，明天该是这半月来最长的一天，要是你不来，那一切都完了。

二十日

昨晚听了一夜的雨声，今天起来眼看着天色如此阴沉，心里充满了难言的悲哀。于是讨厌的雨又下起来了。下午抱着万一的希望，撑了伞走到烂泥的马路上，到车站去候你，结果扑了个空，回来简直路都走不动了，眼前只是昏沉沉的一片。今天他们都吃喜酒去了，剩下我一个人，中饭吃了半碗冷粥、□碗□□，晚饭吃了一碗冷开水淘冷饭，独身生活也过了这么许多年了，从来没有像现在这样凄凉过。

大概你夜车是不会来的，即使来我也再没有勇气到车站来接你。明天也许会晴了，我希望你的不来只是为了天气的理由。

亲亲，在我们今后的生活里，是不是要继续重复着这样难堪的离别呢？想起来真太惨人！为什么我们不能每时每刻都在一起呢？

二十一日

又下雨了，这雨大概是永远下不完的，你也永远不会再回来了。

睡着了梦里也是雨声，醒来耳边也是雨声，我的心快要在雨声中溺死了。我没有再希望的勇气，随便天几时晴吧，随便你几时来吧，我都不盼望了，让绝望做我的伴侣。昨晚写了一封快信想寄出，可是想不出它有什么目的，还是不要寄，让你想象我是乖乖的，不要让我这 Intruder[1] 破坏了你的天伦之乐吧。

我一点不怪你，我只是思念你，爱你，因为不见你而痛苦。今天零点多钟便起来望天色，写了这几句话。我一点不乖，希望你回来骂我，受你的打骂，也胜于受别人的抚爱。要是我们现在还不曾结婚，我一定自己也不会知道我爱你是多么得深。

虽然明知你今天不会来，仍然到车站望了一次。雨停了，地上收干了，鹁鸪也不叫了，空气中冷得厉害，明天你总不要再使我失望了吧？

只要仍然能够看见你，无论挨受怎样的痛苦都是值得的，可是

1 Intruder：闯入者

我不能不为我们浪费的年华而悲惜。我们的最初二十年是在不知道彼此存在中过去的。一年的同学，也只是难得在一处玩玩，噩梦似的十年，完全给无情的离别占夺了去。大半段的生命已经这样完结了，怎么还禁得起零星的磨蚀呢？

梅花已经零落得不成样子了，你怎样对得起她呢？

今天以愉快的期待开始，好鸟的语声催我起来，阳光从东方的天空透出，希望能有一个 happy ending[1]，结束这十多天来的悲哀。忙着把久未收拾的房间清理了一个早晨，现在还没有吃过早餐（昨天早上陆弟拿进一碗白米粥来，我吃了两顿，晚饭吃了一只粽子），坐下来写这几行。抬头望着窗外，我真不忍望那憔悴的梅花，可是院南的桃柳欣欣向荣，白云是那么悠悠地飘着，小鸟的鸣声依然好像怪寂寞的，要是这空气里再有了你的笑语□□，那么春天真的是复活了。相信我，这许多天来我不曾对你有丝毫抱怨，可是今天你再不来，我可不能原谅你了。

想不到今天又是这样过去，我希望明天还是下雨吧，因为晴天只是对我的一个嘲笑。

第三次从车站拖着沉重的脚步归来，头痛，腰酸，身上冷得厉害，我的精神已经在这几天完全垮了。

为什么？为什么？为什么？

二十三日下午

---

1 happy ending：愉快的结局

回应

二周年祭生豪[1]

谁都没有向我撒谎，这又是冬的季节了。在西北风的呼号中，悸栗的不只是衰草枯木，而使我痉挛的，却不是严冬的淫威，而是痛苦的记忆。虽则今年的春天，也曾开过惨红的花，装点这千疮百孔的地面；秋天也曾有过灰白的月亮，照亮惊悸的梦寐。但季节的推流，毕竟没法掩饰过去的创伤。阴霾的风，阴霾的云，是大雪纷飞的预兆，这不是在你逝世之后，又将过着第二个冬天了吗？我悲哀，我战栗，但是我却挤不出泪水，洒向你的灵前，也拉不开喉咙，向你哭诉着委屈。在你逝世两周年后的今天，难道我对于你的哀感竟会如此淡漠了吗？也许人家会作如此看法，但是，生豪，除了你，我不想人家知道我，也不愿人家知道我。你是我这世上唯一的知己，唯一的信仰。你的死亡，带走了我的快乐，也带走了我的悲哀。人间哪有比眼睁睁看着自己最亲爱的人由病痛而致绝命时那样更惨痛的事！痛苦撕毁了我的灵魂，煎干了我的眼泪。活着的不再是我自己，只似烧残了的灰烬，枯竭了的古泉，再爆不起火花，漾不起漪涟。不是吗，亲爱的朋友，我将再对什么事感到兴趣，也何必向人求取同情呢？

---

1 朱生豪去世两周年时宋清如写的祭文。

虽则有人说是这个世界，未必像我们眼光中所看到的那样狭窄，但是纵使海阔天空，五光十色，对于我们，不都是一样的囚牢吗？你的忠厚纯洁，正直天真，卓特的智慧，锐敏的感觉，坚强的意志，清白的操守，不都是你自己的罪状，判定你得一辈子困守吗？为着不爱活动，使你不能跟着同事上重庆。为了保守清白，你在沦陷区得熬着贫苦。你的埋头苦干，宁愿饿死不肯丝毫苟且的气节，除了同甘患难的我，谁会明白你，同情你？可是，你毕竟是个弱者，受不住贫病的摧残，终于给压倒了。苦难把我们结合在一起，又把更深重的苦难扔给我独自享受。当我受到更残酷的考验时，我会衷心地祝福你，朋友，对于你，任何苦难都已经无所用其压力了。往年我就是这么想，你在感情上是比我更脆弱的，遭遇是比我更可怜的。虽则你是男孩子，但我总觉得自己还比你坚强过几分。因此我不忍使你受到委屈，宁愿自己担负起全部的不幸。我也曾下意识地感到，我们的结合只是一个偶然，因为人间原是个铺不平的缺陷，迟早你会遗弃我，像西风捐弃了败叶。如今，这一切不都成了预兆，使我实地经受了这难堪的滋味。

更大的不幸，是我们还留下这一个苦难的孩子。当他的意识里还没有清楚地认识父亲的时候，你便抛弃了他了。我知道他对于你，也是极大的遗憾，只是你临终时无可奈何地唤着他的小名，便能想象到痛苦是在怎样地啮着你的心。我们自己不能避免不幸的命运，却想不到还把这不幸遗给无罪的小生命。我在他身上，读着你灵魂的影子，在他眼里读着你智慧的光芒，也在他的命运上，读着我们留给他的不幸的烙印。固然我们不知道他将来的遭遇会是什么，但早期的苦难，我们总该担起相当的责任。假使现在的环境没有改变，将来的读书费用，我就无法承担。而且像我这样柔弱的体质，活上三年五年，都是难有把握的，将来丢下他一个人的时候，如其真有灵魂的话，不知又将怎样地为他挂着心，许多事不忍想也不堪想，我总觉得想下去会使我发疯的。

你的译著《莎士比亚戏剧全集》，至今还没有出版的确期，我给你写了一篇介绍的文字，但我知道是写得太粗疏的。因为对于一个稍稍认识的人，介绍出他的尊姓大名，衣着容貌，原是极容易的。而对于一个顶熟悉的人，认识的程度不限于表面，要把他的身世性格，作具体的介绍，确是极不容易的事。本来很希望这一部巨著问世以后，可以使你的努力，你的苦心，因此表见，博得一般人的同情。但现在对于你自己，实已无足轻重。万世的荣誉，也不能抵偿你临终时那一分钟中痛苦的万分之一。所以，一切对于我，也都看得淡然了。

人世间的荣辱贫富，我早已置之度外，虽则生活的鞭箠，毫不松弛在向我鞭抽。在矛盾的思想下，矛盾的生活下受罪，正有人在说着活该，但是，生豪，为着你的孩子，我必须使他生活下去，我决不会在苦难前畏缩。我唯一的信念是灵魂确实存在，因为只有这一线希望，能增加我活着的勇气，在渺茫的岁月里，我将依持这一点微光的照耀。当我走完了这命定的路程——不如说是过完了徒刑的岁月，反正世界并不胜似囚笼——时，会看见你含着笑向我招手。那时候，我将怎样轻快地跟着你的踪迹，哪管是天堂或是地狱。

最近我希望完成的，是你的坟墓。想起你现在寄寓[1]的会馆，准会使你痛苦到极点。活着顶不惯跟陌生人敷衍的你，现在竟住在如此嘈杂的场所。我想望有一块较为近便的土地，能使你和父母安葬在一起，清风明月之夜，松下泉畔好让诗灵踯躅低吟。但是，买地固然力难即办，安葬又谈何容易？徒然使我心头压着重石，也无法向你告慰，惟有把一切付之命运，让事实为我见证了。

1 朱生豪去世后，因为嘉兴还处在日本占领下，暂时无力操办安葬事宜，故只能按当地习俗暂时寄寓在广东会馆，到抗战胜利后，宋清如才和从四川归来的朱生豪胞弟朱文振合作为朱生豪和朱家其他一些尚未下葬的先人一起建立墓穴，安葬入土。

后记

“怪人”朱生豪

朱生豪的名字，在读者面前，往往和莎士比亚的大名连在一起，这是他的幸运，他的机缘。但他毕竟是一个具体的人，一个特定时代特定社会的人，在沉重的历史桎梏中喘息着，在浩瀚的生活激流中挣扎着。他的短短一生，留下的除了三十一篇莎士比亚戏剧的中译本外，仅有极少几首诗词和一些信件，刻着他生活、思想、情操的痕迹。这些信件，并不属于学术研究，政论高见，只是随意抒发，不少傻话空话，但是他的某些情趣，观感，可能会激发某些人的共鸣，从而得以熟悉他，理解他。这一封呈献给读者的长信，内容比较广泛，但也只是特定的背景下写的，不可能给人以比较完整的印象，因此，我不得不根据自己残存的记忆、局限的水平，再对他矛盾的思想精神状态以及前后有所转变的关键所在，作粗略的介绍。

朱生豪是一个卑微的小人物，他没有任何足以显示地位的职称或头衔，就连大学毕业的“学士”学位，也因为缺少体育学分而属于特殊照顾，使他不敢戴上方帽子照一张相。他是一个傻小子，不懂得也不屑于随波逐流，趋炎附势。他是一个穷小子，在繁华的现代生活中，困守自己的小天地。他是一个诗人，但没有留下一首气势浩瀚，足以震撼时代，流传千古的诗篇。他在勤学苦思中，探索人生的意义，生活的目的；在纷扰的世态中寻找出路——个人的前途和民族的益途。他想飞，想鸣，可又无能为力。于是他不得不发出哀叹，正如雪莱在《西风歌》中所写的：

吹我起来吧，像一丝浪，一片叶，一朵云，
我坠在人生的荆棘上，我流着血，
时光的重担锁住且压着一个
太像你的人：难驯，轻捷而骄傲

这种种，正是这一些生活上思想上的矛盾，构成了朱生豪之所以成为朱生豪。他说过："我是一个理想家，想到现实，会使我黯然"；"我以梦为现实，以现实为梦；以未来为过去，以过去为未来；以 nothing（什么都没有）为 everything（一切），以 everything 为 nothing；我无所不有，但我很贫乏"。

但是，必须指出在他生活和思想的矛盾中，主要的一面，是积极的，前进的，而不是消极的，厌世的，后退的。他向往光明，向往自由，对于当时中外法西斯的抬头，感到痛心疾首。对于繁文缛节，陈腐礼教，虚伪客套，感到难以忍受，真想摆脱桎梏，飞出窄小的牢笼。他热爱生活，热爱美，认为音乐是最高级的语言，能够表达深微的衷曲；每读到一篇动人的诗歌，就会心驰神往；看到像嘉宝那样高超艺术的演出，总认为是无上的享受。他珍视真诚的友谊，觉得只有在深切理解自己的人面前，才能毫无拘束，敞开心扉。他寄希望于未来，相信总有一天，生活不复是难堪的苦役。他承认自己十分弱，但有求强的意志；他也承认自己是一个自由主义者，一个趣味主义者。这些说法和想法，陆续散见在他的信札里。

正是这积极的一面起着主要作用，推动着他不断地思索追求，企求实现自己的愿望。在大学毕业前夕，他写下了《别之江》的长诗。他在诗中深情地叙写了校园生活的美好回忆之后，就鲜明地表达了志向：

从今天起我埋葬了
青春的游戏，肩上
人生的担负，做一个
坚毅的英雄……

可是，投身繁华的都市，接触到纷纭的世务之后，单调的工作，孤独的生活，逐渐地使他感到颓唐，感到苦闷。他在信中曾经这样倾诉过：“如果到三十岁我还是这样没出息，我真非自杀不可。所谓有出息，不是指赚三百块钱一月，有地位、有名声这些，常常听到人家赞叹地或者感叹地说‘什么人什么人现在很得法了’，我就不肚热这种得法，我只能自己觉得并不无聊就够了。像现在这样子，真叫人丧气。”他的所谓“无聊”，实质上是无所寄托。他并不缺乏自信，但对自己有比较正确的估价，清醒的认识，不至于狂妄自大。读书时期，他在师友中有“才子”的称誉，因为在诗歌方面，被认为有卓越的才华。但是随着时代的进展，眼界的开拓，他不能满足于以往的成绩。在历代文豪、伟大诗人面前，只能自惭形秽，甘拜下风。因此，踏上工作岗位之后，兴趣有所转移，他就很少写诗，甚至不再专爱读诗了。而在没有新的出路前途的情况下，否定自己的过去，留下了一片荒芜的茫茫，一种无所适从的彷徨，一种空虚的失落感，无疑地在精神上是痛苦的。而所谓“无聊”，就是这种心情的概括。

这一些，也许就是他自认为“怪癖”和“孤独”的根源。直至1935年春季，在他确定了翻译《莎士比亚戏剧全集》的计划之后，才像漂流的孤帆，找到了停泊的港口，找到失落了的自己，也摆脱了所谓“无聊”。现在我们读到他在《莎士比亚戏剧全集》的译者自序所写的他对这位世界巨人——莎翁的推崇，以及他自己译写的态度，就可以想见和理解这一艰巨的译写工作，在他心目中的价值和精神上的动力，有着何等的分量。

这封信的写作日期是一九三五年八月廿六日。他是在来了常熟，带着又是委屈，又是高兴的心情回去之后写的。由于精神兴奋，夜不成眠，写下了这样一封洋洋洒洒内容广泛的长信。其中流露的心情，大致是冷静的，而主要是坦率的，因为他一向主张在为数不多的知交面前，可以毫无拘束地畅所欲言，披露自己的观点，即使是幼稚的，可笑的。

其中关于中西文化的问题，他的态度，似乎有点甘愿离经叛道，对悠久的东方古老文化不够尊重。实际上，他也是从旧堡垒中起义的。因为他在大学里主修的是中国文学系，吸收消化了丰富的优秀文化遗产；同时，他也受过“五四”新文化运动的洗礼。可是在那个特定的时代，民族危机日益深重，爱国人士无不奔走呼号，寻求国家和民族的出路。文化界在鲁迅先生的旗帜下，向当时那些反动的保守势力展开战斗，其中一个战策就是“拿来主义”，借鉴国外一切优秀的东西，以求充实自己。所以朱生豪反对的只是夜郎自大，固步自封，深切感到必须吸收新鲜血液，扬弃陈腐糟粕，才能发扬光大民族文化，使之立于不败之地。但他的这些想法，也只限于粗浅的“卑卑无甚高论”。至于如何力挽狂澜，改造局面，那就非力之所及了。而这种“卑卑无高论”的出发点，应该肯定还是属于忧国忧民，不完全是属于兴趣主义的。

至于他究竟是不是一个“怪人”，那还是让他的信来为他作证吧！

一九八九年三月一日　文 / 宋清如

附录

来自民国的朱生豪情话，“甜”到了今天，是我看到的一个人对另一个人最好的偏爱。读完这些20世纪最值得珍藏的“教科书式情书”，希望读者对爱有了新的理解，也希望有一个人能热烈而虔诚地爱着你。其实，我们终此一生都在寻找一个灵魂伴侣。好的伴侣，应该是彼此精神上的导师。他迁就她、宠爱她。她理解他、崇拜他。

其实，浪漫的不是情书，而是一种慢慢来的态度。编者另附一生只写给一人的信纸和情侣一起做的77件事，因为读情书，也需要仪式感。

附录 A

一生只写给一人

附录 B

情侣一起完成的 77 件事

至少还有爱情

去游乐场

一起做家务

一起养宠物

经常一起做饭

时常送她鲜花

给彼此吹头发

买很多情侣装

体验一次陶艺

一起锻炼身体

一起规划未来

亲亲抱抱举高高

崇拜他宠爱她

一起读完一本书

一起堆一次雪人

夏夜牵手压马路

去果园里摘水果

一起去寺庙祈福

去拍一次新年照

偶尔给他刮胡子

做最用心的爱人

拥抱时抱得很紧

成为彼此的偏爱

你在闹他／她在笑

比赛下任何一种棋

戴同一副耳机听歌

一起在冬天吃火锅

一起去各自的母校

给彼此起专属昵称

一直用情侣手机壳

一起撮合成一对情侣

经常对彼此说我爱你

做一个宠夫／妻狂魔

逛超市买爱吃的零食

躲在被子里看恐怖片

逢年过节一起包饺子

爬上山顶看城市夜景

培养一个共同的爱好

做彼此最好的倾听者

给彼此提供情绪价值

置顶彼此的微信对话框

给不拘小节的他敷面膜

经常一起泡脚

和彼此的朋友相处融洽

过马路永远让她站里边

下雨天依偎在一起听雨

一起去看偶像的演唱会

去彼此喜欢的城市旅行

互相分享小时候的囧事

保存一些彼此的“丑照”

一起见证一场别人的婚礼

一起攒钱：创建爱情基金

一起给未来的宝宝取名字

阳光明媚的日子去放风筝

去露营一起动手搭帐篷

去海边看一次日出和日落

疲惫的时候给对方按摩吧

去坐摩天轮在最高处拥吻

拍照或 拍视频记录 生活点滴	一起打卡 各种书店 和图书馆	改掉一个 彼此不喜欢 的缺点	一起拥有 幸福肥 一起减肥
重要的 纪念日陪在 彼此身边	彼此做得好 的地方 要多赞美	时常一起 回忆一些 恋爱细节	努力成为 一个很赞 的伴侣
把家里布置 成彼此喜欢 的样子	耐心做一个 有难度的 手工	偶尔准备 对方意想 不到的惊喜	有些说不出 口的话 写给对方
偶尔给他“放假” 去畅玩游戏	在樱花季 给她拍一张 美美的照片		先起床洗漱 的人为对方 挤好牙膏
分享彼此每 天开心的和 不开心的事	去吃自助餐 一起扶墙 进去 扶墙出来	给对方买一个 他/她想买 很久但舍不得 买的东西	满心欢喜 共赴白头

做完这 77 件事，成为更爱彼此的人吧。

我们，是彼此的精神支柱。

至少还有书籍。

序言

一枝永恒美丽的花朵

陈漱渝

○ 东北作家群的两位代表人物

1931年秋，日本军国主义者在中国发动了“九一八”事变，东北三省沦陷，三千万东北人民戴上了“亡国奴”的枷锁。一群东北青年唱着“流亡三部曲”逃到关内，在左翼文艺思潮的影响下，以笔为武器，抗日救亡。他们的作品充满了强烈的民族意识，博大的爱国情怀，浓郁的地方色彩，表现出国土沦丧的愤懑和颠沛流离的苦痛，被称为“东北作家群”。其中有舒群、端木蕻良、李辉英、罗烽、白朗等知名作家，而代表人物则是萧红和萧军。

萧军1925年即开始创作，文学生涯有六十余年，不仅数量上超过了萧红，而且涵盖了一些萧红未曾涉足的领域，如历史小说、旧体诗词、报告文学；其留存的大量日记，更具多重价值，可以传世。萧红的文学生涯只有短短十年，作品题材囊括了小说、散文、诗歌、戏剧、书信。二萧初登文坛时，给了文坛以不少新奇和震惊。当年的批评家胡风认为，萧红的作品是“有着天才闪光的作品”“感觉多敏锐”“是近年来不可多见的作家”。鲁迅也认为，“就艺术手法而言，萧红比萧军更觉成熟，在写作前途上更有希望”。

萧红（1911—1942），黑龙江呼兰县人。原名张秀环，因与二姨姜玉环的名字相似，后改名张乃莹。笔名有萧红、悄吟、田娣、玲玲等。萧军（1907—1988），辽宁义县人。原名刘鸿霖，因喜爱京剧《打渔杀家》中的萧恩，又在骑兵营当过骑兵，故以萧军为笔名。其他笔名有三郎、田军等。二萧的笔名联起来跟“小小红军”这四个字谐音。这原本是一种偶合，但萧军觉得当年国民党在江西一带“剿共”，就偏叫个“红军”给他们瞧瞧。

○ 萧红与萧军：从相识、相恋到诀别

萧红与萧军是1932年8月相识的，1937年8月23日萧军日记中就出现了这样的记载：“我以后也许不再需要女人们的爱情，爱情这东西是不存在的，吟（指萧红），也是如此，她乐意存在这里就存在，乐意走就走。”那么。他们分手的原因是什么呢？

关于和萧红的相识过程，萧军是这样回忆的：1932年夏，他正流浪在哈尔滨，替一家私营报纸《国际协报》撰稿维持生计。1932年夏天，该报副刊主编裴馨园收到一位女读者的求助信，希望能为她寄去几本文艺读物，因为她已被所住的旅馆幽禁。老裴被这封凄切动人的来信感动，便派萧军根据信封的地址“哈尔滨道外正阳十六街东兴顺旅馆”去了解实情。

出现在萧军眼前的是一条昏暗的甬道，一间没有灯光但散发出霉味的房间，一个模糊的女人的轮廓。细看之后才发现一张圆形的苍白的脸，脸上闪动着一双特大的闪亮的眼睛，目光在求助，声音在颤抖，身材显示出她怀有身孕，这就是萧红留给萧军最初的印象。坐定之后，萧军掏出了老裴的介绍信，证明了自己的身份。萧红这才向萧军坦陈了自己的境遇：被未婚夫欺骗，积欠了房金伙食费，被旅店作为人质软禁，不还清欠款就会被卖到“圈儿楼”（哈尔滨道外的妓院）。交谈时萧军无意看到了萧红的绘画和小诗，发现了她的文艺才能，马上决定不惜一切代

价来拯救这个美丽的灵魂！不过，这种“救世主”般的想法和姿态，对于二萧之间迅猛产生的爱情也会成为一种消融剂。这是后来为他们的情感经历所证明了的。

1932 年 8 月，松花江突发洪水。数日之内，哈尔滨两万多人丧生，成千上万的民众无家可归，平日的街道呈现出扁舟款行的奇特画面，用木箱当船的也有，用木板当船的也有。萧红趁东兴顺旅馆混乱之际，独自搭上了一艘运柴禾的救生船。几经周折，竟意外地碰到萧军。当时萧军正划着一只小船去找她。两人先寄居在裴馨园家，而后在欧罗巴旅馆开始了同居生活。

二萧在哈尔滨的同居生活，用“以沫相濡”来形容再恰当不过。很多生活细节，都被萧红写进了小说、散文集《商市街》。

刚住进白俄经营的欧罗巴旅馆时，萧军身上原只有五元钱，又付了五角钱马车费，但那经理却把一月三十元的包租费涨成了六十元，想趁松花江涨水发一笔横财。萧军先付两元的日租金，经理要他们第二天就搬走，逼得萧军从床上取出剑来指着那经理。经理吓得去报警。幸亏来的是中国警察，而不是日本宪兵，只把那把剑扣押了一晚了事。

离开欧罗巴旅馆之后的同居生活，使“贫穷”与“疾病”成为萧红笔下的两大主题：穷到“从昨夜饿到中午，四肢软弱，肚子好像被踢打放了气的皮球”（《饿》）。“到家把剩下来的一点米煮成稀饭，没有盐，没有油，没有菜，暖一暖肚子算了。”（《借》）“黑列巴和白盐许多日子成了我们唯一的生命线”（《黑列巴和白盐》）。没有吃的，自然也没有穿的。萧红的鞋带断成了四截，萧军把自己的一条鞋带分给萧红。结果，萧红的鞋上，一只是白鞋带，另一只是黄鞋带（《破落之街》）。萧军当家庭教师挣了二十元票子，从当铺赎出了他当过的两件衣裳：一件夹袍，一件小毛衣。他自己穿上了毛衣，把夹袍给萧红穿。萧军的毛衣很合身，萧红穿上夹袍两手立即被袖口吞没，自己也看不见双脚了，但她仍感到很合适，很满足（《家庭教师》）。

萧红体弱，长期困扰她的还有疾病：时而头痛，时而肚子痛，穷家没有暖水袋，那铁盒子又漏水。萧军将开水倒进一个空玻璃瓶，想让萧红当暖水袋用，不料瓶底一遇到热水就炸裂了，满地流着水……（《借》）幸亏哈尔滨有一家市立公共医院，可以免收穷人的药费。萧红挣扎着去看病，萧军雇了一辆人力车，让萧红坐上，自己跟着车边走边跑……（《患病》）哈尔滨的冬天是漫长的，有火炉无木柴，萧红觉得屋子太冷，恨不得把冰冷的腿放在自己的肚子上取暖，但腿太长，根本放不上去。（《最末的一块木柈》）不过，即便贫病交加，只要萧军在旁边，萧红就感到"饿也不难忍了，肚痛也轻了"。（《搬家》）

二萧同居期间，最有意义的事情是共同出版了二人合集《跋涉》，其中有萧军作品六篇，萧红作品五篇。萧红署名"悄吟"，萧军署名"三郎"。印刷费是舒群、王幼宾等友人凑集的，秘密印行了一千册毛边本。书稿大部分由萧红抄写，书名由萧军题签。萧红在《册子》一文中描写了该书出版的情况：萧红在烛光下忍受着眼痛和蚊虫叮咬抄稿。萧军问："手不疼吗？休息休息吧，别弄坏了眼睛。"但萧红抄了三千多字仍不停笔，笔尖在纸上哗哗作响。第二天，两人一起跑印刷局，看到自己的手迹被排成铅字，比儿时穿到母亲缝制的新衣更加欢喜。中秋节前夕，他们自己装订了一整天，腰酸背痛，才装订了一百部。为了庆祝《跋涉》一书的出版，这两位文坛的跋涉者破例吃了一顿俄国点心，还喝了两杯沃特加酒。不久，这本书就成了禁书。这两个苦命鸳鸯侥幸没被日本宪兵逮捕，但送到书店的书没几天就禁止发卖了。1946 年，萧军重返哈尔滨，偶然从旧书店买到一本《跋涉》，感慨他跟萧红珠分钗折，人间地下，不禁悲从中来。

○ 结识鲁迅：生命史上最温馨的一页

在萧红和萧军的生命史上，最温馨最重要的回忆无疑是跟鲁迅的交往。萧军是骑兵出身，后被擢升为见习上士，受鲁迅《野草》等作品影响自学成才，从事编辑和业余创作。萧红只上过中学，也是一位文学爱好者，但他们都有文学天赋和超越年龄的生活阅历，所以他们在青岛能够写出《生死场》和《八月的乡村》这样的长篇。但在商业化的出版界，像二萧这样的无名作者往往是被冷落的，更何况他们写出的是具有鲜明民族意识和左翼倾向的作品！

生活证明，人的成功既取决于本身的潜质，也取决于看似偶然的机遇。在坎坷的境遇中，萧军遇到了一位朋友孙乐文——他是中共地下党员，在青岛经营着一家“荒岛书店”。此人在上海内山书店见过鲁迅，知道鲁迅一贯提携文坛后进，便鼓动萧军借用荒岛书店的地址写信给鲁迅求教。于是萧军抱着“试试看”的忐忑心情，给鲁迅写了第一封信。1934年10月9日鲁迅日记中有一条记载：“得萧军信，即复。”当时萧红的《生死场》已经完稿，萧军的《八月的乡村》也在赶写之中，但他们不知道这类作品的题材是否跟左翼文艺运动的主流合拍，希望鲁迅能对他们的作品进行指导。鲁迅毫不犹豫地答应替他们审稿，并深刻指出：“不必问现在要什么，只要问自己能做什么。现在需要的是斗争的文学，如果作者是一个斗争者，那么，无论他写什么，写出来的东西一定是斗争的。就是写咖啡馆跳舞场吧，少爷们和革命者的作品，也决不会一样。”

收到鲁迅的亲笔信后，处于困境中的二萧如在阴云的缝隙中看到了一缕阳光，如在雾海夜航中看到了灯塔的指向。萧红几次流着热泪在反复阅读鲁迅的回信，硬汉萧军泪水也润湿了眼眶。此时，中共青岛地下党组织遭到破坏，萧军的文友舒群被捕入狱，孙乐文也准备停办《青岛晨报》。他交给萧军四十元钱作为遣散费。萧军花去二十多元买了两张日本轮船“大连丸”的船票，挤在堆满咸鱼和粉丝的四等舱里，从青岛抵达了上海。上岸之后他手中只剩下了十八元几角余款，再付九元在拉都路租赁了一处亭子间，兜里的零钱就只够买一点糊口的食品了。在生活的艰难中，是鲁迅向这两位素昧平生的东北流亡作家伸出了援手。鲁迅不仅在工作繁忙、体弱多病的情况下认真审读这两部字迹潦草而又细小的稿件，订正笔误，修改格式，亲撰序言，而且借钱帮助他们维持稍微安定一些的生活。萧红接过鲁迅用血汗换来的钱，觉得内心刺痛。鲁迅写信安慰说："这是不必要的。我固然不收一个俄国的卢布、日本的金元，但因出版界上的资格关系，稿费总比青年作家来得容易，里面并没有青年作家的稿费那样的汗水的——用用毫不要紧。而且这些小事，万万不可放在心上，否则，人就容易神经衰弱，陷入忧郁了。"

最使萧军萧红难忘的是1934年12月19日的一次聚餐。那天下午六点，鲁迅一家三口请二萧到上海广西路332号梁园豫菜馆吃饭。因为二萧初到上海，鲁迅怕他们路不熟，特意写信说明广西路是二马路与三马路之间的一条横街，若从二马路弯进去，比较近。同席的还有茅盾、聂绀弩夫妇和左翼作家叶紫。那时候鲁迅54岁，萧军27岁，萧红23岁，而叶紫刚22岁。正是这次聚餐之后，二萧跟叶紫成立了一个文学社团，取名为"奴隶社"。社名是萧军提出来的，得到鲁迅的赞同。鲁迅说："奴隶社这个名称是可以的，因为它不是奴才社，奴隶总比奴才强，因为他们要反抗。"

接着，叶紫想出了一个出版单位的名字——"容光书局"，联系了一家"民光印刷厂"，出版了一套《奴隶丛书》，共出版了三本小说：叶紫的《丰收》，萧军的《八月的乡村》，萧红的《生死场》。鲁迅在《叶紫作〈丰收〉序》中说："作者还是一个青年，但他的经历，却抵得太平天下的顺民的一世纪的经历。"在《田军作〈八月的乡村〉序》中，鲁迅指出："作者的心血和失去的天空，土地，受难的人民，以至失去的花草，高粱，蝈蝈，蚊子，搅成一团，鲜红的在读者眼前展开，显示着中国的一份和全部，现在和将来，死路和活路。”1935年11月14日深夜，周围像死一般寂静，鲁迅在灯下看完了《生死场》的原稿，感到萧红这位女性作者以“细致的观察和越轨的笔致”，力透纸背地表现出中国“北方人民的对于生的坚强，对于死的挣扎”，并特别肯定了萧红叙事和写景的才华。尽管当时国民党中央宣传部书报检查委员会不允许这部小说出版，鲁迅还是公开署名为萧红写序，希望读者能够读后增添“坚强和挣扎的力气”。

令人不解的是，前些时候，有些人不知出于什么动机，煞费苦心想把鲁迅跟萧红的关系搞得暧昧化。其依据有两点：一、这些人戴着有色眼镜，从萧红的回忆录《回忆鲁迅先生》中发现了“什么也没发生”，但“什么都有了”的心灵之爱。二、把萧红去日本期间没给鲁迅写过一封信，视为“不正常”的现象，证明“萧红跟鲁迅关系不一般，太不一般了”。

《回忆鲁迅先生》是萧红1939年10月在重庆完成的两万四千字的长篇回忆录，也是她纪念鲁迅逝世三周年的一瓣心香。这篇文章共分为长短不一的45个生活片段，均为作者的亲历、亲闻、亲见，既具有散文的审美特质，又具备传记的基本特征，以生动可信的细节描写了鲁迅的饮食起居、待人接物、读书写作、休闲娱乐、病中生活……立体化地再现了鲁迅平凡而又伟大的形象。比如，鲁迅平时用餐只有三碗菜，而招待来客大碗上菜，起码四五碗，多则七八碗。鲁迅备有两种纸烟：一种绿听子装的便宜货，自己抽；另一种白听子的前门牌香烟，专用招待客人。跟亲友外出看电影时，因为周边的汽车房只有一辆车，他总让家中的妇女儿童乘坐，而自己走到苏州河大桥去等电车。瞿秋白烈士殉难之后，鲁迅自编《海上述林》以为纪念，当时鲁迅在病中，客人不断，几十万字的校样要看三遍，所以鲁迅有时一边陪客，一边校对，说：“眼睛可以看，耳朵可以听……”在现存的同时代人撰写的鲁迅回忆录中，萧红的这一篇实可谓一枝独秀，极具史料价值，也是现代散文的典范之作。

鲁迅扶植萧红，一方面是因为萧红有过人的文学天赋，另一方面是因为她跟萧军一样，都带有质朴的“野性”，坦白率真，不像那种台前幕后面孔不一的洋场恶少。萧红接近鲁迅，一是因为对鲁迅发自内心的崇敬，在朋友圈谈及鲁迅都是以“导师”相称；二是因为萧红在上海，有一个时期非常烦闷、失望，用许广平的话来形容，就是“哀愁笼罩了她整个的生命力”（《追忆萧红》），因此经常来找鲁迅交谈，寻求她长期缺失的父爱和母爱。至于她到日本期间不给鲁迅写信，萧红解释得十分清楚，就是因为当时鲁迅的身体状况非常不好，所以他跟萧军约定都不给鲁迅写信，以免除鲁迅的复信之劳。萧军离开上海去青岛期间，也没有给鲁迅写过。病中的鲁迅不了解二萧之间的私下约定，也不了解他们离开上海之后的通讯地址，所以一度中断了联系。想以此证明鲁迅跟萧红的关系“很不一般”，纯属是一种臆断。

○ 关于《苦杯》的点滴记忆

研究二萧的情爱史，自然离不开萧红的抒情短诗《苦杯》和《沙粒》。这些都是萧红的直抒胸臆之作，从中可以破译出她的许多心灵密码，比其他任何人的回忆录都真实可信。这些诗作的披露过程，引发了我的一些回忆。

大约是1979年底或者1980年初，我去鲁迅博物馆资料室（那时还不叫资料典藏部）查资料，无意中看到了一个小皮箱，引起了我的好奇，询问资料室的同事，方知道这是萧红的遗物：离开上海之前委托许广平保存，后来许广平又移交给了鲁迅博物馆。打开皮箱一看，里面有一些萧红的遗物和文稿。文稿中有一个日本印制的稿本，萧红用钢笔在上面工整地抄录了十题七十一首诗歌，无修改痕迹，无前言后记，无创作日期。从内容判断，是写于1932年至1937年间，其中有些发表过，如《沙粒》《拜墓诗》《一粒土泥》《春曲》，但《苦杯》从未发表过，让我特别惊喜。

记得初读时，我曾一度把《苦杯》误看成《苦怀》，因此留下了深刻印象。我是鲁迅博物馆的工作人员，觉得擅自发表馆藏资料有“近水楼台先得月”之嫌，便把这一情况告诉了鲁迅博物馆研究室手稿组的负责人吕福堂，建议由他整理，公诸于世，以推动方兴未艾的萧红研究。后来吕福堂撰写了《有关〈萧红自集诗稿〉的一些情况》，经我推荐发表于《中国现代文学研究丛刊》1980 年第 3 期。该刊是中国现代文学研究学会的会刊，当时由北京人民出版社出版。学会秘书长吴子敏是我的朋友，责编李志强也是我的熟人，文章发表得非常顺利。

在《苦杯》中，我看到了这样的诗句：“往日的爱人，/为我遮蔽暴风雨，/而今他变成暴风雨了！/让我怎样来抵抗？”又说：“我幼时有个暴虐的父亲，/他和我的父亲一样了！/父亲是我的敌人，/而他不是，/我又怎样来对待他呢？/他说他是我统一战线上的伙伴。”我想，这不正是萧红在上海跟萧军同居时期的真实心境吗？在《沙粒》中，萧红又写道：“理想的白马骑不得，梦中的爱人爱不得。”“什么最痛苦，说不出的痛苦最痛苦。”我想，这不正是萧红在日本独居期间对她跟萧军关系的反思么？这样的史料，无论对于研究萧红的诗作，还是撰写萧红的传记，都是太珍贵，太重要，的确应该公之于众，而不应在鲁博的资料库中长期淹没。

目录

上篇 ❤ 萧红写给萧军

第一章 爱需要距离

第二章 ……◆…… 适应没有你的孤独

第三章 寂寞的黄金时代

第四章 ……◆…… 健牛与病驴难调和

上篇

萧红写给萧军

这部分信是萧红写给萧军的，其中从东京到上海、青岛的信件35封，从北京到上海的有7封。在这些信中，有对萧军日常生活注意的絮絮叨叨，有对写作的汇报和喜悦分享……虽然没有肉麻的情爱，但字里行间充满了思念的味道。

这些信件写于1936年到1937年之间，这一时期也是萧红和萧军两人感情逐渐出现裂痕的时期。当时她和萧军在上海的创作事业风生水起，萧红成为文学界一颗崛起的新星，然而萧军的思想并没有随之变化，还停留在他要拯救美丽灵魂的拯救者角色,为此两人之间的矛盾逐渐增多。虽然萧红极力想挽救，但效果并不明显。于是，她和萧军约定分离一年，去了日本。

第一章

爱需要距离

情不知从何而起，一往而情深。萧红和萧军曾经你侬我侬的恋爱进入了疲软期，为了缓和这种略显尴尬的局面，不懂日语的萧红做出了去日本的决定。1936 年 7 月，萧红坐上了赴日本的轮船。有时候，离开是为了更好地回来！

第1封
海上

由船上寄—上海

（1936年7月18日发[1]）

君[2]先生：

海上的颜色已经变成黑蓝了，我站在船尾，我望着海，我想：这若是我一个人，我怎敢渡过这样的大海！

这是黄昏以后我才给你写信，舱底的空气并不好，所以船开没有多久，我时时就好像要呕吐，虽然吃了多量的胃粉。

现在船停在长崎了，我打算下去玩玩。昨天的信并没写完就停下了。

到东京再写信吧！

祝好！

莹[3]

七月十八日

1 1936年7月17日萧红独自去日本东京疗养。

2 萧军"军"字的谐音。

3 萧红本名张乃莹。

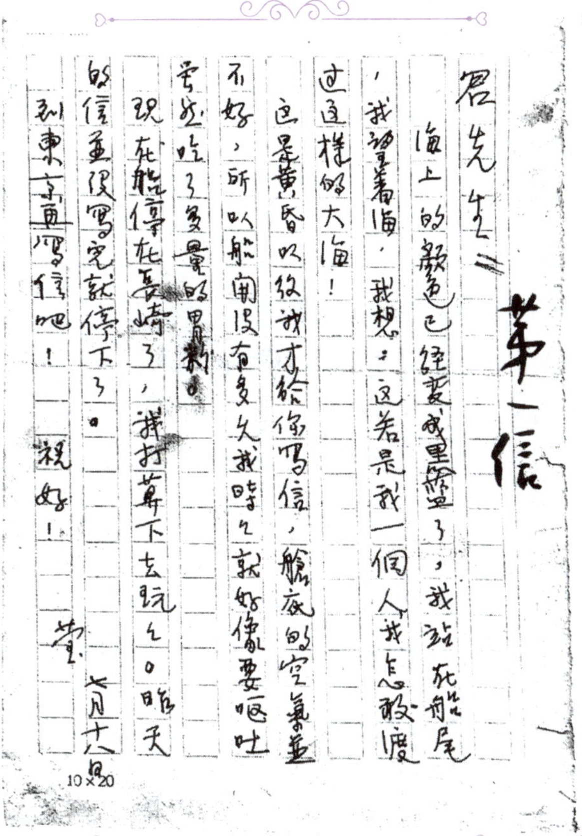

第一信

君先生：

海上的颜色已经变成黑蓝了，我站在船尾，我望着海，我想：这若是我一个人我怎敢渡过这样的大海！

这是黄昏以后我才给你写信，船底的空气并不好，所以船开没有多久我时时就好像要呕吐，虽然吃了多量的胃药。

现在船停在长崎了，我打算下去玩玩。昨天的信并没写完就停下了。

到东京再写信吧！

祝好！

莹

七月十八日

10×20

第2封
屋子

东京—上海

（1936年7月21日发，7月27日至）

均[1]：

你的身体这几天怎么样？吃得舒服吗？睡得也好？当我搬房子的时候，我想：你没有来，假若你也来，你一定看到这样的席子[2]就要先在上面打一个滚，是很好的，像住在画的房子里面似的。

你来信寄到许[3]的地方就好，因为她的房东熟一些。

海滨，许不去，以后再看，或者我自己去。

一张桌是（和）一个椅子都是借的。屋子里面也很规整，只是感到寂寞了一点，总有点好像少了一点什么！住下几天就好了。

外面我听到蝉叫，听到踏踏的奇怪的鞋声，不想写了！也许她们快来叫我出去吃饭的时候了！

你的药不要忘记吃，饭少吃些，可以到游泳池去游泳两次，假若身体太弱，那么到海上去游泳更不能够了。

祝好！

别的朋友也都祝好！

莹

七月廿一日

---

1 萧军“军”字的谐音。

2 日本的榻榻米

3 许粤华（1912—2011），浙江海宁人，翻译家、散文家。当时是黄源的妻子，正在日本学日语。

第二信

均：

你的身体这几天怎么样？吃得舒服吗？睡得也好？

当我搬房子的时候，我想：你没有来，假若你也来，你一定看到这样的房子就要先在上面打一个滚，是很好的，像住在画的房子里面似的。

你来信寄到许的地方就好，因为她的房东熟一些。

海滨，许不去，以后再看，或者我自己去。

一张桌是一个椅子都是借的，屋子里面也很规整，只是感到寂寞了一点，总有点好像少了一点什么！住下几天就好了。

外面就听到蝉叫，听到踏踏的奇怪的木屐声，不想写了！也许她们快来叫我出去吃饭的时候了！

你的药不要忘记吃，饭少吃些。一可以到游泳池去游泳两次，假若身体太弱，那么到海上去游泳更不能够了。

祝好！

别的朋友也都祝好！

莹

七月廿一日

第3封
想哭

东京—上海

（1936年7月26日发，7月31日到）

均：

现在我很难过，很想哭。想要写信，钢笔里面的墨水没有了，可是怎样也装不进来，抽进来的墨水一压又随着压出去了。

华[1]起来就到图书馆去了，我本来也可以去，我留在家里想写一点什么，但哪里写得下去，因为我听不到你那登登上楼的声音了。

这里的天气也算很热，并且讲一句话的人也没有，看的书也没有，报也没有。心情非常坏，想到街上去走走，路又不认识，话也不会讲。

昨天到神保町[2]的书铺去了一次，但那书铺好像与我一点关系也没有，这里太生疏了，满街响着木屐的声音，我一点也听不惯这声音。这样一天一天的我不晓得怎样过下去，真是好像充军西伯利亚一样。

比我们起初来到上海的时候更感到无聊，也许慢慢地就好了，但这要一个长的时间，怕是我忍耐不了。不知道你现在准备要走了没有？我已经来了五六天了，不知为什么你还没有信来？

珂[3]已经在十六号起身回去了。

不写了，我要出去吃饭，或者乱走走。

吟[4]上

七月廿六日十时半

1 许粤华

2 日本东京的书店街，距萧红当时的住处约两三公里。

3 萧红的弟弟张秀珂，当时也在日本留学。

4 “悄吟”是萧红的笔名。

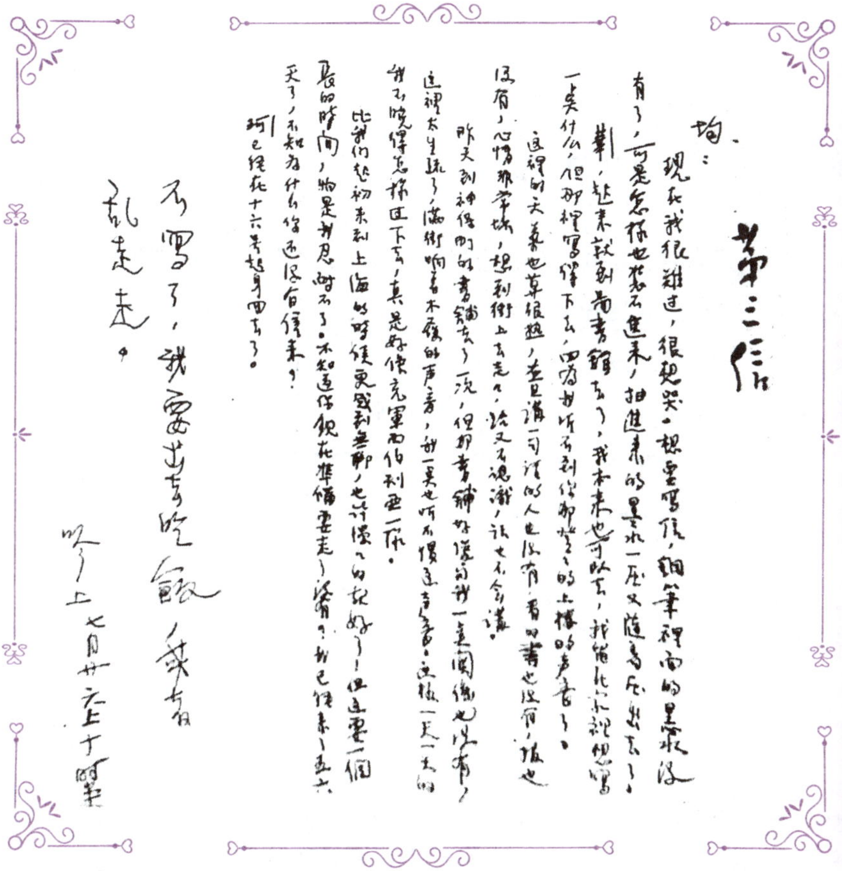

第三信

均：

現在我很難過，很想哭。想要寫信，鋼筆裡面的墨水沒有了，可是怎樣也裝不進來，抽進來的墨水一壓又隨着壓出去了。

黄，起來就到圖書館去了，我本來也可以去，我能夠不想寫一點什么，但那裡寫得下去，因為我聽不到你那踏踏的上樓的聲音了。

這裡的天氣也算很熱，並且講一句話的人也沒有，看的書也沒有，報也沒有，心情非常壞，想到街上去走走，路又不認識，話也不會講。

昨天到神保町的書舖去了一次，但那書舖好像與我一點關係也沒有，這裡太生疏了，滿街響着木屐的聲音，我一點也聽不慣這聲音。這樣一天一天的，我不曉得怎樣過下去，真是好像充軍西伯利亞一樣。

比我們初來到上海的時候更感到無聊，也許慢慢的就好了！但這要一個長的時間，可是我忍耐不了。不知道你現在準備要走了沒有？我已經來了五六天了，不知為什么你還沒有信來？

珂已經在十六號起身回去了。

不寫了，我要出去吃飯，或者亂走走。

吟 上 七月廿六 上十時半

第4封
文章

东京—青岛

（1936年8月14日发，8月21日到）

均：

接到你四号写的信现在也过好几天了，这信看过后，我倒很放心，因为你快乐，并且样子也健康。

稿子我已经发出去三篇，一篇小说，两篇不成形的短文[1]。现在又要来一篇短文，这些完了之后，就不来这零碎，要来长的了。

现在是十四号，你一定也开始工作了好几天了吧？

鸡子[2]你遵命了，我很高兴。

你以为我在混光阴吗？一年已经混过一个月。

我也不用羡慕你，明年阿拉自己也到青岛去享清福。我把你遣到日本岛上来！

莹

八月十四日

异国

夜间：

这窗外的树声，

听来好像家乡田野上抖动着的高粱，

但，这不是。

---

1 萧军的散文《邻居》和《水灵山岛》。

2 萧红让萧军每天吃两个鸡蛋。

这是异国了，
踏踏的木屐的声音有时和潮水一般了。
日里：
这青蓝的天空，
好像家乡六月里广茫的原野，
但，这不是。
这是异国了，
这异国的蝉鸣也好像更响了一些。

第四信

均：

接到你回来写的信现在也过好几天了，这信看过后，我却很放心，因为你快乐，并且孩子也健康。

孩子和我已经写出去三篇，一篇小说，两篇不成形的短文。现在又要来一篇短文，这些完了之后，我就不来这零碎，要来长的了。

现在是十四号，你一定也开始工作了好几天了吧？

鸣了你尊命了，我很高兴。

你以为我在混光阴吗？一年已经混过一個月。

我也不用羡慕你，明年阿拉自己也到青岛去享清福。我把你遣到日本岛上来！

——荣

八月十四日

異國

夜間：這窗外的樹声，

听来好像家鄉田野上抖動着的高粱，

但，這不是。

這是異國了，

踏々的木屐的声音有時和潮水一般了。

日裡：這青藍的天空，

好像家鄉六月裡廣茫的原野，

但，這不是，

這是異國了。

這異國的蟬鳴也好像更响了一些。

10×20

第5封

唠叨

东京—青岛

（1936年8月17日发，8月22日复）

均：

今天我才是第一次自己出去走个远路，其实我看也不过三五里，但也算了，去的是神保町，那地方的书局很多，也很热闹，但自己走起来也总觉得没什么趣味，想买点什么，也没有买，又沿路走回来了。觉得很生疏，街路和风景都不同，但有黑色的河，那和徐家汇一样，上面是有破船的，船上也有女人、孩子。也是穿着破衣裳。并且那黑水的气味也一样。像这样的河恐怕巴黎也会有！

你的小伤风既然伤了许多日子也应该管它，吃点阿司匹林吧！一吃就好。

现在我庄严地告诉你一件事情，在你看到之后一定要在回信上写明！就是第一件你要买个软枕头，看过我的信就去买！硬枕头使脑神经很坏。你若不买，来信也告诉我一声，我在这边买两个给你寄去，不贵，并且很软。第二件你要买一张当作被子来用的有毛的那种单子，就像我带来那样的，不过更该厚点。你若懒得买，来信也告诉我，也为你寄去。还有，不要忘了夜里不要（吃）东西。没有了。以上这就是所有的这封信上的重要的事情。

我的稿子又交出去一小篇。

照相机[1]现在你也有用了，再寄一些照片来。我在这里多少有点

1 萧军用五元买了一个照相机，拍了几张照片寄给萧红。

苦寂，不过也没什么，多写些东西也就添补起来了。

旧地重游是很有趣的，并且有那样可爱的海！你现在一定洗海澡去了好几次了？但怕你没有脱衣裳的房子。

你再来信说你这样好那样好，我可说不定也去！我的稿费也可以够了。你怕不怕？我是和（你）开玩笑？也许是假玩笑。

你随手有什么我没有看过的书也寄一本两本来！实在没有书读，越寂寞就越想读书，一天到晚不说话，再加上一天到晚也不看一个字我觉得很残忍，又像我从（前）在旅馆一个人住着的那个样子。但有钱，有钱除掉吃饭也买不到别的趣味。

祝好。

萧上

八月十七日

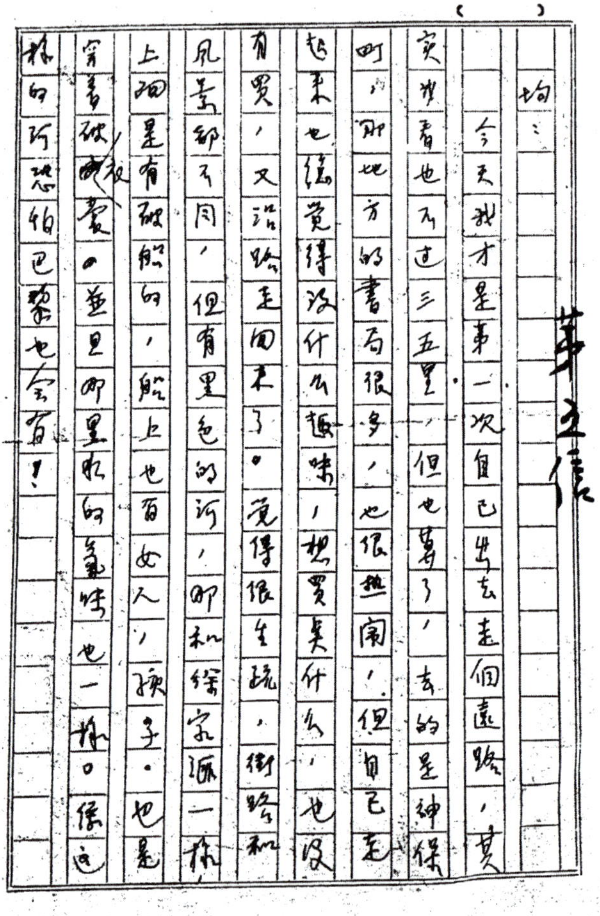

均：

今天我才是第一次自己出去走個遠路，其实我看也不过三五里，但也算了，去的是神保町，那地方的書店很多，也很热闹，但自己走起来也總觉得没什么趣味，想买点什么，也没有买，又沿路走回来了。觉得很生疏，街路和风景都不同，但有黑色的河，那和徐家汇一样，上面是有破船的，船上也有女人，孩子。也是穿着破衣裳。並且那里的的氣味也一樣。像这樣的河恐怕巴黎也會有！

你的小弟風既給你了許多日子也應該管他，
吃美阿司匹林吧！一吃就好。
現在我莊嚴的告訴你一件事情，在你看到之
你一定要在回信上聲明！就是第一件你要買個
軟枕頭，看过我的信就去買！硬枕頭使腦神經
很累。你若不買，來信也告訴我一声，我在這
边買兩個給你寄去，不貴，並且很軟。第二件
你要買一張蚕絲被子來用的有毛的那種算了，
就像我带來那樣的，不过更該厚些。你若懶得
買，來信也告訴我，也为你寄去。还有，不要

20×10

忘了在裡面要寫東西。沒有了。以上這就是所有的這封信上的重要的事情。

我的稿子又交出去一小篇。

照像機現在你也有用了，再寄一些照片來。我在這裡多少有點寂寞，不過也沒什麼，多寫些東西也就添補起來了。

舊地重遊是很有趣的，並且有那樣可愛的海！你現在一定到海邊去了好幾次了。但怕你沒有脫衣裳的勇氣。

你再來信說你這樣好那樣好，我

即可說不定也去！我的稿費人也可以夠了。
你怕不怕？我是和開玩笑，也許是
假玩笑。
你隨手有什麼就寄什麼的書也寄一
本兩本來！實在沒有書讀，越寂寞就越
想讀書，一天到晚不說話，再加上一天到晚也
不看一個字，我覺得很殘忍，又像我從在旅館
一個人住著的那個樣子。但有一，有錢，除掉吃飯也
買不到別的趣味。
祝好。

蕭 上

八月十七日

第6封
看病

东京—青岛

（1936年8月22日发，8月29日收到即复）

军：

现在正和你所说的相反，烟也不吃了，房间也整整齐齐的。但今天却又吃上了半支烟，天又下雨，你又总也不来信，又加上华要回去了！又加上近几天整天发烧，也怕是肺病的（样）子，但自己晓得，绝不是肺病。可是又为什么发烧呢？烧得骨节都酸了！本来刚到这里不久夜里就开（始）不舒服，口干，胃胀……近来才晓是有热度的关系，明天也许跟华到她的朋友地方去，因为那个朋友是个女医学生，让她带我到医生的地方去检查一下，很便宜，两元钱即可。不然，华几天走了，我自己去看医生是不行的，连华也不行，医学上的话她也不会说，大概你还不知道，黄[1]的父亲病重，经济不够了，所以她必得回去。大概二十七号起身。

她走了之后，再就没有熟人了，虽然和她同住的那位女士倒很好，但她的父亲来了，父女都生病，住到很远的朋友家去了。

假若精神和身体稍微好一点，我总就要工作的，因为除了工作再没有别的事情可做的。可是今天是坏之极，好像中暑似的，疲乏、头痛和不能支持。

1 黄源（1905—2003），字河清，浙江海盐人，翻译家。

不写了，心脏过量地跳，全身的血液在冲击着。

祝好！

吟

八月廿二日夜雨时

你还是买一部唐诗[1]给我寄来。

1 指《唐诗三百首》。

第六信

軍：

現在正和你所說的相反，烟也不吃了，房间也整整齊齊的。但今天又吃上了半支烟，天又下雨，你又總也不来信，又加上華要回去了！又加上近幾天整天發燒，也怕是肺病的了，但自己曉得，決不是肺病。可是為什么發燒呢？燒得骨節都酸了！本来剛到這裡不久，夜裡就鬧不舒服，口乾，胃漲……近来才曉得是又過度的關係，明天也許跟華到她的朋友地方去，因為那個朋友是個女医学生，讓她帶我到医生的地方去檢查一下，很便宜，兩元錢即可。不然，華幾天走了，我自己去看医生是不行的，連華也不行，医学上的話她也不会說，大概你還不知道，華的父親病重，經濟不够了，所以她必得回去。大概二十七號起身。華走了之後，他們的，再就沒有熟人了，雖然和她同住的那位女士倒很好，但她的又熟不了，又女聊去病，住到很远的朋友家去了。

假若精神和身体少微好一点，我就要工作的，因為除了工作再沒有別的事情可作的。可是今天是坏之極，好像中暑似的，疲乏，頭痛和不能支持。不寫了，心臟過量的跳，全身的血液在衝擊着。

祝好！

吟

八月廿二日夜兩時

你還是買一部戲劇詩論我寄來。

第7封
崂山

东京—青岛

（1936年8月27日发，9月3日收到即复）

均：

我和房东的孩子很熟了，那孩子很可爱，黑的、好看的大眼睛，只有五岁的样子，但能教我单字了。

这里的蚊子非常大，几乎使我从来没有见过。

那回在游泳池里，我手上受的那块小伤，到现在还没有好。肿一小块，一触即痛。现在我每日二食，早食一毛钱，晚食两毛或一毛五，中午吃面包或饼干。或者以后我还要吃得好点，不过，我一个人连吃也不想吃，玩也不想玩，花钱也不愿花。你看，这里的任何公园我还没有去过一个，银座[1]大概是漂亮的地方，我也没有去过，等着吧，将来日语学好了再到处去走走。

你说我快乐地玩吧！但那只有你，我就不行了，我只有工作、睡觉、吃饭，这样是好的，我希望我的工作多一点。但也觉得不好，这并不是正常的生活，有点类似放逐，有点类似隐居。你说不是吗？若把我这种生活换给别人，那不是天国了吗？其实在我，也和天国差不多了。

你近来，怎么样呢？信很少，海水还是那样蓝么？透明吗？浪大吗？劳山[2]也倒真好？问得太多了。

---

1 日本东京中央区的主要商业区。

2 应为“崂山”，风景区，位于山东省青岛市东部。

可是，六号的信，我接到后即回你，怎么你还没有接到？文章没有写出，信倒写了这许多。但你，除掉你刚到青岛的一封信，后来十六号的（一）封，再就没有了，今天已经是二十六日。我来在这里一个月零六天了。

现在放下，明天想起什么来再写。

今天同时接到你从劳山回来的两封信，想不到那小照相机还照得这样好，真清楚极了！什么全看得清，就等于我也逛了劳山一样。

说真话，逛劳山没有我同去，你想不到吗？

那大张的单人像，我倒不敢佩服，你看那大眼睛，大得我从来都没有看见过。

两片红叶子已经干干的了，我还记得我初认识你的时候，你也是弄了两张叶子给我，但记不得哪是什么叶子了。

孟[1]有信来，并有两本《作家》来。他这样好改字换句的，也真是个毛病。

“瓶子很大，是朱色，调配起来，也很新鲜，只是……”这“只是”是什么意思呢，我不懂。

花皮球走气，这真是很可笑，你一定又是把它压坏的。

还有可笑的，怎么你也变了主意呢？你是根据什么呢？那么说，我把写作放在第一位始终是对的。

我也没有胖也没有瘦，在洗澡的地方天天过磅。

对了，今天整整是二十七号，一个月零七天了。

西瓜不好那样多吃，一气吃完是不好的，放下一会再吃。

你说我滚回去，你想我了吗？我可不想你呢，我要在日本住十年。

我没有给淑奇去信，因为我把她的地址忘了，商铺街十号还是

1 孟十还，作家、编辑，1936 年主编《作家》月刊。

十五号？还是内十五号呢？正想问你，下一信里告诉我吧！

那么周走了之后，我再给你信，就不要写周转了？

我本打算在二十五号之前再有一个短篇产生，但是没能够，现在要开始一个三万字的短篇了，给《作家》十月号。完了就是童话了。我这样童话来、童话去的，将来写不出，可应该觉得不好意思了。

东亚还不开学，只会说几个单字，成句的话，不会。房东还不错，总算比中国房东好。

你等着吧！说不定哪一个月，或哪一天，我可真要滚回去的。到那时候，我就说你让我回来的。

不写了。

祝好。

吟

八月廿七日晚七时

东京趣町区富士见町二丁目九，五中村方

第七信

你的信封上带一个小花，我亦很喜欢，起初我是用手去撤的。

均：

我和房东的孩子很熟了，那孩子很可爱，黑的，好看的大眼睛，只有三岁的模样，但能教我单字了。

这里的蚊子非常大，几乎使我从来没有见过。

那回在游泳池里，我手上受的那块小伤，到现在还没有好。肿一小块，一触即痛。

现在我每日二食，早食一毛钱，晚食两毛或一毛五，中午吃面包或饼干。或者以后我还要吃得好些，不过，我一个人连吃也不想吃，玩也不想玩，花钱也不愿花。你看，这里的任何公园我还没有去过一个，银座大概是漂亮的地方，我也没有去过，等着吧，将来日语学好了再到处去走走。

你说我快乐的玩吧！但那只有你，我就不行了，我只有工作，睡觉，吃饭。这样是好的，我希望我的工作多一点。但也觉得不好，这并不是正常的生活，有点类似放逐，有点类似隐居。你说不是吗？若把我这种生活换给别人，那不是天国了吗？实在我也和天国差不多了。

你近来，怎么样呢？信很少，海水还是那样蓝么？还明吗？浪大吗？青山也倒真好吗？闹得太凶了。

可是，六号的信，我接到你那回信，你说你还没有接到。文章没有写

啦，信倒写了这许多。但你，除掉你刚到台岛的那封信，似乎不写许多封，却

就没有了，今天已经是二十六日。我来花莲快一个月零六天了。

现在搁下，明天想起什么来再写吧。

今天同时接到你从黄山回来的两封信，想不到那小小的信被你写得这样

好，真情趣极了！什么全有了情，就算是我也跟了黄山一趟。

说真话！游黄山没有我同去，你想不到吧？

那天张的单人像，我倒有点佩服，你看那大眼睛，大得我从来都没有看

见过。

两片红叶已经干了的了，我还记得我初认识你的时候，你也是寄了两张叶

子给我，但记不得那是什么叶了了。

孟有信来，并有两本诗集来。他这种改字换句的，也真是个毛病。

“瓶子很大，是朱色，瓶配红菊，也很新鲜！只是……”这“只是”是什么意思

呢，我不懂。

花客送菊，这真是很可笑，你一定又是把她惯坏的。

还有可笑的，是你你也发了主意呢。你是根据什么呢。那么说，我把写信放

在第一位总是对的。

我也没有胖也没有瘦，在洗澡的地方天天过磅。

对了，今天整整是廿七号，一个月零七天了。

西瓜不好那样多吃，一气吃完是不好的，放下一会再吃。

你说我懒回去，你想我了吧？我可不想你呢，我要在日本住十年。

我没有给您寄去信，因为我把她的地址忘了，商铺街十号还是十五号？

还是内十五号呢？正想问你，下信里告诉我吧！

那么关于之信，我再给你信，就不要写周转了？

我本打算在二十五号之前再有一个短篇产生，但是没能够，现在要开始一个三万字的短篇了。给《作家》十月号。完了就是童话了。我这样预想来，

童话若写，将来写不出，可就觉得不好意思了。

东西还不用买，只会说几个单字，成句的话，不会。买东西还不错，总算比中国方便多。

你等着吧！说不定那一个月，或那一天，我可真要滚回去的。到那时候，我就说你让我回来的。

不写了。

祝好！

吟

八月廿七晚七时。

苦しみよりも寧ろ恍惚感を警戒せよ。そこに魂を麻痺さす二七物の歎びがある。（智慧の言葉）

生長の家便箋

東京麴町区富士見町二丁目九ノ五中村方

第8封
欢喜

东京—青岛

（1936年8月30日发，9月6日到，7日复）

均：

二十多天感到困难的呼吸，只有昨夜是平静的，所以今天大大的欢喜，打算要写满十页稿纸。

别的没有什么可告诉的了。

腿肚上被蚊虫咬了个大包。

莹

八月卅日晚

第八信

均：

二十多天感到困難的呼吸，只有昨夜是平靜的，所以今天大大的歡喜，打算要寫滿十頁稿紙。

別的沒有什麼可告訴的了。

腿肚上被蚊子咬了個大包。

莹

八月廿晚。

汝ら掘れ掘れ、自己の奥底に埋蔵されてゐる神を掘り出せ。これより偉大なる事業はない。（智慧の言葉）

生長の家便箋

第二章

适应没有你的孤独

到了日本后，萧红不懂日语，只能寻求国内好友推荐的朋友照顾，此时她在那里生活很不方便，多数时候除了创作就是给萧军写信，用萧军的话说就是“她陷在了大寂寞之中了”。然而，萧红还是顽强地坚持着，她报班学日语，即使生病也不怕。

第1封
打雷

东京—青岛

（1936年8月31日发，9月6日到，7日复）

均：

不得了了！已经打破了纪录，今已经超出了十页稿纸。我感到了大欢喜。但，正在我（写）这信，外边是大风雨，电灯已经忽明忽灭了几次。我来了一个奇怪的幻想，是不是会地震呢？三万字已经有了二十六页了。不会震掉吧！这真是幼稚的思想。但，说真话，心上总有点不平静，也许是因为“你”不在旁边？

电灯又灭了一次。外面的雷声好像劈裂着什么似的……我立刻想起了一个新的题材。

从前我对着这雷声，并没有什么感觉，现在不然了，它们都会随时波动着我的灵魂。

灵魂太细微的人同时也一定渺小，所以我并不崇敬我自己。我崇敬粗大的、宽宏的……

我的表已经十点一刻了，不知你那里是不是也有大风雨？

电灯又灭了一次。

只得问一声晚安放下笔了。

吟

八月卅一日夜

第九信

均：

不得了了！已经打破了记录，今已经超出了十页稿纸。我感到了大欢喜。但，正在我写这信，外边是大风雨，电灯已经忽明忽灭了几次。我来了一个奇怪的幻想，是不是会地震呢？三万字已经有了二十六页了。不会震掉吧！这真是幼稚的思想。但，说真话，心上总有点不平静，也许是因为你「不在旁边」？

电灯又灭了一次。对边的雷声好像劈裂着什么似的……我立刻想起了一个新的题材。

从前我对着这雷声，并没有什么感觉，现在不然了，她们都会随时激动着我的灵魂。

灵魂太细微的人同时也一定渺小，所以我并不崇敬我自己。我崇敬粗大的，宽宏的……

我的表，已经十点一刻了，不知你那里是不是也有大风雨？

电灯又灭了一次。

只得向一声晚安放下笔了。

吟 廿四日夜。八月。

第2封
肚痛

东京—青岛

（1936年9月2日发，9月9日收到即复）

均：

这样剧烈的肚痛，三年前有过，可是今天又来了这么一次，从早十点痛到两点。虽然是四个钟头，全身就发抖了。洛定片[1]，不好用，吃了四片毫没有用。

稿子到了四十页，现在只得停下，若不然，今天就是五十页，现在也许因为一心一意的缘故，创作得很快，有趣味。

每天我总是十二点或一点钟睡觉，出息得很，小海豹[2]也不是小海豹了，非常精神，早睡，睡不着反而乱想一些更不好。不用说，早晨起得还是早的。肚子还是痛，我就在这机会上给你写信，或者有凡拉蒙[3]吃下去会好一点，但，这回没有人给买了。

这稿既然长，抄起来一定错字不少，这回得特别加小心。

不多写了。我给你写的信也太多。

祝好。

吟

九月二日

肚子好了。

二日五时

---

1 治疗膀胱疾病的药物，通称罗定片。

2 萧红的诨名，因为她困倦时爱打呵欠。

3 止痛退烧药，现已淘汰。

第十一信

均：

这样剧烈的肚痛，三年前曾有过，可是今天又来了这么一次，从早十点痛到两点。虽然是四个钟头，全身就发抖了。洗澡后，不好用，吃了四片药也没有用。

稿子到了四十页，现在只得停下，若不然，今天就是五十页，现在也许四十页一五十页，因为一心一意的缘故，创作得很快，有趣些。

每天我总是十二点或一点钟睡觉，出息得很，小海豹也不是小海豹了，非常精神，早睡，睡不着反而乱想一些更不好。不用说，早晨起得还是早的。

肚子这是痛，我就在这桌子上给你写信，或者有丸拉紫丸吃下去会好一点，但这回没有人给买了。

这稿既然长，抄起来一定错字不少，这回得特别加小心。

不多写了。我给你写的信也太多。

祝好。

吟 九月二日

肚子好了。二日五时

経済組織も心のあらはれである。組織をかへて見ても心が變らねば人間は幸福にならない。（智慧の言葉）

社長の家便箋

第3封
写稿

东京—青岛

（1936年9月4日发，9月9日收到即复）

三郎[1]：

五十一页就算完了。自己觉得写得不错，所以很高兴。孟写信来说："可不要和《作家》疏远啊！"这回大概不会说了。

你怎么总也不写信呢？我写五次，你才写一次。

肚痛好了。发烧还是发。

我自己觉得满足，一个半月的工夫写了三万字。

补习学校还没有开学。这里又热了几天。今天很凉爽。一开学，我就要上学的，生活太单纯，与精神方面不很好。

昨天我出去，看到一个穿中国衣裳的中国女人，在街上喊住了一个汽车，她拿了一个纸条给了车夫，但没拉她。街上的人都看着她笑，她也一定和我似的是个新飞来的鸟。

到现在，我自己没坐过任何一种车子，走也只走过神保町。

冰淇淋吃得顶少，因为不愿意吃。西瓜还吃，也不如你吃得多。也是不愿意吃。影戏一共看过三次。任何公园没有去过。一天廿四小时三顿饭，一觉，除此即是在椅子上坐着。但也快活。

祝好。

吟

九月四日

1 萧军的笔名。

第十一信

三郎：

五十一页就算完了。自己觉得写得不错，所以很高兴。这要写信来说："[illegible]可不要和作家跑远啊！"这回大概不会说了。

你总不说也不写信吧？我写五次，你才写一次。

肚痛好了。只是烧还是发。

我自己觉得满足，一个半月的工夫写了三万字。

补习学校，还没有开学。这里又热了几天。今天很凉爽。

一开学，我就要上学的，生活太单纯，而精神方面不很好。

昨天我出去，看到一个穿中国衣裳的中国女人，在街上喊住了一个汽车，她拿一个纸条给了车夫，但没拉她。街上的人都看着她笑，她也一定和我似的是个新飞来的鸟。

到现在，我自己没坐过任何一种车子。走也只是走过神保町。

冰淇淋吃得顶少，因为不顶爱吃。西瓜还吃，也不如你吃得多。也是不顶愿意吃。影戏一共看过五次。公园一没有去过。一天廿四小时三顿饭，一觉，除此即是在椅子上坐着。但快活。

祝好。

吟 九，四。

手を伸ばし、足を伸ばし、腰を伸ばし、胸を伸ばし、肘を伸ばせ。これが生長の道である。（智慧の言葉）

生長の家便箋

第4封
上学

东京—青岛

（1936年9月6日发，9月13日收到即复）

均：

你总是用那样使我有点感动的称呼叫着我。

但我不是迟疑，我不回去的[1]，既然来了，并且来的时候是打算住到一年，现在还是照着做，学校开学[2]，我就要上学的。

但身体不大好，将来或者治一治。那天的肚痛，到现在还不大好。你是很健康的了，多么黑！好像个体育棒子[3]。不然也像匹小马！你健壮我是第一高兴的。

黎[4]的刊物怎么样？没有人告诉我。

黄来信说《十年》[5]一册也要写稿，说你已答应写了？但那东西是个什么呢？

上海那三个孩子[6]怎么样？

你没有请王关石[7]吃一顿饭？我一想起王关石，我就想起你打他

---

1 萧军劝萧红先回青岛。

2 中国人在东京开办的补习学校，萧红9月14日入学，每天下午上四小时。

3 萧军寄给萧红的一张在沙滩秀肌肉的照片。

4 黎烈文，主编《中流》半月刊。

5 黄源拟编的一本小说选集。

6 三个东北流亡青年。

7 青年画家

的那块石头！袁泰[1]见过？还有那个张[2]？

唐诗我是要看的，快请寄来！精神上的粮食太缺乏！所以也会有病！

不多写了！明年见吧！

莹

九月六日

1 袁萧军在青岛编《晨报》副刊时的投稿者。

2 名字不详，跟袁泰同为投稿者。

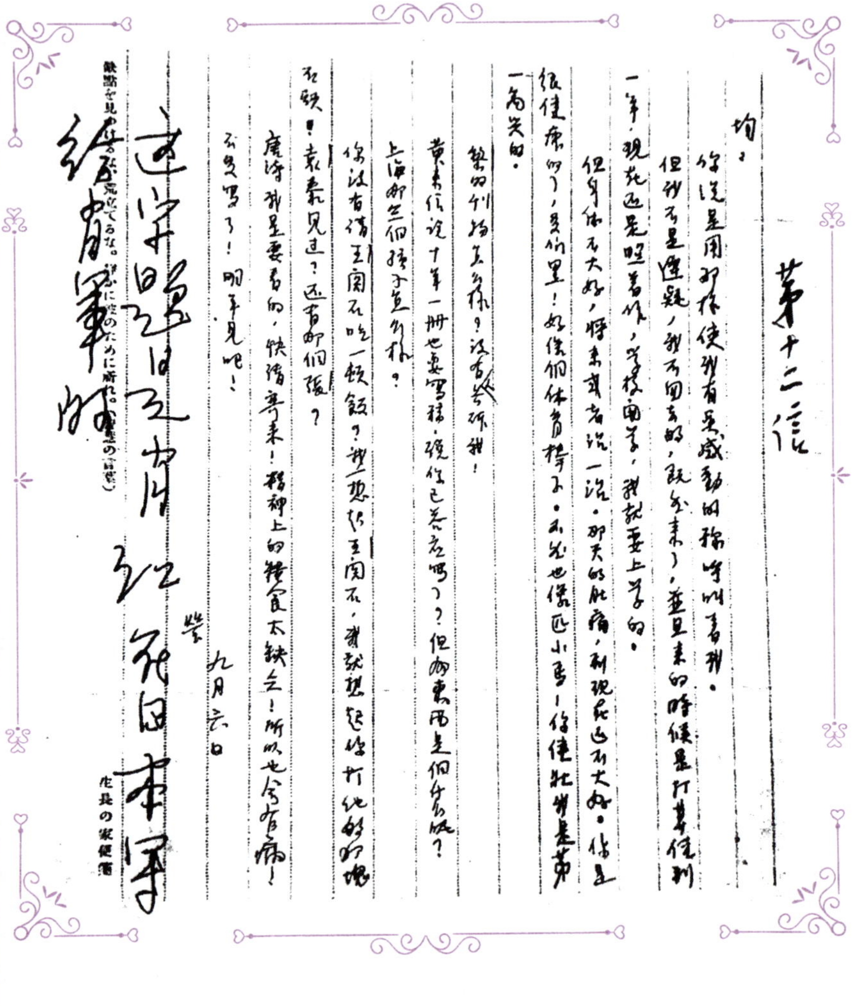

第十二信

均：

你说是用那样使我有点感动的称呼叫着我。

但我不是逃避，我不回去的，既然来了，并且来的时候是打算好一年，现在还是照着做，学校里学，我就要上学的。

但身体不大好，将来再说一说。那天的肚痛，到现在还不大好。你是很健康的了，黑人里！好像们体育棒子。我也像匹小马一样健壮，我是弟一为笑的。

黎的刊物怎么样？没有寄给我！

黄来信说十年一册也要写稿。说你已答应了吗？但那东西是个什么呢？

上海那些个孩子过的怎样？

你没有请王关石吃一顿饭？我一想起王关石，我就想起你打他的那块石头！袁泰见过？还有那个张？

虎诗我是要看的，快请寄来！精神上的粮食太缺乏！所以也会有病！

不多写了！明年见吧！

莹

九月六日

缺點を見るな荒立てるな。静かに愛のために祈れ。（[illegible]の言葉）

生長の家便箋

[illegible]

第5封
唐诗

东京—青岛

（1936年9月9日发，9月15日收到即复）

三郎：

稿子既已交出，这两天没有事做，所以做了一张小手帕，送给你吧！

《八》[1]既已五版，但没有印花[2]的。销路总算不错。现在你在写什么？

劳山我也不想去，不过开个玩笑就是了，吓你一跳。我腿细不细的[3]，你也就不用骂！

临别时，我不让你写信，是指的啰哩啰嗦的信。

黄来信，说有书寄来，但等了三天，还不到。《江上》也有，《商市街》也有，还有《译文》[4]之类。我是渴想着书的，一天二十四小时，既不烧饭，又不谈天，所以一休息下（来）就觉得天长得很。你靠着电柱读的是什么书呢？普通一类，都可以寄来的，并不用挂号，太费钱，丢是不常丢的。唐诗也快寄来，读读何妨？我就是怎样一个庄严的人，也不至于每天每月庄严到底呀？尤其是诗，读一读就像唱歌似的，情感方面也愉乐一下，不然，这不和白痴过的生

1 萧军的《八月的乡村》。

2 版税证

3 萧红说自己腿细，像小麻雀。

4 黄源编辑的杂志，得到了鲁迅的大力支持。

活一样吗？写当然我是写的，但一个人若让他一点也不间断下来，总是想和写，我想是办不到，用功是该用功的，但也要有一点娱乐，不然就像住姑子庵[1]了！所以说来说去，唐诗还是快点寄来。

胃还是坏，程度又好像深了一些，饮食我是非（常）注意，但还不好，总是一天要痛几回。可是回去，我是不回去，来一次不容易，一定要把日文（学到）可以看书的时候，才回去，这里书真是多得很，住上一年，不用功也差不了。黄来信，说你十月底回上海，那么北平不去了吗？

祝好！

莹

九月九日

东亚补习学校，昨天我又跑去看了一次，但看不懂，那招生的广告我到底不知道是招的什么生，过两天再去看。

1 尼姑庵

第十三信

三郎：

稿子既已交出，这两天没有事做，所以做了一张小手帕，送给你吧！

八既已五版，但没有印税的。销路总算不错。现在你在写什么？

劳山我也不想去，不过前回的玩笑就是了，吓你一跳。我腿细不细的，你也禁用吗？

吓到吗，我不让你写信，是指的啰哩啰嗦的信。

黄来信，说有书寄来，但等了三天，还不到。江上也有，高部衔也有，还有译文之类。我是渴想看书的，一天二十四小时，既不烧饭，又不谈天，所以一休息下就觉得太寂寞得很，你新书究竟读的是什么书呢？普通一类，都可以寄来的，并不用挂号，太费钱，我是不常丢的。唐诗也快寄来，读了何妨？我就是这样一个庄严的人，也不至于每天每月庄严到底吧？尤其是诗，读一读就像唱歌似的，情感方面也愉快一下，不然，这不和白痴过的生活一样吗？写东西我是写的，但个人意识他一点也不向断不来，总是想和写，我想是办不到，用功是该用功的，但也要有一点快乐，不然就像住好了尼庵了！所以说来说去，唐诗还是快点寄来。

胃还是坏，程度又好像深了一些，饮食我是很注意，但还不好，总是一天要痛几回。

不是回去，我是不回去，来一次不容易，一定要把日文可以看书的时候，才回去，这里书真是多得很，住上一年，不用功也差不了。黄来信，说你十月底回上海，那末北平不去了吗？

祝好！

荣子　九月九日

东亚补习学校，昨天我又去看了一次，但是不懂，那招生的广告我倒是不知道是招的什么生，过两天再去看看。

神に近づく道は一歩一歩小善を積むにある。（智慧の言葉）

生長の家便箋

第6封
画图

东京—青岛

（1936年9月10日发，9月15日收到即复）

三郎：

我也给你画张图[1]看看，但这是全屋的半面。我的全屋就是六张席子。你的那张图，别的我倒没有什么，只是那两个小西瓜，非常可爱，你怎么也把它们两个画上了呢？假如有我，我就不是把它吃掉了吗？

尽胡说，修炼什么？没有什么好修炼的。一年之后，才可看书。

今天早晨，发了一信，但不到下午就有书来，也有信来。唐诗，读两首也倒觉不出什（么）好，别的夜来读。

如若在日本住上一年，我想一定没有什么长进，死水似的过一年。我也许过不到一年，或几个月就不在这里了。

日文我是不大喜欢学，想学俄文[2]，但日语是要学的。

以上是昨天写的。

今天我去交了学费，买了书，十四号上课，十二点四十分起，四个钟头止，多是相当多，课本就有五六本。全是中国人，那个学校就是给中国人预备的。可不知珂来了没有？

三个月，连书在一起二十一二块钱。本来五号就开课了，但我

1 萧红给居室画的钢笔素描。

2 萧红和萧军在哈尔滨曾请一位十九岁的俄国姑娘弗尼娜教俄文。

是错过了的。

现在我打算给奇她们写信，所以不多写了。

祝好。

吟

九月十日

第十四封

三郎：

我也給你畫信箋看看，但這畫是全屋的半面。我的全屋就是六張席子。你知那張畫，別的我倒沒有什麼，只是那兩個小面像，非常可愛，你怎不也把牠們兩個畫上了呢？假如有我，我就不是把牠吃掉了嗎？

怎胡說，修鍊什麼？沒有什麼好修鍊的。一年之後，才可寫書。[redacted]

今天早晨，發了一信，想不到下午就有書來，也有信來。唐詩，讀兩首也倒覺不出什麼，別的都未讀。

如若在日本住上一年，我想一定沒有什麼長進，死水似的過一年。我也許過不到一年，無聊的月就不在這裡了。

日文我是不大喜歡學，總算倒文，但日語是要學的。

以上是昨天寫的。

今天我出去了半天，買了書，十四號上課十二塊十分錢，四個鐘頭止，多是相當多，課本就有五六本。全是中國人，那個學校就是給中國人預備的。可不知道來了沒有？

三個月，連書在一起二十二塊錢。本來五號就開課了，但我是錯過了的。

現在我對華倫奇她們寫信，所以不多寫了。

祝好。

吟 九月十日

すうと頭にひらめいた直覺―よき思付き―かうしたものが世界でどんなに要してゐることだらう。（智慧の言葉）

生長の家便箋

第7封
刑事

东京—青岛

（1936年9月12日发，9月16日收到，17日复）

均：

今晨刑事[1]来过，使我上了一点火，喉咙很痛，麻烦得很，因此我不知住到什么时候就要走的。情感方面很不痛快，又非到我的房间不可，说东说西的。早晨我本来没有起来，房东说要谈就在下面谈吧！但不肯，非到我的房间不可，不知以后还来不来？若再来，我就要走。

华同住的朋友，要到市外去住了，从此连一个认识人也没有。我想这也倒不要紧，我好久未创作，但，又因此不安了起来，使我对这个地方的厌倦更加上厌倦。

这年头……

我主要的目的是创作，妨害——它是不行的。

本来我很高兴，后天就去上课，但今天这种感觉，使我的心情特别坏。忍耐一个时期再看吧！但青岛我不去，不必等我，你要走尽管走。

你寄来的书，通通读完了。

祝好。

吟

九月十二日

1 当时日本的便衣警察对上海来的左翼作家进行监视。“刑事”属日本特高科。

均：

刚才写的信，忘记告诉你了，你给奇写信，告诉她，不要把信寄给我。你转好了。

你的信封面也不要写地址。

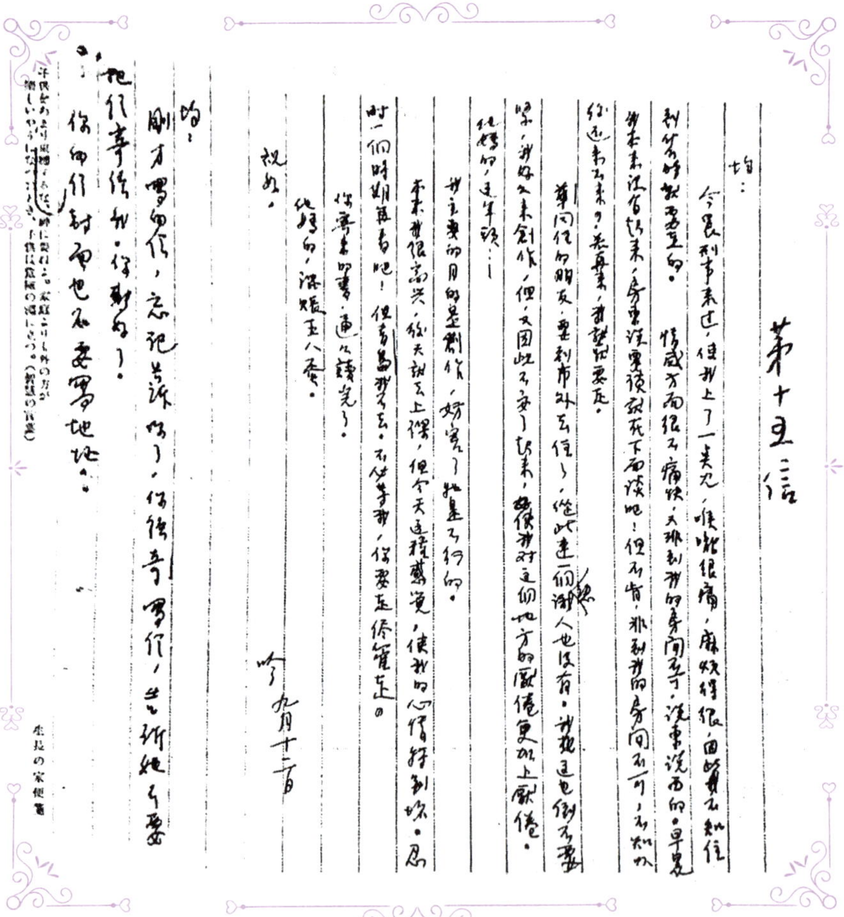

第十五信

吟 九月十二日

均：

刚才写的信，忘记告诉你了，你给奇写信，告诉她不要把信寄给我。你转好了。

你的信封面也不要写地址。

第8封
西药

东京—青岛

（1936年9月14日发，9月21日到）

均：

你的照片像个小偷。你的信也是两封一齐到。（七日九日两封）

你开口就说我混账东西，好，你真不佩服我？十天写了五十七页稿纸。

你既然不再北去，那也很好，一个人本来也没有更多的趣味。牛奶我没有吃，力弗肝[1]也没有买，因为不知道外国名字，又不知道卖西洋药的药房，这里对于西洋货排斥得很，不容易买到。肚子痛打止痛针也是不行，一句话不会说，并且这里的医生要钱很多。我想买一瓶凡拉蒙预备着下次肚痛，但不知到哪里去买？想问问是无人可问的。

秋天的衣裳，没有买，这里的天气还一点用不着。

我临走时说要给你买一件皮外套的，回上海后，你就要替我买给你自己。四十元左右。我的一些零碎的收入，不要（把）它们寄来，直接你去取好了。

心情又闹坏了，不然这两天就要开始新的。但，停住了。睡觉也不好起来，想来想去。再来麻烦，我可就不受了。

我给萧乾[2]的文章，黄也一并交给黎了，你将来见（到）萧时，

---

1 罗红霉素

2 萧乾（1910—1999），作家、翻译家、记者。当时编辑上海《大公报》的文艺版。

说一声对不住。

祝好。

荣子

九月十四日

关于信封，你就一连串写下来好了，不必加点号。

第十六信

均：

你的照片像个小偷。你的信也是两封一齐到。（七日九日两封）

你胖了就说我混账东西，好，你真不佩服我？十天写了五十七页稿纸。

你说我不再北去，那也很好，一个人本来也没有更多的趣味。牛奶我没有吃，不过有时也没有买，因为不知道外国名字，又不知道卖西洋药的药房，这里对于西洋货排斥得很，不容易买到。肚子痛打止痛针也是不行，一句话不会说，并且这里的医生要的很贵。我想买一瓶凡拉蒙预备着下次肚痛，但不知到那里去买，想问也是没有人可问的。

秋天的衣裳，没有买，这里的天气还一点用不着。

我临走时说要给你买一件皮外套的，回当你，你就用那借我买给你自己的罢左右、

我一些零碎的收入，不要他们寄来，直接你去取好了。

心情又闲了，不然这两天就要开始新的，但，停住了，睡觉也不能起来，想来想去，他妈的，再来麻烦，也可就不受了。

我给萧乾的文章，黄也一并交给了，你哪天见萧时，说一声对不住。

祝好。

关于信封，你就一连串写下来好了。

不必加吴字。

荣子

九月十四日

何ものも自分を飾るものはない。自分の心のみ自分をしばる。（智慧の言葉）

生長の家便箋

第9封
写信

东京—青岛

（1936年9月17日发，9月21日到）

均：

近来我的身体很不健康。我想你也晓得，说不定哪天就要回去的，所以暂且不要有来信。

房东既不会讲话，丢掉了不大好。我是时时给你写信的。我还很爱这里，假若可能我还要住到一年。

你若来信，报报平安也未尝不可。

小鹅[1]

九月十七日

---

1 萧红的昵称。形容萧红遇到高兴或惊愕的事情时两手左右伸开，很像企鹅。

第十七信

婧婧：

近来我的身体很不健康，我想你也晓得，说不定哪天就要回去的，所以暂且不要再来信。

房东现不会撵我，丢掉了不大好。我是时时给你写信的。我还很要适得，假若可能我还要住到一年。

你若来信，报报平安也未尝不可。

小鹅

九月十七日

ひとに對して晴れやかに笑へ、晴れやかな笑ひは自他の榮養劑である。（智慧の言葉）

生長の家便箋

第10封
房东

东京—青岛

（1936年9月19日发，9月26日到）

均：

前一封信，我怕你不懂，健康二字非作本意来解。

学校我每天去上课，现在我一面喝牛奶一面写信给你，你十三和十四日发来的信，一齐接到，这次的信非常快，只要四五天。

我的房东很好，她还常常送我一些礼物，比方糖、花生、饼干、苹果、葡萄之类，还有一盆花，就摆在窗台上。我给你的书签，谢也不谢，真可恶！以后什么也不给你。

我告诉你，我的期限是一个月，童话终了为止，也就是十月十五前。来信尽管写些家常话。医生我是不能去看的，你将来问华就知道这边的情形了。上海常常有刊物寄来，现在我已经不再要了。这一个月，什么事也不管，只要努力写童话。小花叶[1]我把它放到箱子里去。

祝好。

小鹅

九月十九日

---

1 萧军从崂山采来的小花叶，函寄给萧红。

姆妈：

第十八信

前一封信，我怕你不懂，健康二字非你本意来解。

学校我每天去上课，现在我一面喝牛奶一面写信给你，你十三和十四日发来的信，一齐接到，这次的信非常快，只要四五天。

我的房东很好，她还常常送我一些礼物，比方糖、花生、饼干、苹果、葡萄之类，还有一盆花，就摆在窗台上。

我给你的书签，谢也不谢，真可恶！以后什么也不给你。

我告诉你，我的期限是一个月，章程终了为止，也就是十月十五前。来信尽管写些东西，常读。医生我是不能不看的，你将来问菊就知道这边的情形了。上海常常有礼物寄来，现在我已绝不再要了。这一个月，什么事也不管，只一要努力重读。小花要我把知识放到箱子里去。

祝好。

小鹅

九月十九。

自分に親切であれ——これを本當に實行してゐる人は少い。（智慧の言葉）

生長の家便箋

第11封
下雨

东京—青岛

（1936年9月21日发，因邮票被剪去了，邮到日期无法知道。）

均：

昨天和今天都是下雨，我上课回来是遇着毛毛雨，所以淋得不很湿。现在我有雨鞋了，但，是男人的样子，所以走在街上有许多人笑，这个地方就是如此守旧的地方，假若衣裳你不和她们穿得同样，谁都要笑你，日本女人穿西装，啰哩啰嗦，但你也必得和她一样啰嗦，假若整齐一些，或是她们没有见过的，人们就要笑。

上课的时间真是够多的，整个的下半天就为着日语消费了去。今天上到第三堂的时候，我的胃就很痛，勉强支持过来了。

这几天很凉了，我买了一件小毛衣（二元五）。将来再冷，我就把大毛衣穿上。我想我的衣裳一定可以支持到下月半。

你替我买给你自己的外套，回去就应该买。

我很爱夜，这里的夜，非常沉静，每夜我要醒几次的，每醒来总是立刻又昏昏地睡去，特别安静，又特别舒适。早晨也是好的，阳光还没晒到我的窗上，我就起来了，想想什么，或是吃点什么。这三两天之内，我的心又安然下来了。什么人什么命，吓了一下，不在乎。

孟有信来，说我回去吧！在这住有什么意思呢？

现在我一个人搭了几次高架电车，很快，并且还钻洞，我觉得很好玩，不是说好玩，而说有意思。因为你说过，女人这个也好玩那个也好玩。上回把我丢了，因为不到站我就下来了，走出了车站看看不对，那么往哪里走呢？我自己也不知道，瞎走吧，反正我记住了我的住址。可笑的是华在的时候，告诉我空中飞着的大气球是什么商店的广告，那商店就离学校不远，我一看到那大球，就奔着去了。于是总算没有丢。

信写到此地，季刊来了。翻着看了半天，把那随笔二篇看了半天，其中很有情感，别无所取。

虹[1]没有信来，你告诉他也不要来信了，别人也告诉不要来信了。

这是你在青岛我给你的末一封信。再写信就是上海了。船上买一点水果带着，但不要吃鸡子，那东西不消化。饼干是可以带的。

祝好。

小鹅

九月二十一日

1 罗烽（1909—1991），原名傅天琦，籍贯沈阳，作家。

第十九信

妈二：

昨天和今天都是下雨，我上课回来是遇着毛毛雨，所以淋得不很湿，现在我有雨鞋了，但是男人的样子，所以走在街上有许多人笑，这个地方就是如此守旧的地方，假若衣裳你不和她们穿得同样，谁都要笑你，日本女人穿西装，罗里罗嗦，但你也必得和她一样罗嗦，假若整齐一些，或是她们没有见过的。人们就要笑。

上课的时间真是够多的，整个的下半天就为着自习消费了去。

今天上到第三堂的时候，我的胃就很痛，勉强支持过来了。

这几天很凉了，我买了一件小毛衣（二元五）将来再冷，我就把大毛衣穿上。

我想我的衣裳一定可以支持到下月半。

你替我买给你自己的外套，回去就去买。

我很爱秋，这里的秋，非常沉静，每夜我要醒几次的，每醒来总是立刻又昏昏的睡去，特别安静，又特别舒适。早晨也是好的，阳光这很晒到我的窗上，我就起来了。想想什么，或是吃点什么。这三两天之内，我的心又安然下来了。什么人什么命，嘛了一下，不在乎。

如有信来，就转我回去吧！在这信有什么意思呢。

すべての心の動きはその人の顔に印象される。（習慣の言葉）

生長の家便箋

现在我一个人搭了几次高架电車，很快，並且还摇洞，我觉得很好玩，不是说好玩，而说有意思。因为你说过，女人这个也好玩那个也好玩。上回把我丢了，因为不到站我就下来了，走出了车站看看不对，那么往那里走呢？我自己也不知道，瞎走吧，反正我記住了我的住址。可笑的是華在的时候，告诉我空中飛着的大氣球是什么商店的廣告，那商店就離学校不遠，我一看到那大球，就奔着去了。於是總算没有丢。

信写到此地，季刊来了。翻看看了半天，把那随筆一篇看了半天，其中很有情感，别無所取。

以后有信来，你告诉他也不要来信了，别人也告诉不要来信了。

这是你在青岛回我你的末一封信。再信就是上海了。船上买一盒丸藥帶着，但不要吃嗝子，那東西不消化。餅乾是可以帶的。

祝好。

小鹤 九月二十一日

第12封
过节

东京—青岛

（1936年9月23日发）

均：

昨天下午接到你两封信。看了好几遍，本来前一信我说不再往青岛去信了，可是又不能不写了。既接到信，也总是想回的，不管有事没有事。

今天放假，日本的什么节[1]。

《第三代》[2]居然间上一部快完了，真是能耐不小！大概我写信时就已经完了。

小东西，你还认得那是你裤子上剩下来的绸子？

坏得很，跟外国孩子去骂嘴！

水果我还是不常吃，因为不喜欢。

因为下雨所以你想我了，我也有些想你呢！这里也是两三天没有晴天。

不写了。

莹

九月廿三日

---

1 日本的旧祭日“秋季皇灵祭”。

2 萧军的长篇小说，后改名为《过去的年代》。

第二十信｜日本｜青岛｜

均：

昨天下午接到你两封信，看了好几遍，本来前一信我说不往青岛寄信了，可是又不能不写了。既接到信，也总是想回的，不管有事没有事。

今天放假，日本的什么节。

第三代居然向上一部快完了，真是能耐不小！大概我写信时就已经完了。

小东西，你这说得那是你褂子上剩下来的绸子？

挑得很，跟外国孩子不一样吧！

水果我也是不常吃，因为不大喜欢吃。

因为下雨所以你想我了，我也有些想你呢！这里也是雨天，后日晴天。

不写了。

莹

九月廿三日

その日その日が宗教生活である自己を生かすことが宗教生活である。働くことが宗教生活である。愛することが宗教生活である。闘争を生かすことが宗教生活である。（賀川の言葉）

生長の家便箋

第三章

寂寞的黄金时代

“自由和舒适，平静和安闲，经济一点也不压迫，这真是黄金时代，但又是多么寂寞的黄金时代呀！别人的黄金时代是舒展着翅膀过的，而我的黄金时代，是在笼子（里）过的。”

萧红认为自己的黄金时代到了，她在这期间不仅灵感爆棚，而且开始自我调整，重新思考她和萧军的这段感情。

第1封
念叨

东京—上海

（1936年10月13日发，10月18日到）

均：

我不回去了，来回乱跑，啰啰嗦嗦，想来想去，还是住下去吧！若真不得已那是没有法子。不过现在很平安。

近一个月来，又是空过的，日子过得不算舒服。

奇[1]他们很好？小奇[2]赶上小明那样可爱不？一晃三年不见他们了。奇一定是关于我问来问去吧？你没问俄文先生怎么样？他们今后打算住在什么地（方）呢？他们的经济情形如何？

天冷了，秋雨整天地下了，钱也快（用）完了。请寄来一些吧！还有三十多元在手中，等钱到我才去买外套。月底我想一定会到的。

你的精神为了旅行很快活吧？

我已写信给孟，若你不在就请他寄来。

我很好。在电影上我看到了北四川路，我也看到了施高塔路，（那）一刻我的心是忐忑不安的。我想到了病老而且又在奔波里的人[3]了。

祝好。

吟

十月十三日

---

1 萧红和萧军在哈尔滨时的朋友。

2 是奇的女儿。

3 鲁迅

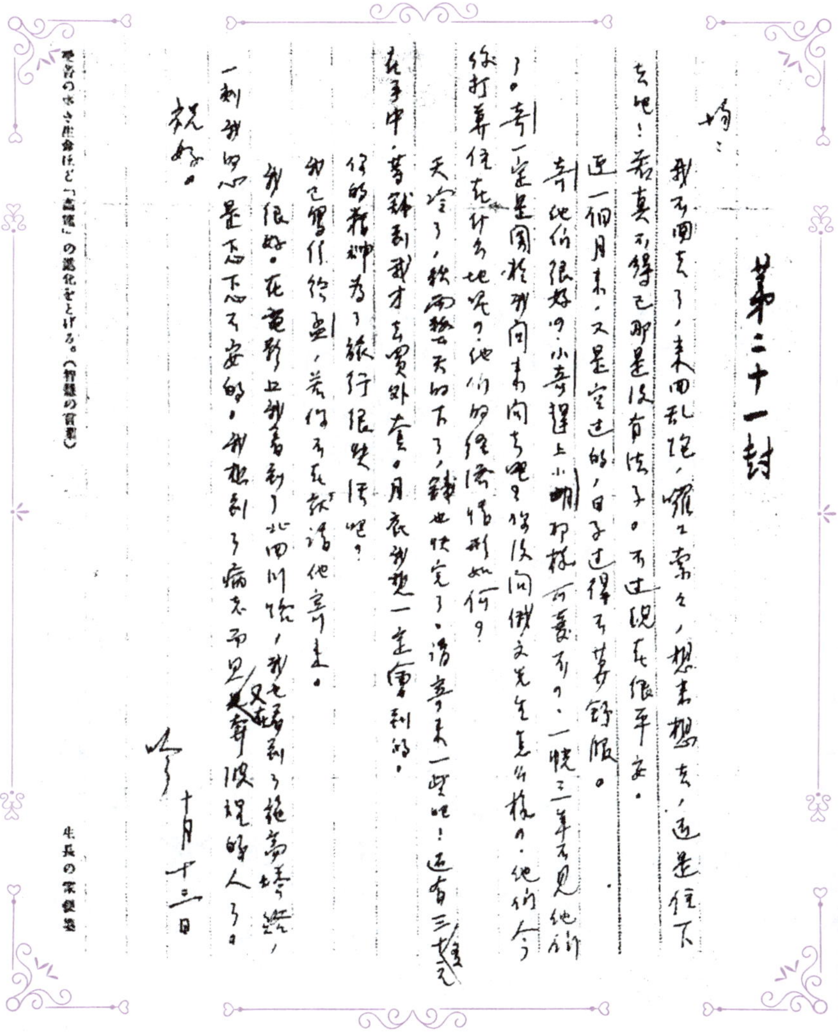

第二十一封

均：

我不回去了，东回乱跑，跑得索索，想来想去，还是住下去吧！若真不得已那是没有法子。不过现在很平安。

这一个月来，又是空过的，日子过得不夠舒服。

奇他们很好吧？小奇望上小明那样可爱不？一晃三年不见他们了。奇一定是闲极，我问来问去吧？你没问俄文先生怎么样了。他们今你打算住在什么地方？他们的经济情形如何？

天冷了，秋雨整天的下了，钱也快完了。请寄来一些吧！还有三块钱在手中。等钱到我才去买外套。月底我想一定会到的。

你的精神为了旅行很兴奋吧？

我已写信给盈，若你不在就请他寄来。

我很好。在电影上我看到了北四川路，我也看到了施高塔路，一刻我的心是忐忑不安的。我想到了病苦而且又是寂寞的人了。

祝好。

吟
十月十三日

愛行の浄き生命ほど「高価」の進化をとげる。（智慧の言葉）

生長の家便箋

第2封
日语

东京一上海

（1936年10月17日发）

河清[1]兄：

老三[2]还没有回来？

我不回去了，我就在这里住下去了。

每日花费在日语上要六七个钟头，这样读下来简直不得了，一年以后真是可以，但我并不用功，若用起功来，时间差不多就没有了。可是《十年》的文章并没因此而写出。

华姐[3]忙得不得了吧？

《译文》还要请您寄给我，多谢。

祝好。

吟

十月十七日

---

1 黄源

2 萧军

3 许粤华

第二十二信

绮瑞兄：

老王還沒有回來。

我不回去了，我就在這裡讀下去了。

每日花費在日語上要六七個鐘頭，這樣讀下來簡直不得了，一年以後真是可觀，但我並不用功，若用功起來，時間差不多就沒有了。可是十年的文章並沒有因此而丢掉。

業已總得不得了吧！

譯文還要請您幫忙，多謝々々。

祝好。

弟 十月十七日

疑はれないことゝ不注意とは別物である。注意深くして疑はれないのが上々である。（智慧の言葉）

生長の家便箋

第3封
要钱

东京—上海

（1936年10月20日发，11月5日复）

均：

我这里很平安，绝对不回去了。胃痛已好了大半，头痛的次数也减少。至于意外，我想是不会有的了。因为我的生活非常简单，每天的出入是有次数的，大概被“跟”了些日子，后来也就不跟了。本来在未来这里之前也就想到了这层，现在依然是照着初来的意思，住到明年。

现在我的钱用到不够二十元了，觉得没有浪费，但用的也不算少数。希望月底把钱寄来，在国外没有归国的路费在手里是觉得没有把握的，而且没有熟人。

今天少上了一课，一进门，就在席子上面躺着一封信，起初我以为是珂来的，因为你的字真是有点像珂。此句我懂了。（但你的文法，我是不大明白的“同来者有之明，奇现在天津，暂时不来。”我照原句抄下的。你看看吧。）（以上括弧内句子写上又划掉了，在上面加上一句“此句我懂了”。大概起始没有看懂，后来又懂了，所以抹了。——萧军注）

六元钱买了一套洋装（裙与上衣），毛线的。还买了草褥，五元。我的房间收拾得非常整齐，好像等待着客人的到来一样。草褥折起来当作沙发，还有一个小圆桌，桌上还站着一瓶红色的酒。酒瓶下面站着一对金酒杯。大概在一个地方住得久了一点，也总是开心些的，因为我感觉到我的心情好像开始要管到一些在我身外的装点，虽然房间里边挂起一张小画片来，不算什么，是平常的，但，那需要多么大的热情来做这一点小事呢？非亲身感到的是不（会）知道。我刚来的时候，就是前半个月吧，我也没有这样的要求。

日语教得非常多，大概要想通通记得住非整天的工夫不可，我是不肯，而且我的时（间）也不够用。总是好坐下来想想。

报上说是 L.[1] 来这里了？

我去洗澡去，不写了。

明，我在这里和你握手了。

吟

十月廿日

---

1 鲁迅

第二十三信（四年，上海）

均：

我这里很平安，决对不要担忧了。胃痛已好了大半，头痛的次数也减少。至于意外，我想是不会有的了。因为我的生活非常简单，每天的出入是有次数的，大概被跟了些日子，但未也就不跟了。本来在未这里前也就想到了这层，现在依然是照着初来的意思，住到明年。

现在我的钱用到不够二十元了。觉得没有浪费，但用的也不算少数。希望同衣把小书来，在国外没有归国的路费在手里是觉得没有把握的。却是没有熟人。

今天去上了一课，一进门，就在桌子上面摆着一封信，起初我以为是你来的，因为你的字真是有着像你。[illegible]些句我懂了。但你的来信，我是[illegible]

~~而且现在大体上，暂时不想[illegible]，我想你们抄下的，你看看吧。~~

六元山买了一套洋装（就是上衣）毛线的。还买了草帽，五元。我的房间收拾得非常整齐，好像等待着客人的到来一样。草褥褶得很好做沙发，还有一个小圆桌，桌上还放着一瓶红色的酒。酒瓶下面垫着一对金酒杯。大概在一个地方住得久了一点，也总是安心些的，因为我感觉到我的心情好像开始要习到一些在我身外的装美，梦想房间里这样挂一张小画儿

すべてを買へよ。[illegible]で雨ふらせ。（書翰の言葉）

[illegible]の家族[illegible]

来，不算什么，是平常的，但，都须要多么大的热情来做这一点小事呢。非亲身感到的是不知道。我刚来的时候，就是前半个月吧，我也没有这样的感觉。

日语教得非常多，大概要想通之记得住非整天的工夫不可，我是不肯，而且我的时也不够用。总是好些下来想想。

报上说是L.来这里了？

我去洗澡去，不写了。

啊。我在这里和你握手了。

吟。十月廿日

愛しよう。喜ばさう。為めにならうと積極的に加へ算になるやうにすれば、他をも生かし自分をも生かす。（智慧の言葉）

生長の家便箋

第 4 封
挂念

东京—上海

（1936 年 10 月 21 日发，10 月 26 日到）

均：

昨天发的信，但现在一空下来就又想写点了。你们找的房子在哪里？多么大？好不好？这些问题虽然现在是和我无关了，但总禁不住要想。真是不巧，若不然我们和明他们在一起住上几个日子。

明，他也可以给我写点关于他新生活的愿望吗？因为我什么也不知道。小奇什么样？好教人喜欢的孩子吗？均，你是什么都看到了，我是什么也没看到。

均，你看我什么时候总好欠个小账，昨天在夜市的一个小摊子上欠了六分钱，写完了这一页纸就要去还的。

前些日子我还买了一本画册打算送给 L.。但现在这画只得留着自己来看了。我是非常爱这画册，若不然我想寄给你，但你也一定不怎么喜欢，所以这念头就打消了。

下了三天昼夜没有断的小雨，今天晴了，心情也新鲜了一些。

小沙发对于我简直是一个客人，在我的生活上简直是一件重大的事情，它给我减去了不少的孤独之感。总是坐在墙角在陪着我。

奇什么时候南来呢？

祝好。

吟

十月廿一日

第二十四信——日本——上海——

均：

昨天发的信，但现在一坐下来就又想写点了。你们找的房子在那里？多么大？好不好？这些问题虽然现在是和我无关了，但总禁不住要想。真是不舒，若不然我们和明他们在一道住上几个日子。明，他也可以给我写点关于他新生活的感想吗？因为我什么也不知道。小奇什么样的嫩教人喜欢的孩子吗？均，你是什么都看到了，我是什么也没看到！

啊，你看我什么时候总好欠个小账，昨天又在夜市的一个小摊子上欠了六分钱，写完了这页纸就要去还的。

前些日子我还买了一本画册打算送给L，但现在这画只得留着自己来看了。我是非常爱这画册，若不然我想寄给你，但你也一定不怎么喜欢，所以这念头就打消了。

下了三天连夜没有间断的小雨，今天晴了，心情也新鲜了一些。

小沙发对于我简直是一个友人，在我的生活上简直是一件很大的事情，她给我减去了不少的孤独之感。总是坐在墙角在陪着我。

奇们什么时候来呢？

祝好。

吟 十月廿日

世話したい人には素直に世話して貰って感謝し、世話されて餘裕のある人は、また助けを呼んでゐるものを世話してあげよ。これが愛の循環であり報恩の道である。（智慧の言葉）

生長の家便箋

第 5 封
鲁迅

东京—上海

（1936 年 10 月 24 日发）

军：

关于周先生[1]的死，二十一日的报上，我就渺渺茫茫知道一点，但我不相信自己是对的，我跑去问了那唯一的熟人，她说：“你是不懂日本文的，你看错了。”我很希望我是看错，所以很安心地回来了，虽然去的时候是流着眼泪。

昨夜，我是不能不哭了。我看到一张中国报上清清楚楚登着他的照片，而且是那么痛苦的一刻。可惜我的哭声不能和你们的哭声混在一道。

现在他已经是离开我们五天了，不知现在他睡到哪里去了？虽然在三个月前向他告别的时候，他是坐在藤椅上，而且说：“每到码头，就有验病的上来，不要怕，中国人就专会吓唬中国人，茶房就会说：验病的来啦！来啦！……”

我等着你的信来。

可怕的是许女士[2]的悲痛，想个法子，好好安慰着她，最好是使她不要静下来，多多地和她来往。过了这一个最难忍的痛苦的初期，以后总是比开头容易平伏下来。还有那孩子，我真不能够想象了。我想一步踏了回来，这想象的时间，在一个完全孤独了的人是多么

---

1 鲁迅

2 鲁迅的夫人许广平（1898—1968），广东番禺人，作家、社会活动家。

可怕！

最后你替我去送一个花圈或是什么。

告诉许女士：看在孩子[1]的面上，不要太多哭。

红

十月二十四日

（无手稿）

1 周海婴，鲁迅和许广平的孩子。

第6封
钱到

东京—上海

（1936年10月29日发，11月3日到，4日复）

均：

挂号信收到。四十一元二角五的汇票，明天去领。二十号给你一信，二十四又一信，大概也都收到了吧？

你的房子虽然贵一点，但也不要紧，过过冬再说吧。外国人家的房子，大半不坏，冬天装起火炉来，暖烘烘地住上三两月再说。房钱虽贵，我主张你是不必再搬的，一个人，还不比两个人，若冷冷清清地过着冬夜，那赶上上冰山一样了。也许你不然，我就不行，我总是这么没出息，虽然是三个月不见了，但没出息还是没出息，不过回去我是不回去的。奇来了时，你和明他们在一道也很热闹了。

钱到手就要没有的，要去买件夹外套，这几天就很冷了。余下的钱，我想在十一月一个整月就要不够。既住下去，钱少总害怕，而且怕生病，怕打仗。在这里是绝对孤独的。一百元不知能弄到不能？请你下一封信回我。总要有路费留在手里才放心。

这几天，火上得不小，嘴唇又全烧破了。其实一个人的死[1]是必然的，但知道那道理是道理，情感上就总不行。我们刚来到上海的时候，另外不认识更多的一个人了。在冷清清的亭子间里读着他的信，只有他，安慰着两个飘泊的灵魂……写到此地鼻子就酸了。

---

1 萧红在日本知道了鲁迅去世的噩耗。

均：童话未能开始，我也不作那计划了，太难，我的民间生活不够用的。现在开始一个两万字的，大约下月五号完毕。之后，就要来一个十万字的了，在十二月以内可以使你读到原稿。

日语懂了一些了。

日本乐器，“筝”在我的邻居家里响着。不敢说是思乡，也不敢说是思什么，但就总想哭。

什么也不再写下去了。

河清，我向你问好。

吟

十月廿九日

第二十五信—日本—上海—

增：

挂号信收到。四十一元二角五的汇票，明天去领。二十号给你一信，二十四又一信，大概也都收到了吧？

你的房子要花费一点，但也不要紧，过过冬再说吧，外国人家的房子，大半不坏，冬天装起火炉来，暖烘烘的住上三两月再说。房钱能费，我主张你是不必再搬的，一个人，还不比两个人，若冷冷清清的过着冬夜，那就上上冰山一样了。也许你不然，我就不行，我总是这么没出息，当然也是三个月不见了，但没出息还是没出息。

不过回去我是不回去的。来了时，你和明他们在一道也很热闹了。

钱到手就要没有的，要去买件皮外套，这几天就很冷了。余下的钱，我想在十一月一个整月就要不够。既住下去，钱少总害怕，而且怕生病，怕打仗。在这里是绝对孤独的。一百元不能够寄到不能？请你下一封信回我。总要有钱留在手里才放心。

这几天，火上得不小，嘴唇又全烧破了。其实一个人的死是必然的，但知道那道理是道理，情感上就总不行。我们刚来到上海的时候，另外不认识更多的一个人了。在冷清清的亭子间里读着他的信，

吾が生活は心の生活である。（智慧の言葉）

生長の家便箋

但只有他，安慰着两个飘泊的灵魂……写到此地鼻子就酸了。

均：童话未能开始，我也不再作那计画了，太难，我的民间生活不够用的。现在开始一个两万字的，大约十月五号完毕。之后，就要来一个十万字的了，在十二月以内可以使你读到原稿。

日语懂了一些了。

日本乐器，「箏」就在我的邻居家里响着。不敢说是思乡，也不敢说是思什么，但总想哭。

什么也不再写下去了。

珂清：我问你们好。

莹 十月廿九日

默念默祷は神の前には大いなる言葉である。心でねがふことは既に祈りである。（智慧の言葉）

生長の家便箋

第 7 封
演讲

东京—上海

（1936 年 11 月 2 日发）

三郎：

廿四日的信，早接到了，汇票今天才来。

于（郁）达夫[1]的讲演今天听过了，会场不大，差一点没把门挤掉下来，我虽然是买了票的，但也和没有买票的一样，没有得到位置，是被压在了门口，还好，看人还不讨厌。

近来水果吃得很多，因为大便不通的缘故，每次大便必要流血。

东亚学校，十二月二十三日第一期终了，第二期我打算到一个私人教授的地方去读，一方面是读读小说，一方面可以少费些时间，这两个月什么也没有写，大概也许太忙了的缘故。

寄来那张译的原稿也读过了，很不错，文章刚发表就有人注意到了。

这里的天气还不算冷，房间里生了火盆，它就像一个伙伴似的陪着我。花，不买了，酒也不想喝，对于一切都不大有趣味，夜里看着窗棂和空空的四壁，对于一个年青的有热情的人，这是绝大的残酷，但对于我还好，人到了中年总是能熬住一点火焰的。

珂要来就来吧！可能照理他的地方，照理他一点，不能的地方就让他自己找路去走。至于“被迫”，我也想不出来被什么所迫。

奇她们已经安定下来了吧？两三年的工夫，就都兵荒马乱起来

1 郁达夫（1896—1945），浙江富阳人，著名作家。

了，牵牛房[1]的那些朋友们，都东流西散了。

许女士也是命苦的人，小时候就死去了父母，她读书的时候，也是勉强挣扎着读的，她为人家做过家庭教师，还在课余替人家抄写过什么纸张，她被传染了猩红热的时候是在朋友的父亲家里养好的。这可见她过去的孤零，可是现在又孤零了。孩子还小，还不能懂得母亲。既然住得很近，你可替我多跑两趟。别的朋友也可约同他们常到她家去玩，L. 没完成的事业，我们是接受下来了，但他的爱人，留给谁了呢？

不啰（嗦）了，祝好。

荣子

十一月二日

---

1 萧红和萧军在哈尔滨时常去友人冯咏秋家聚谈。冯咏秋家的院子里种了很多牵牛花。

三郎：

廿四日的信，早接到了，河清今天才来过。

于达夫的讲演，今天听过了，会场不大，差一点被她们挤掉下来，我虽然是买了票的，但也和没有买票的一样，没有得到位置，是被压在了门口，还好，看人还不讨厌。

近来水菓吃得很多，因为大便不通的缘故。每次大便多少要流血。

东亚学校，十二月二十三日第一期完了，第二期就转到一个私人教授的地方去读，一

（第二十六信 日本上海）

No.

多面是讀々小説小千本左右可以少费些時间，这兩個月什么也沒有寫，大概也許太忙了的緣故。

寄來的張譯的原稿也讀过了，很不錯，文章剛發表就有人注意到了。

这种的天氣逼不算冷，房间裡生了火盆，他就像一個伙伴似的陪着我。花，不買了，酒也不想喝，对于一切都不大有趣味，程程看看窗櫺和電气的四壁，对于一個年青的有热情的人，这是絕大的残酷，但对我說還好，人到了中年總是能熬住一点火焰的。

白木屋特製　五號

10－20

No.

所要走就走吧！可能照理他的地方，照理他一吳，不能的地方就讓自己找路去走。至于被迫，我也想不出來是被什么所迫。

奇她們已經安定下來了吧？兩三年的功夫，就都五馬亂跑來了，牽牛房的那些朋友們，都東流西散了。

許女士，也是命苦的人，小時候就死去了父母，她讀書的時候，也是勉強掙扎著讀的，她為人家做過家庭教師，還在課餘替人家抄寫過什么紙張，她就傳染了腥紅熱的時候，是在朋

No.……………

友的又說家裡養好的。這可見她是多麼孤寂，可是現在又孤寂了。孩子還小，還不能懂得母親。既然住得很近，你可替我多跑兩趟。別的朋友也可約同他們常常去看她，L.沒有完成的事業，我們是接受下來了，但他的夫人，留給誰了呢？

不寫了，祝好。

瑩子

青白

白木屋特製　五號

10—2)

第8封
评论

东京—上海

（1936年11月6日发，11月12日复）

均：

《第三代》写得不错，虽然没有读到多少。

《为了爱的缘故》[1]也读过了，你真是还记得很清楚，我把那些小节都模糊了去。

不知为什么，又来了四十元的汇票，是从邮局寄来的，也许你怕上次的没有接到？

我每天还是四点的功课，自己以为日语懂了一些，但找一本书一读还是什么也不知道。还不行，大概再有两月许是将就着可以读了吧？但愿自己是这样。

奇来了没有？

你的房子还是不要搬，我的意思是如此。

在那《爱……》的文章里面，芹简直和幽灵差不多了，读了使自己感到了颤栗，因为自己也不认识自己了。我想我们吵嘴之类，也都是因为了那样的根源——就是为一个人的打算，还是为多数人打算。从此我可就不愿再那样妨害你了。你有你的自由了。[2]

祝好。

---

1 萧军的短篇小说。

2 萧军说，萧红1938年跟萧军分手，其历史渊源早在他们相结合时即已存在。

吟

十一月六日

手套我还没有寄出，因为我还要给河清买一副。

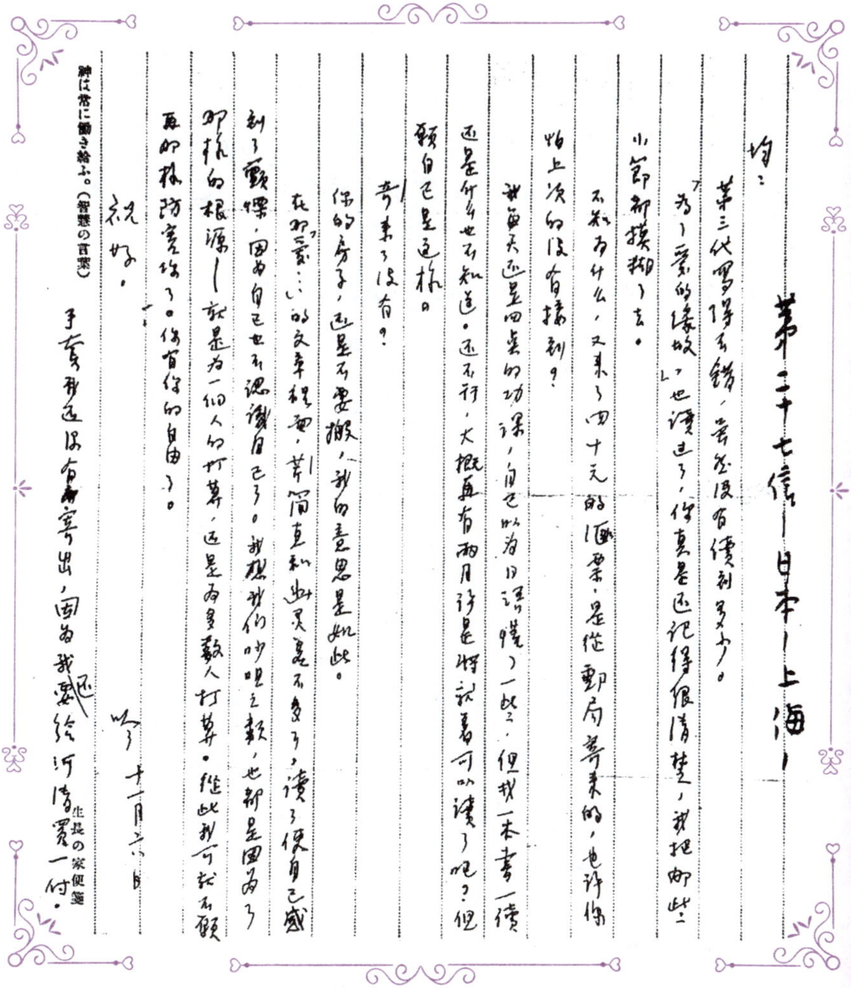
均：

第二十七信—日本—上海—

第三代寫得不錯，寄出後有讀到多少。

為了案的緣故，也讀过了，你真是还記得很清楚，我把那些小節都模糊了去。

不知為什么，又来了四十元的匯票，是從郵局寄来的，也許你怕上次的沒有接到？

我每天还是四点的功課，自己以為日語懂了一些，但找一本書一讀还是什么也不知道。还不行，大概再有兩月許是將就着可以讀了吧？但願自己是這樣。

寄来了沒有？

你的房子，还是不要搬，我的意思是如此。

在那裏……的文章標題，前回直和幽默毫不多了，讀了便自己感到了顫慄，因為自己也不認識自己了。我想我们吵吵之類，也都是因為了那樣的根源，就是為一個人的打算，还是為多數人打算。雖然我不願再那樣強迫你了。你有你的自由了。

祝好。

吟 十一月六日

手套我还沒有寄出，因為我还要給河清買一付。

神は常に働き給ふ。（智慧の言葉）

生長の家便箋

第9封
悼文

东京—上海

（1936年11月9日发，11月17日复）

均：

昨夜接到一信，今晨接到一信。

关于回忆L.一类的文章[1]，一时写不出，不是文章难作，倒是情绪方面难以处理。本来是活人，强要说他死了！一这么想，就非常难过。

许，她还关心别人？她自己就够使人关心的了。

“刊物”是怎样的性质呢？和《中流》差不多？为什么老胡[2]就连文章也不常见了呢？现在寄出手套两副，河清一副，你一副。

短篇没有写完。完时即寄出。

祝好。

荣子

十一月九日

---

1 回忆鲁迅的文章。

2 胡风（1902—1985），原名张光人，湖北蕲春人，文艺理论家。

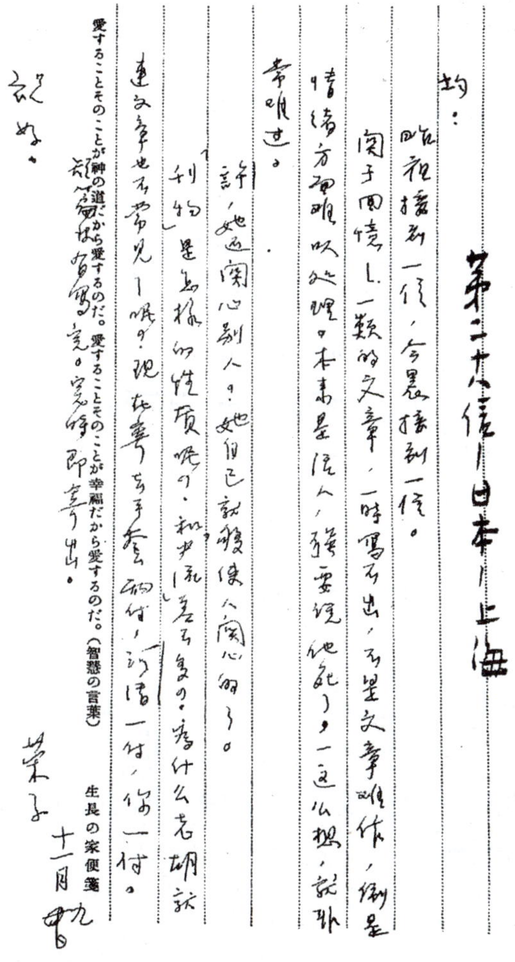
第二十八信｜日本｜上海
均：
昨夜接到一信，今晨接到一信。
关于回忆L.一类的文章，一时写不出，不是文章难作，倒是情绪方面难以处理。本来是活人，硬要说他死了，一这么想，就非常难过。
许，她还关心别人？她自己就够使人关心的了。
「刊物」是怎样的性质呢？和「中流」差不多。为什么老胡就连文章也不常见了呢？现在寄去手套两付，河清一付，你一付。
短篇快写完。写好即寄出。
祝好。
荣子
十一月廿九日
愛することそのことが神の道だから愛するのだ。愛することそのことが幸福だから愛するのだ。（智慧の言葉）
生長の家便箋

第10封
墙画

东京—上海

（1936年11月19日发，11月 ×× 日到）

均：

因为夜里发烧，一个月来，就是嘴唇，这一块那一块的破着，精神也烦躁得很，所以一直把工作停了下来。想了些无用的和辽远的想头。文章一时寄不去。

买了三张画，东墙上一张、南墙上一张、北墙上一张。一张是一男一女在长廊上相会，廊口处站着一个弹琴的女人。还有一张是关于战争的，在一个破屋子里把花瓶打碎了，因为喝了酒，军人穿着绿裤子就跳舞。我最喜欢的是第三张，一个小孩睡在檐下了，在椅子上，靠着软枕。旁边来了的，大概是她的母亲，在栅栏外肩着大镰刀的大概是她的父亲。那檐下方块石头的廊道，那远处微红的晚天，那茅草的屋檐，檐下开着的格窗，那孩子双双的垂着两条小腿。真是好，不瞒你说，因为看到了那女孩好像看到了我自己似的，我小的时候就是那样，所以我很爱她。

投主称王，这是要费一些心思的，但也不必太费，反正自己最重要的是工作，为大体着想，也是工作。聚合能工作一方面的，有个团体，力量可能充足，我想主要的特色是在人上，自己来吧，投什么主，谁配作主？说到这里，不能不伤心，我们的老将去了还不几天啊！

关于周先生的全集[1]，能不能很快地集起来呢？我想中国人集中

1 《鲁迅全集》

国人的文章总比日本集他的方便，这里，在十一月里他的全集就要出版，这真可佩服。我想找胡、聂[1]、黄等诸人，立刻就商量起来。

《商市街》[2]被人家喜欢，也很感谢。

莉[3]有信来，孩子死了，那孩子的命不大好，活着尽生病。

这里没有书看，有时候自己很生气。看看《水浒》吧！看着看着就睡着了，夜半里的头痛和恶梦对于我是非常坏。前夜就是那样醒来的，而不敢再睡了。

我的那瓶红色酒，到现在还是多半瓶，前天我偶然借了房东的锅子烧了点菜，就在火盆上烧的（对了，我还没告诉你，我已经买了火盆，前天是星期日，我来试试）。小桌子，摆好了，但吃起来不是滋味，于是反受到了感触，我虽不是什么多情的人，但也有些感触，于是把房东的孩子唤来，对面吃了。

地震，真是骇人，小的没有什么，上次震得可不小，两三分钟，房子格格地响着，表在墙上摇着。天还未明，我开了灯，也被震灭了，我梦里梦中地穿着短衣裳跑下楼去，房东也起来了，他们好像要逃的样子，隔壁的老太婆叫唤着我，开着门，人却没有应声，等她看到我是在楼下，大家大笑了一场。

纸烟向来不抽了，可是近几天忽然又挂在嘴上。

胃很好，很能吃，就好像我们在顶穷的时候那样，就连块面包皮也是喜欢的，点心之类，不敢买，买了就放不下。也许因为日本饭没有油水的关系，早饭一毛钱，晚饭两毛钱，中午两片面包一瓶牛奶。越能吃，我越节制着它。我想胃病好了也就是这原因。但是

1 聂绀弩（1903—1985），湖北京山人，诗人、散文家。

2 萧红以“哨吟”署名印行的散文集，上海文化生活出版社出版。

3 白朗（1912—1990），辽宁沈阳人。又名刘莉，女作家。

闲饥难忍，这是不错的。但就把自己布置到这里了，精神上的不能忍也忍了下去，何况这一个饥呢?

又收到了五十元的汇票，不少了。你的费用也不小，再有钱就留下你用吧，明年一月末，照预算是够了的。

前些日子，总梦想着今冬要去滑冰，这里的别的东西都贵，只有滑冰鞋又好又便宜，旧货店门口，挂着的崭新的，简直看不出是旧货，鞋和刀子都好，十一元。还有八九元的也好。但滑冰场一点钟的门票五角。还离得很远，车钱不算，我合计一下，这干不得。我又打算随时买一点旧画，中国是没处买的，一方面留着带回国去，一方面围着火盆看一看，消消寂寞。

均：你是还没过过这样的生活，和蛹一样，自己被卷在茧里去了。希望固然有，目的也固然有，但是都那么远和那么大。人尽靠着远的和大的来生活是不行的，虽然生活是为着将来而不是为着现在。

窗上洒满着白月的当儿，我愿意关了灯，坐下来沉默一些时候，就在这沉默中，忽然像有警钟似的来到我的心上："这不就是我的黄金时代吗？此刻。"于是我摸着桌布，回身摸着藤椅的边沿，而后把手举到面前，模模糊糊的，但确认定这是自己的手，而后再看到那单细的窗棂上去。是的，自己就在日本。自由和舒适，平静和安闲，经济一点也不压迫，这真是黄金时代，但又是多么寂寞的黄金时代呀！别人的黄金时代是舒展着翅膀过的，而我的黄金时代，是在笼子（里）过的。从此我又想到了别的，什么事来到我这里就不对了，也不是时候了。对于自己的平安，显然是有些不惯，所以又爱这平安，又怕这平安。

均：上面又写了一些怕又引起你误解的一些话，因为一向你看得我很弱。

前天我还给奇一信。这信就给她看看吧！

许君处，替我问候。

吟

十一月十九日

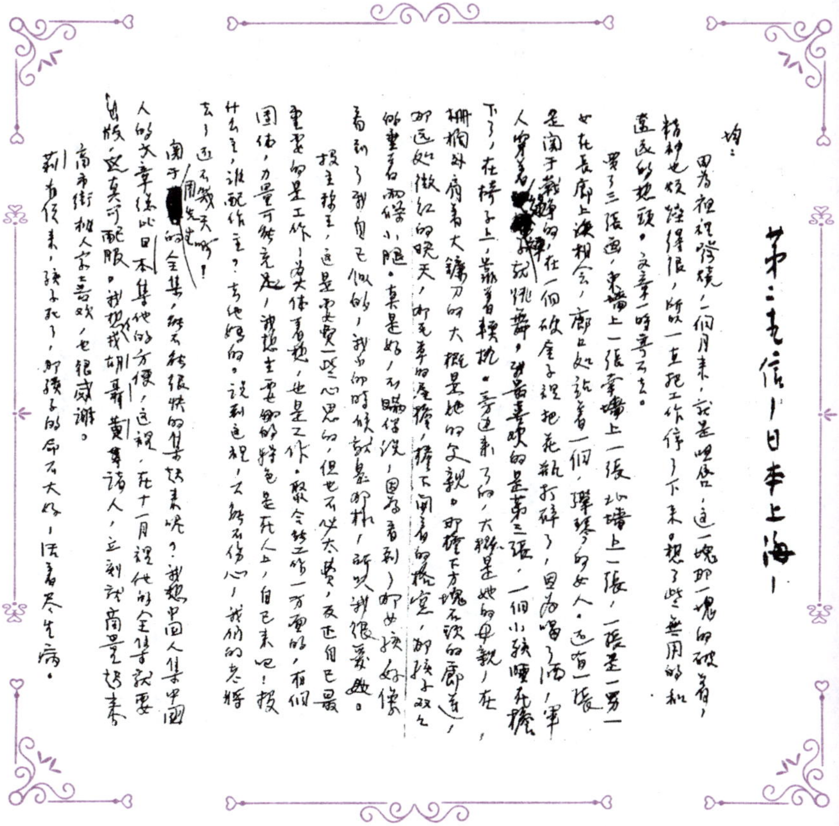

第三十六信 日本—上海

均：

因為[illegible]，一個月來，我是[illegible]，這一塊那一塊的破着，精神也煩躁得很，所以一直把工作停了下來。想了些無用的和遙遠的[illegible]。文章一時寫不出。

買了三張畫，東墻上一張，北墻上一張，一張是一男一女在長廊上深相會，廊口處站着一個彈琴的女人。這首一張是關于戰爭的，在一個破屋子裡把花瓶打碎了，因為喝了酒，軍人穿着[redacted]就跳舞，我最喜歡的是第三張，一個小孩睡在搖籃裡，在椅子上，靠着搖籃，旁邊來了的，大概是她的母親，在柵欄外有着大鐮刀的大概是她的父親。那搖籃下方塊不缺的窗子，那遠處微紅的晚天，那草的屋檐，檐下閒着的搖籃，那孩子雙足的重着白的兩條小腿。真是好，不瞞你說，因為看到了那女孩，好像看到了我自己似的，我小的時候就是那樣，所以我很愛她。

按生活來，這是要費一些心思的，但也不必太費，反正自己最重要的是工作，具體着想，也是工作。聚合起工作一方面的，有個團体，力量可能充足，我想主要的特色是死人上，自己來吧！按什么主，誰配作主？去他媽的。說到這裡，不能不傷心，我們的老將去了，這不能不哭吧！

關于[redacted]的全集，能不能很快的集起來呢？我想中國人集中國人的文章總比日本集他的方便，這裡，在十一月裡他的全集就要出版，這真可恥。我想找胡風黃源諸人，立刻就商量起來。

商市街有人喜歡，也很感謝。

[illegible]有信來，孩子死了，那孩子的命不大好，活着盡生病。

(2)

這裡沒有書看，有時候自己很生氣。看几水滸吧！看著看著就睡著了，夜半裡的頭痛和惡夢對于我是非常坏。前夜，就是那樣醒來的，再不敢再睡了。

我的那瓶紅色酒，就現在還是多半瓶，前天我偶然借了房東的鍋子燒了菜，就在火盆上燒的，對了，我還沒告訴你，我已經買了火盆，前天是星期日，我才試了試小桌子，擺好了，但吃起來不是滋味，于是反受到了感觸，我實在不是什么多情的人，但也有些感觸。于是把房東的孩子喚來，對面吃了。

地震，真是駭人，小的沒有什么，上次震得可不小，兩三分鐘，房子格格的響著，鐘在墻上擺著。天還未明，我開了燈，也被震滅了，我夢裡夢中的穿著睡衣裳跑下樓去，房東也起來了，他們好像要逃的樣子，隔壁的老婆以笑著我，開著門，人卻沒有動聲，等她看到我是在樓下，大家大笑了一場。

紙烟向來不抽了，可是近幾天忽然又掛在嘴上了。

胃很好，很能吃，就好像我們在頂窮的時候那樣，就連塊麵包沒也是喜歡的，矣心之數，不敢買，買了就總放不下。也許因為日本飯沒有油水的關係，早飯一毛錢，晚飯兩毛錢，中午兩片麵包一瓶牛奶，很能吃，我很節制著她。我想胃病好了也就是這原因。但是閒飢難忍，這是不錯的。但就把自己節制到這裡了，精神上也不能忍也忍了下去，何况這一個饞呢！

又收到了五十元的匯票，不少了。你的費用也不小，再有錢就留下作用吧！明年一月末，雖預算是夠了的。

前些日子，總要想著今冬要去滑冰，這裡的別的東西都……贵，只有滑冰鞋又好又便宜，旧货店门口，挂着的新新的，简直看不出是旧货，鞋和刀子都好，十一元。还有八九元的也好。但滑冰场一点钟的门票五角。还离得很远，車必不算。我合计一下，这样不得。我又打算随时买一点图画，中国是没处买的，一方面留着自带回国去，一方面围着火盆来看一看，消消寂寞。均々你是还没过过这样的生活，和蚕一样，自己被捲在繭裡去了。希望固然有，目的也固然有，但是都是那么远，和那么大。人尽靠着遥远的和大的来生活是不行的，虽然生活是为着将来而不是为着现在。

窗上洒满着白月的当儿，我愿意关了灯，坐下来沉默一些时候，就在这沉默中，忽然像有警钟似的来到我的心上："这不就是我的黄金时代吗？此刻。"于是我摸着桌布，回身摸着藤椅的边沿，而后把手举到面前，模模糊糊的，但确定这是自己的手，而后再看到那单细的窗棂上去。是的，自己就在日本。自由和舒适，平静和安闲，经济一点也不压迫，这真是黄金时代，但又是多么寂寞的黄金时代呀！别人的黄金时代是舒展着翅膀过的，而我的黄金时代，是在笼子过的。从此我又想到了别的，什么事来到我这里就不对了，也不是时候了。对于自己的平安，显然是有些不惯，所以又爱这平安，又怕这平安。

均々上面又写了一些怕又引起你误解的一些话，因为一向你看得我很弱。

前天我还给華一信。这信就给她看看吧！

许君处，替我问候。

莹 十一月十九日

第11封
电影

东京—上海

（1936年11月24日发，12月2日复）

三郎：

我忽（然）间想起来了，姚克[1]不是在电影方面活动吗？那个《弃儿》[2]的脚本，我想一想很够一个影戏的格式，不好再修改和整理一下给他去上演吗？得进一步，就进一步，除开文章的领域，再另外抓到一个启发人们灵魂的境界。况且在现时代影戏也是一大部分传达情感的好工具。

这里，明天我去听一个日本人的讲演，是一个政治上的命题。我已经买了票，五角钱，听两次，下一次还有郁达夫，听一听试试。

近两天来，头痛了多次，有药吃，也总不要紧，但心情不好，这也没什么，过两天就好了。

《桥》[3]也出版了？那么《绿叶的故事》[4]也出版了吧？关于这两本书我的兴味都不高。

现在我所高兴的就是日文进步很快，一本《文学案内》翻来翻去，读懂了一些。是不错，大半都懂了，两个多月的工夫，这成绩，在我就很知足了。倒是日语容易得很，别国的文字，读上两年也没

---

1 姚克（1905—1991），翻译家、剧作家。

2 萧军的一个电影剧本。

3 萧红的小说散文集。

4 萧军的散文诗歌集。

有这成绩。

许的信，还没写，不知道说什么好，我怕目的是想安慰她，相反的，又要引起她的悲哀来。你见着她家的那两个老娘姨也说我问她们好。

你一定要去买一个软一点的枕头，否则使我不放心，因为我一睡到这枕头上，我就想起来了，很硬，头痛与枕头大有关系。

黑人[1]现在怎么样？

我对于绘画总是很有趣味，我想将来我一定要在那上面用工夫的。我有一个到法国去研究画的欲望，听人说，一个月只要一百元。在这个地方也要五十元的。况且在法国可以随时找点工作。

现在我随时记下来一些短句，我不寄给你，打算寄给河清，因为你一看，就非成了"寂寂寞寞"不可，生人看看，或者有点新的趣味。

到墓地去烧刊物[2]，这真是"洋迷信""洋乡愚"，说来又伤心，写好的原稿也烧去让他改改，回头再发表吧！烧刊物虽愚蠢，但情感是深刻的。

这又是深夜，并且躺着写信。现在不到十二点，我是睡不下的，不怪说，做了"太太"就愚蠢了，从此看来，大半是愚蠢的。

祝好。

荣子

十一月廿四日

1 舒群（1913—1989），原名李书堂，黑龙江哈尔滨人。作家。

2 鲁迅去世后，萧军曾去鲁迅坟前焚烧新出版的《作家》《译文》《中流》，这三份刊物有悼念鲁迅的文章。

第三十信 日本 上海

三郎：

我忽間想起來了，姚克不是在電影方面活動嗎？那個叢兒的腳本，我想一想很能一個劇的格式，不好再修改和整理一下給他去上演嗎。稍進一步，就進一步，一躍開文章的領域，再向外揣到一個啟發人們靈魂的境界。況且在現時代影戲也是一大部分傳達情感的好工具。

這裡，明天我去聽一個日本人講演，是一個政治上的命題。我已經買了票，至[illegible]少，聽兩次，下一次還有郁達夫，聽一聽試試。

近兩天來，燒了幾次，有些咳，也總不要緊的，
但心情不好，這也沒什么，過兩天就好了。
橋也出版了？那么綠葉的故事也出版了吧？
關于這兩本書，我的興味都不高。
現在我所寫的就是白文，但速寫很快，一本文
學要論翻來翻去，讀懂了一些。是不錯，大半
都懂了，兩個多月的工夫，這成績，在我就
很知足了。倒是白語容易得很，別國的文字，
讀上兩年也很有些成績。
評的信，還沒寫，不知道說什么好，我怕因

20×10

的是想安慰她，相反的又要引起她的悲哀来。你见着她家的那两個老娘姨也说我问她们好。

你一定要去买一個软一点的枕头，否则使我不放心，因为我一睡到这枕头上，我就想起来了很硬，头痛跟枕头大有关系。

里人现在怎么样？

我对于绘画很是很有趣味，我想将来我一定要在那上面用功夫的，我有一個到法国去研究画的欲望，听人说，一個月只要一百元。在这個地方也要五十元的。说是在法国可以随时找长工

作。
现在我随时记下来一些短句，我不寄给你，打算寄给河清，因为你一看，就成了寂寞的不可，生人看了，或者有点新的趣味。
到墓地去烧刊物，这真是洋迷信、洋乡愚，说来又伤心，写好的原稿也让他改改，回头再发表吧？
烧刊物是愚蠢的，把刊物当是烧纸的。
这又是深夜，总是睡着写信。现在不到十二点，我是睡不大好的，不管说，作了太太就愚蠢了，摆起着架，大事是愚蠢的。
记好。
荣子 十一月十九夜
20×10

第12封
探讨

东京—上海

（1936年12月5日发）

三郎：

你且不要太猛撞，我是知道近来你们那地方的气候是不大好的。

孙梅陵[1]也来了，夫妇两个？

珂到上海来，竟来得这样快，真是使我吃惊。暂时让他住在那里吧！我也是不能给他决定，看他来信再说。

我并不是吹牛，我是真去听了，并且还听懂了，你先不用忌妒，我告诉你，是有翻译的。

你的大琴的经过，好像小说上的故事似的，带着它去修理，反而更打碎了它。

不过说翻译小说那件事，只得由你选了，手里没有书，哪一块喜欢和不喜欢也忘记了。

我想《发誓》的那段好，还是最后的那段？不然就《手》或者《家族以外的人》[2]吧！作品少，也就不容选择了。随便。自传的五六百字，三二日之间当作好。

清说：你近来的喝酒是在报复我的吃烟，这不应该了，你不能和一个草叶来分胜负，真的，我孤独得和一张草叶似的了。我们刚

---

1 萧红在哈尔滨时期的朋友。

2 萧红的短篇小说。

来上海时，那滋味你是忘记了，而我又在开头尝着。

祝好。

荣子

十二月五日

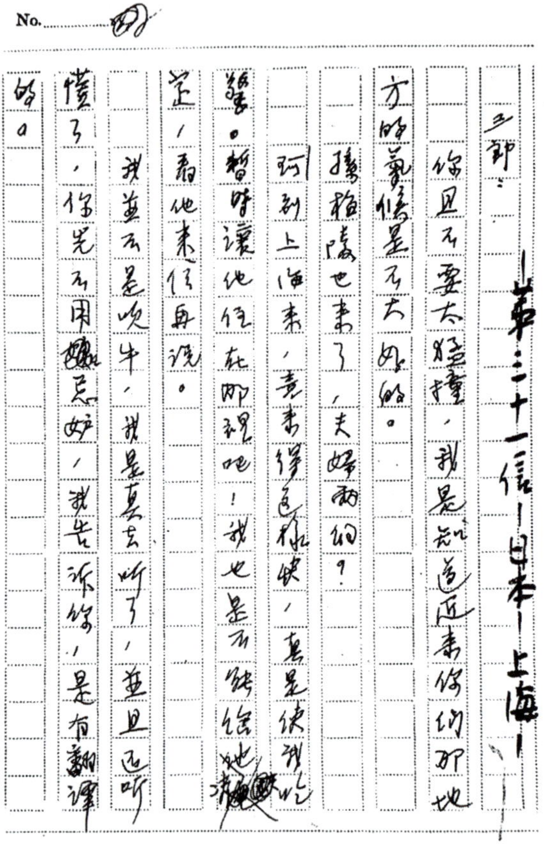

No. 四

三節：

第三十一信——日本——上海

你且不要太猛撞，我是知道近來你們那地方的風俗是不大好的。

據稻隱也來了，夫婦兩個？

到了上海來，壹素得這樣快，真是使我吃驚。暫時讓他住在那裡吧！我也是不能給她定，看他來信再說。

我並不是吹牛，我是真去听了，並且近听懂了，你先不用嫉忌妒，我告訴你，是有翻譯的。

No.

你的大琴的经过，好像小说上的故事似的，带着她去修理，反而更打碎了她。

不过说翻译小说那件事，只得由你选了，手里没有书，那一篇是喜欢和不喜欢也忘记了。我想《发誓》的那段好，还是最后的那段？不然就：《手》或者就《家族以外的人》吧！作品少，也就不能选择了。随便。自传的五六百字，三二日之间寄给你。

谢说：你近来的嘱嘱是在报复我的吸烟，这不去谈了，你不能和一组草叶来比胜负，真的，我祇能和一张草叶似的了。我们刚来上海时，那些烟味你是忘记了，而我又在开始着。

祝好。

荣子
十一月五日

10—2)

第13封
头痛

东京—上海

（1936年12月15日发，12月22日复）

三郎：

我没有迟疑过，我一直是没有回去的意思，那不过偶尔说着玩的。至于有一次真想回去，那是外来的原因，而不（是）我自己的自动。

大概你又忘了，夜里又吃东西了吧？夜里在外国酒店喝酒，同时也要吃点下酒的东西的，是不是？不要吃，夜里吃东西在你很不合适。

你的被子比我的还薄，不用说是不合用的了，连我的夜里也是凉凉的。你自己用三块钱去买一张棉花，把你的被子带到淑奇家去，请她替你把棉花加进去。如若手头有钱，就到外国店铺买一张被子，免得烦劳人。

我告诉你的话，你一样也不做，虽然小事，你就总使我不安心。

身体是不很佳，自己也说不出有什么毛病，沈女士近来一见到就说我的面孔是膨胀的，并且苍白。我也相信，也不大相信，因为一向是这个样子，就没稀奇了。

前天又重头痛一次，这虽然不能怎样很重地打击了我（因为痛惯了的缘故），但当时那种切实的痛苦无论如何也是真切地感到。算来头痛已经四五年了，这四五年中头痛药不知吃了多少。当痛楚一来到时，也想赶快把它医好吧，但一停止了痛楚，又总是不必了。因为头痛不至于死，现在是有钱了，连这样的小病也不得了起来，不是连吃饭的钱也刚刚不成问题吗？所以还是不回去。

人们都说我身（体）不好，其实我的身（体）是很好的，若换一个人，给他四五年间不断的头痛，我想不知道他的身体还好不好？所以我相信我自己是健康的。

周先生的画片[1]，我是连看也不愿意看的，看了就难过。海婴想爸爸不想？

这地方，对于我是一点留恋也没有，若回去就不用想再来了，所以莫如一起多住些日子。

现在很多的话，都可以懂了，即是找找房子，与房东办办交涉也差不多行了。大概这因为东亚学校钟点太多，先生在课堂上多半也是说日本话的。现在想起初来日本的时候，华走了以后的时候，那真是困难到极点了。几乎是熬不住。

珂，既然家有信来，还是要好好替他打算一下，把利害说给他，取决当然在于他自己了，我离得这样远，关于他的情形，我总不能十分知道，上次你的信是问我的意见，当时我也不知为什么他来到了上海。他已经有信来，大半是为了找我们，固然他有他的痛苦，可是找到了我们，能知道他接着就又不有新的痛苦吗？虽然他给我的信上说着“我并不忧于流浪”，而且又说，他将来要找一点事做，以维持生活，我是知道的，上海找事，哪里找去。我是总怕他的生活成问题，又年轻，精神方面又敏感，若一下子挣扎不好，就要失掉了永久的力量。我看既然与家庭没有断掉关系，可以到北平去读书，若不愿意重来这里的话。

这里短时间住住则可，把日语学学，长了是熬不住的，若留学，

1 鲁迅的遗像

这里我也不赞成，日本比我们中国还病态，还干苦（枯），这里没有健康的灵魂，不是生活。中国人的灵魂在全世界中说起来，就是病态的灵魂，到了日本，日本比我们更病态。既是中国人，就更不应该来到日本留学。他们人民的生活，一点自由也没有，一天到晚，连一点声音也听不到，所有的住宅都像空着，而且没有住人的样子。一天到晚歌声是没有的，哭声笑声也都没有。夜里从窗子往外看去，家屋就都黑了，灯光也都被关在板窗里面。日本人民的生活，真是可怜，只有工作，工作得和鬼一样，所以他们的生活完全是阴森的。中国人有一种民族的病态，我们想改正它还来不及，再到这个地方和日本人学习，这是一种病态上再加上病态。我说的不是日本没有可学的，所差的只是它的不健康处也正是我们的不健康处，为着健康起见，好处也只得丢开了。

再说另一件事，明年春天，你可以自己再到自己所愿的地方去逍遥一趟。我就只逍遥在这里了。

礼拜六夜（即十二日），我是住在沈女士的住所的，早晨天还未明，就读到了报纸，这样的大变动[1]使我们惊慌了一天，上海究竟怎么样，只有等着你的来信。

新年好。

荣子

十二月十五日

“日本东京趨町区”，只要如此写，不必加标点。

---

1 1936年12月12日的西安事变。

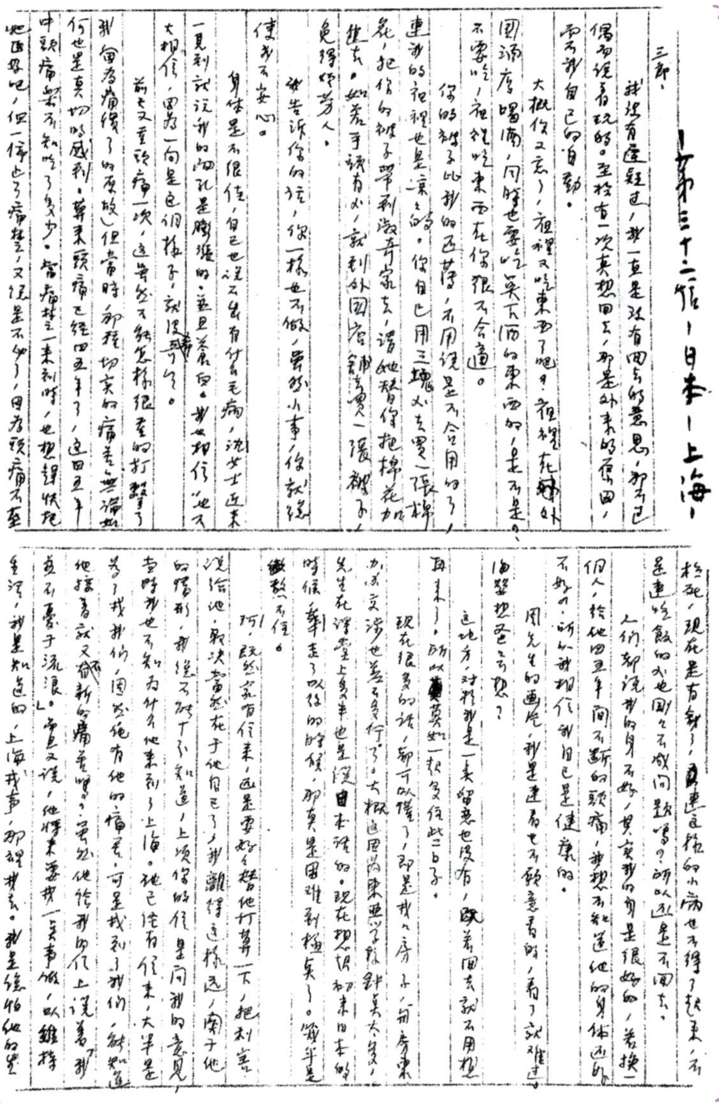

第三十二信—日本—上海—

三郎：

我没有迟疑过，我一直是没有回去的意思，那不过偶尔说着玩的。至於有一次真想回去，那是外来的原因，而不是我自己的自动。

大概你又忘了，胃裡又吃东西了吧？！胃裡花钱外国酒喝，同时也要吃药，英下面的东西吗，是不是、不要吃，胃裡吃东西在你很不合适。

你的被子比我的还薄，不用说是不合用的了，连我的袍裡也是凉凉的。你自己用三块钱去买一张棉花，把你的被子带到河清家去，请她替你把棉花加进去。如若手头有钱，就到外国店铺去买一张被子，免得烦劳人。

我告诉你的话，你一样也不做，虽然小事，你就总使我不安心。

身体是不很佳，自己也说不出有什么毛病，沈女士近来一见到就说我的脸孔是膨涨的，并且苍白。我也相信，他不大相信，因为一向是这个样子，就说算了。

前天又患头痛一次，这当然不能怎样很重的打击了我（因为痛惯了的原故）但当时那种切实的痛苦无论如何也是真切的感到。算来头痛已经四五年了，这四五年中头痛不知吃了多少。当痛楚一来到时，也想赶快把她医好吧，但一停止了痛楚，又说是不要了，因为头痛不至於死，现在是有钱了，连这点小病也不得了起来，不是连吃饭的问题也不成问题吗？所以还是不回去。

人们都说我的身体不好，其实我的身体是很好的，若换一个人，给他四五年间不断的头痛，我想不知道他的身体还的不好的。所以我相信我自己是健康的。

周先生的画片，我是连看也不愿意看的，看了就难过。海婴想爸爸不想？

这地方，对于我是一点留恋也没有，既然回去就不用想再来了，所以莫如一气住他二年。

现在很多的话，都可以懂了，即是我一个房子，一个房东，办点交涉也差不多行了。大概这因为东亚学校钟点太多，先生在讲堂上多半也是说日本话的。现在想想初来日本的时候，剩下了以后的时候，那真是困难到极点了。几乎是缄默不住。

珂，既然来有信来，还是要好好替他打算一下，把利害说给他，叫决定当然在于他自己了，我翻得这样说，关于他的情形，我说不了解了，不知道，上次你的信里面问我的意见，当时我也不知为什么他来到了上海。他已经有信来，大半是为了找我们，因为他有他的痛苦，可是找到了我们，就知道他接着就又有新的痛苦吗？当然他给我们上说着，我并不赞成他流浪。"当然又说，他将来要找一点事做，以维持生活，我是知道的，上海找事，那里找去。我是总怕他的

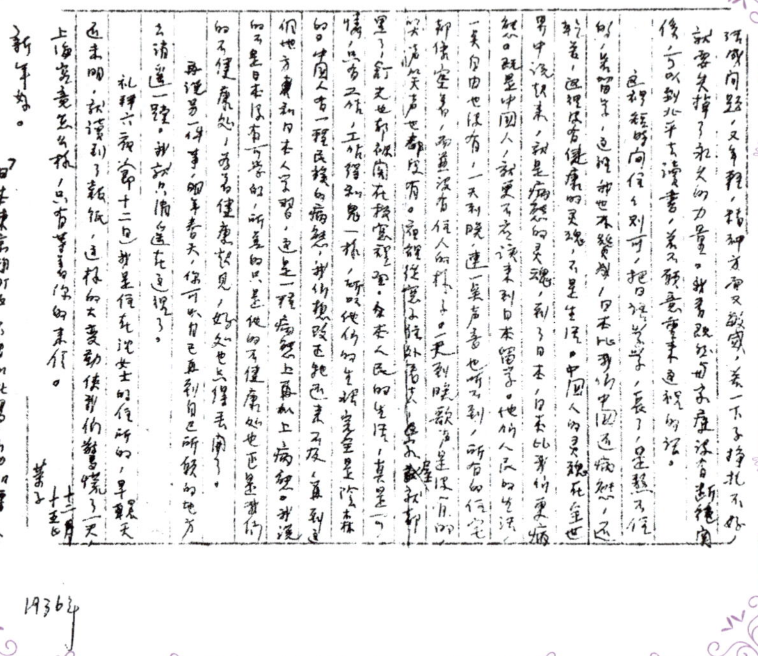

情感问题，又年轻，精神方面又敏感，差一下子挣扎不好，就要失掉了永久的力量。我看既然与家庭没有断绝关系，可以到北平去读书，并又愿意重来这里的话。

这种经验向信上对付，把日语学一学，长了，是熬不住的，并留学，这里我也不赞成，日本比我们中国还病态，还较差，这里没有健康的灵魂，就是病态的灵魂，不是生活。中国人的灵魂在全世界中说起来，就是病态的灵魂，到了日本，日本比我们更病态。既是中国人，就更不应该来到日本留学。他们人民的生活，一点自由也没有，一天到晚，连一点声音也听不到，所有的住宅都像空着，而并没有住人的样子。一天到晚歌声是没有的，哭声笑声也都没有。夜里从窗子往外看去，灯光和星我都望了，街上也都被关在楼窗里面。全东京人民的生活，真是一个情，只有工作，工作得和鬼一样，所以他们的生理完全是阴森的。中国人有一种民族的病态，我们想改正她还来不及，真到这个地方来和日本人学习，这是一种病态上再加上病态。我说的不是日本没有可学的，所要的只是他的不健康处也正是我们的不健康处，所以健康就见，好处也只得丢开了。

再说另一件事，明年春天，你可以自己直到自己所领的地方去请选一趟。我就只能管在这里了。

礼拜六夜（即十二日）我是住在沈女士的住所的，早晨天还未明，就读到了报纸，这样的大变动使我们都惊慌了一天，上海究竟怎么样，只有等着你的来信。

新年好。

荣子

十二月十五日

“日本东京麹町区”只要如此写，不必加标点。

1936年

第 14 封
寄书

东京—上海

（1936 年 12 月 18 日发，12 月 25 日复）

三郎：

今日东京大风而奇暖。

很有新年的气味了，在街上走走反倒不舒服起来，人家欢欢乐乐，但是与我无关，所谓趣味，则就必有我，倘若无我，那就一切无所谓了。

我想今天该有信了，可是还没有。失望失望。

学校只有四天课了，完了就要休息十天，而后再说，或是另外寻先生，或是仍在那个学校读下去。

我很想看看奇和珂，但也不能因此就回来，也就算了。

一月里要出的刊物，这回怕是不能成功了吧？你们忙一些什么？离着远了，而还要时时想着你们这方面，真是不舒服，莫如索性连问也不问，连听也不听。

三代这回可真得搬家了，开开玩笑的事情，这回可成了真的。

新年了，没有别的所要的，只是希望寄几本小说来，不用挂号，丢不了。《复活》，新出的《骑马而去的妇人》，还有别的我也想不出来，总之在这期中，哪怕有多少书也要读空的。可惜要读的时候，书反而没有了。我不知你寄书有什么不方便处没有？若不便，那就不敢劳驾了。

祝好。

荣子

十二月十八日夜

三只小猫是给奇的。

奇的住址，是“巴里”，是什么里，她写得不清，上一封信，不知道她接到不接到，就是寄到“巴里”的。

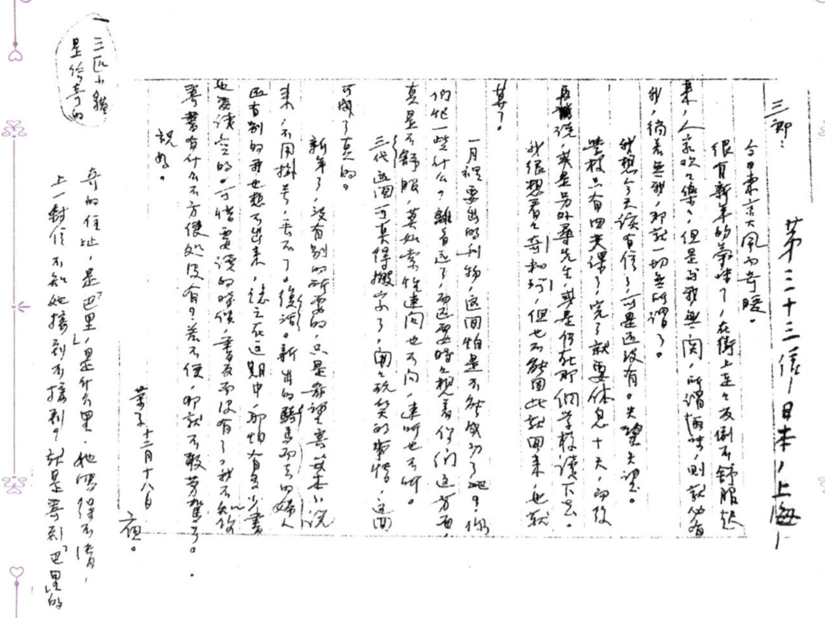

三郎：

今日东京大风而奇暖。

第三十三信，日本，上海，

很有新年的气味了，在街上走走反倒不舒服起来，人家欢欢喜喜，但是与我无关，所谓悔哉，则就是我的，倚着无聊，那就一切无所谓了。

我想今天该有信了，可是还没有。失望失望。

学校只有四天课了，完了就要休息十天，而后再说，或是另外寻先生，或是仍在那个学校读下去。

我很想看看奇和珂，但也不能因此就回来，也就算了。

一月里要出的刊物，这回怕是不能成功了吧？

真是不舒服，莫如索性连问也不问，连听也不听。

三代这回可真得搬家了，闹闹玩笑的事情，这回可闹了真的。

新年了，没有别的所要的，只是要书，英本小说来，不用挂号，丢不了。

寄书有什么不方便处没有？若不便，那就不敢劳驾了。

祝好。

荣子 十二月十八日夜。

奇的住址，是“巴里”，是什么里，她写得不清，上一封信不知她接到不接到？就是寄到“巴里”的

三只小猫是给奇的

第四章

健牛与病驴难调和

“你则健康，我则多病，常兴健牛与病驴之感，故每暗中惭愧。”萧红经常向萧军诉说自己的病痛，经常写信关心萧军的生活起居，然而萧军不领情，甚至觉得很烦，这也成为两人闹矛盾的重要因素。然而用萧军的话说是“我是一个不愿可怜自己的人，也不愿别人‘可怜’自己”。

第1封
对照

东京—上海

（1936年12月末发，1937年1月10日复）

军：

你亦人也，吾亦人也，你则健康，我则多病，常兴健牛与病驴之感，故每暗中惭愧。

现在头亦不痛，脚亦不痛，勿劳念念耳。

专此

年禧。

莹

十二月末

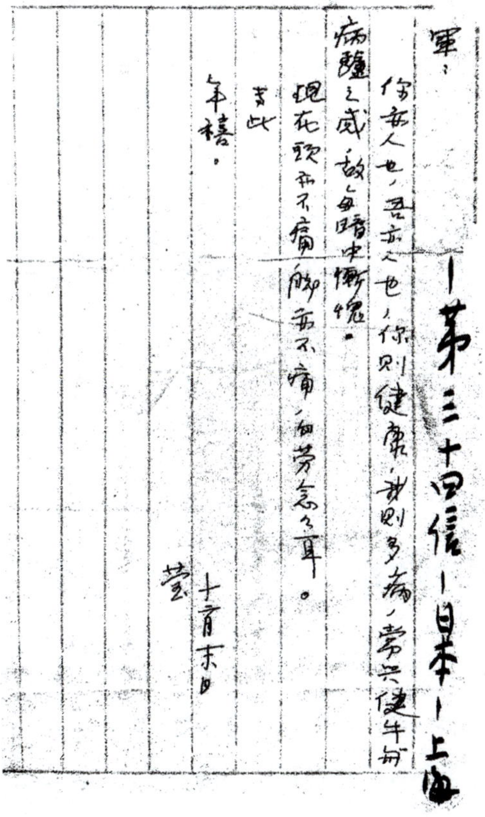

—第三十四信—日本—上海

軍：

你亦人也，吾亦人也，你则健康，我则多病，常有健牛与病驴之感，故每暗中惭愧。

现在头亦不痛，脚亦不痛，但劳念之耳。

书此

年禧。

莹 十二月末日

第2封 秀珂

东京—上海

（1937年1月4日发，1月12日到）

军：

新年却没有什么乐事可告，只是邻居（家）着了一场大火。我却没有受惊，因在沈女士处过夜。

二号接到你的一封信，也接到珂的信。这是他关于你（的）鉴赏。今寄上。

祝好。

荣子

一月四日

（附：张秀珂给萧红关于萧军印象的信）

有一件事，我高兴说给你：

军，虽然以前我们没会过面，然而我从相片和书中看到他的豪爽和强烈的正义感，不过待到这几天的相处以来，更加证实、更加逼真。昨天我们一同吃西餐，在席上略微饮点酒，出来时，我看他脸很红，好像为一件感情所激动。我虽然不明白，然而我了解他，我觉得喜欢且可爱！

軍：

新年卻沒有什么樂事可告，只是隣居着了一場大火。我卻沒有受驚，因在沈女士處過夜。

二哥轉到你的一封信，也轉到璃的信。這是他寄給你[redacted]鑒賞。今寄上。

祝好。

榮子

一月四日

第二十五信—日本東京—上海三七

一月四日發

一月十二日到

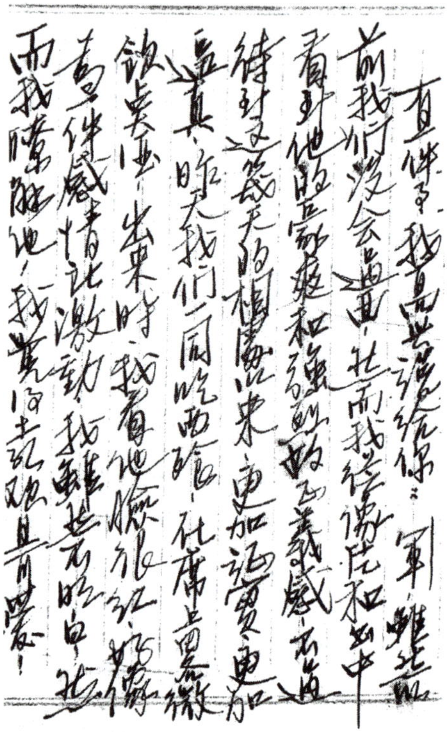

有件事，我一直想说给你：刚离婚
前我们没会面，然而我经常偶然在杂志中
看到他的家庭和强烈的正义感，不畏
待到这篇文的相遇以来，更加证实，更加
真，昨天我们一同吃西餐，他席上罪纖
饮真道，出来时，我看他脸很红，我
有一件感情比激动，我虽甚不明白，然
而我隐约觉他，我竟得他的且非常可爱！

第3封
北平

北京—上海

（1937年4月25日发，4月29日到）

军：

现在是下午两点，火车摇得很厉害，几乎写不成字。

火车已经过了黄河桥，但我的心好像仍然在悬空着。一路上看些被砍折的秃树，白色的鸭鹅和一些从西安回来的东北军。马匹就在铁道旁吃草，也有的成排地站在运货的车厢里边，马的背脊成了一条线，好像鱼的背脊一样。而车厢上则写着津浦。

我带的苹果吃了一个，纸烟只吃了三两颗。一切欲望好像都不怎样大，只觉得厌烦，厌烦。

这是第三天的上午九时，车停在一个小站，这时候我坐在会客室里，窗外平地上尽是些坟墓，远处并且飞着乌鸦和别的大鸟。从昨夜已经是来在了北方。今晨起得很早，因为天晴太阳好，贪看一些野景。

不知你正在思索一些什么？

方才经过了两片梨树地，很好看的，在朝雾里边它们隐隐约约地发着白色。

东北军从并行的一条铁道上被运过去那么许多，不仅是一两趟车，我看见的就有三四次了。他们都弄得和泥猴一样，它们和马匹一样在冒着小雨，它们的欢喜不知是从哪里得来，还闹着笑着。

车一开起来，字就写不好了。

唐官[1]一带的土地，还保持着土地原来的颜色。有的正在下种，有的黑牛或白马在上面拉着犁杖。

这信本想昨天就寄，但没有找到邮筒，写着看吧！

刚一到来，我就到了迎贤公寓，不好。于是就到了中央饭店住下，一天两块钱。

立刻我就去找周[2]的家，这真是怪事，哪里有？洋车跑到宣外，问了警察，也说太平桥只在宣内，宣外另有个别的桥，究竟是个什么桥，我也不知道。于是就跑到宣内的太平桥，二十五号是找到了，但没有姓周的，无论姓什么的也没有，只是一家粮米铺。于是我游了我的旧居，那已经改成一家公寓了。我又找了姓胡的旧同学，门房说是胡小姐已经不在，那意思大概是出嫁了。

北平的尘土几乎是把我的眼睛迷住，使我真是恼丧，那种破落的滋味立刻浮上心头。

于是我跑到李镜之七年前他在那里做事的学校去，真是七年间相同一日，他仍在那里做事。听差告诉我，他的家就住在学校的旁边，当时实在使我难以相信。我跑到他家里去，看到了儿女一大群。于是又知道了李洁吾[3]，他也有一个小孩了，晚饭就吃在他家里，他太太烧的面条。饭后谈了一些时候，关于我的消息，知道得不少，有的是从文章上得知，有的是从传言。九时许，他送出胡同来，替我叫了洋车，我自归来就寝。总算不错，到底有个熟人。

明天他们替我看房子，旅馆不能多住的，明天就有了决定。

---

1 唐官生，天津西南的一个镇。

2 周香谷，萧军的同学。

3 萧红在哈尔滨时的老朋友。1937 年 4 月至 5 月，萧红曾到北平探访他。

并且我还要到宣外去找那个什么桥，一定是你把地址弄错，不然绝不会找不到的。

祝你饮食和起居一切平安。

珂同此。

荣子

四月廿五日夜一时

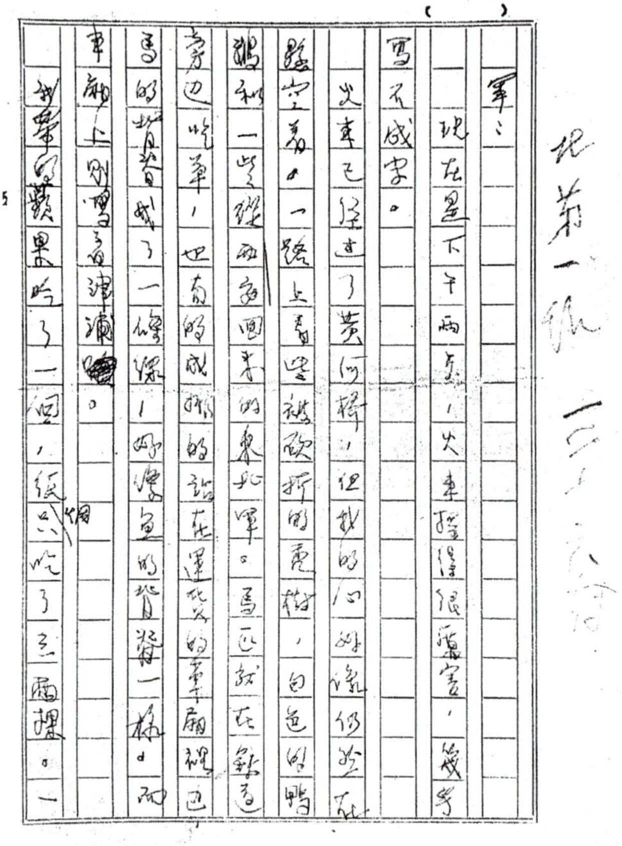
軍：

現在是下午兩点，火車搖得很厲害，幾乎寫不成字。

火車已經过了黃河橋，但我的心好像仍然在路空着。一路上看些被砍折的禿樹，白色的鴨鵝和一些從西南回來的東北軍。馬匹就在鐵道旁边吃草，也有的感擁的站在運貨的車廂裡，也馬的背脊幾了一條綫，好像魚的背脊一樣。而車廂上則写着津浦[illegible]。

我拿的蘋果吃了一個，紙烟只吃了三兩根。一

此第一張

一二、十八、六時

切設想好像都不怎樣大，只可擾亂擾亂頭腦。

這是第三天的上午九時，車停在一個小站，這時候我坐在会客室裡，窗外平地上尽是些墳墓，遠处並且棲着烏鴉和別的大鳥。從昨夜已經果來在了北方。今晨起得很早，因為天晴太陽好，賞看一些野景。

不知你正在思考一些什么？

方才經過了兩片梨樹地，很好看的，在朝霧裡边它们隱隱约约的發着白色。

東北軍從並行的一條鐵道上被運过去時以

20×10

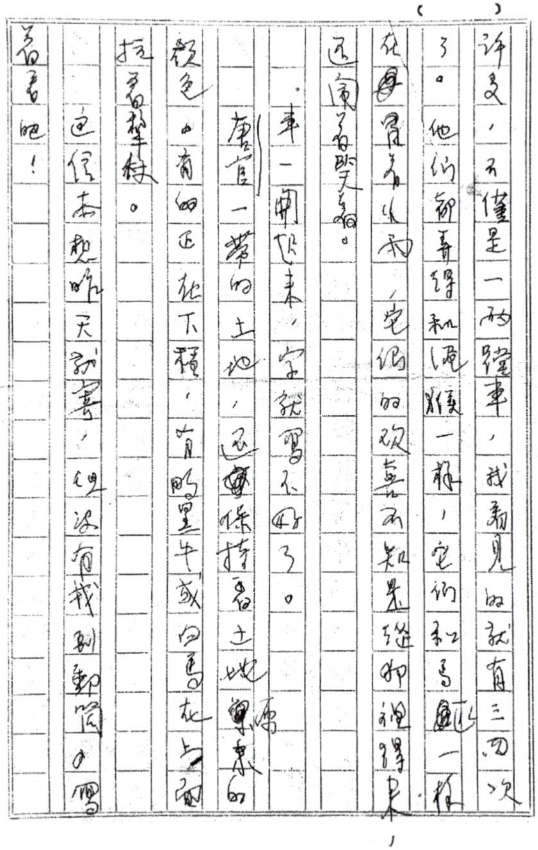

許多，不僅是一兩騾車，我看見的就有三四次了。他們都套得和驢猴一般，它們和馬匹一樣在背着東西和，它們的歡喜和知足從腳裡得來，這兩年的照片。

車一開起來，字就寫不好了。

廣寬一帶的土地，還保持着古地原來的顔色。有的正在下種，有的黑牛或白馬在上面拉着犁杖。

這信本想昨天就寫，但沒有找到郵局，寫着看吧！

剛一到來，我就到了運動公園，不如口稱是
就到了中央飯店住下，一天兩塊大。
去到我就去找周的家，但其是怪事，那裡
有只？洋車跑到宮外，問了警察也說太平橋只在
宣納！宣外另有個別的橋，究竟是個什么橋，
我也不知道。總是就跑到宣內的太平橋，二十
三號是找到了，但沒有姓周的，無論姓什么的
也沒有，只是一家糧米鋪。總是弄錯了我的舊
居，那已經改成一家公寓了。我又找了姓胡的
舊同學，門房說是胡小姐已經不在，那意思大

請看背面

20×10

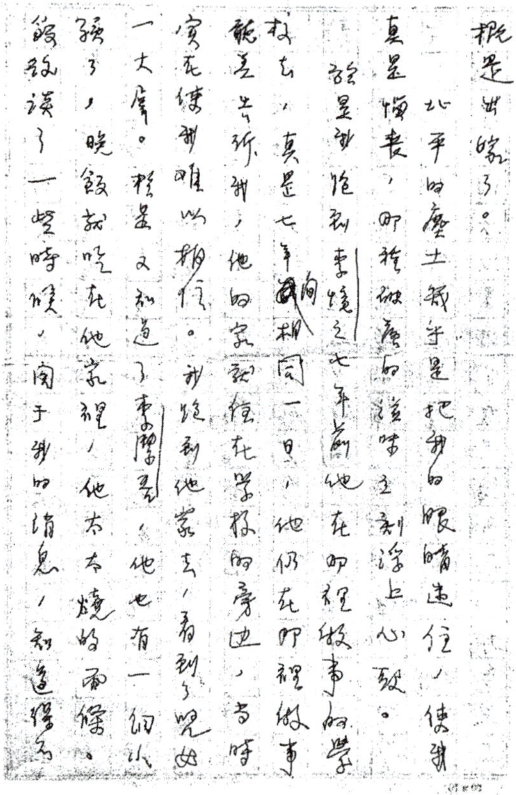
概是出嫁了。
北平的塵土幾乎是把我的眼睛迷住，使我
真是惱喪，那種被壓的滋味立刻湧上心頭。
說是我跑到李燒之七年前他在那裡做事的學
校去，真是七年前相同一日，他仍在那裡做事
能着告訴我，他的家就住在學校的旁邊，当時
實在使我難以相信。我跑到他家去，看到了兒女
一大群。稍後又知道了李[illegible]，他也有一個小
孩了，晚飯就吃在他家裡，他太太燒的兩樣。
飯後談了一些時候，關于我的消息，知道得多

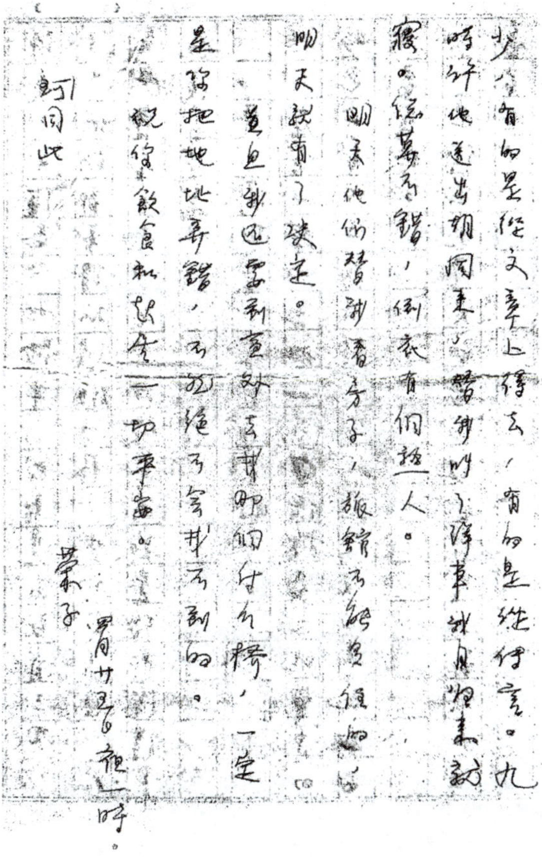

也有的是從文章上得去，有的是從傳言。九時許他送出胡同來，替我叫了洋車我自個回來就寢。總算不錯，倒底有個熟人。

明天他們替我看房子，旅館不能多住的，明天就有了決定。

並且我還要到宣外去找那個什麼樓，一定是給把地址弄錯，不然絕不會找不到的。

祝你飲食和起居一切平安。

榮子

四月廿三日夜七時。

封同此

第4封
洁吾

北京—上海

（1937年4月27日发，5月2日到）

均：

前天下午搬到洁吾家来住，我自己占据了一间房。二三日内我就搬到北辰宫去住下，这里一个人找房子很难，而且一时不容易找到。北辰宫是个公寓，比较阔气，房租每月二十四也或者三十元，因为一间空房没有，所以暂且等待两天。前天为了房子的事，我很着急。思索了半天才下了决心，住吧！或者能够多做点事，有点代价就什么都有了。

现在他们夫妇都出去了，在院心我替他们看管孩子。院心种着两棵梨树，正开着白花，公园或是北海，我还没有去过，坐在家里和他们闲谈了两天，知道他们夫妇彼此各有痛苦。我真奇怪，谁家都是这样，这真是发疯的社会。可笑的是我竟成了老大哥一样给他们说着道理。

淑奇这两天来没有来？你的精神怎么样？珂的事情决定了没有？我本想寄航空信给你，但邮政总局离得太远，你一定等信等得很急。

“八月”[1]和“生”[2]这地方老早就已买不到了，不知是什么原因，至于翻版更不得见。请各寄两本来，送送朋友。洁吾关于我们的生

---

1 《八月的乡村》

2 《生死场》

活从文字上知道的。差不多我们的文章他全读过，就连“大连丸”[1]他也读过，他常常想着你的长相如何？等看到了照相看了好多时候。他说你是很厉害的人物，并且有魄力。我听了很替你高兴。他说从《第三代》上就能看得出来。

虽然来到了四五天，还没有安心，等搬了一定的住处就好了。

你喝酒多少？

我很想念我的小屋，花盆浇水了没有？

昨天夜里就搬到北辰宫来，房间不算好，每月二十四元。

住着看，也许住上五天六天的，在这期间我自己出去观看民房。

到今天已是一个礼拜了，还是安不下心来，人这动物，真不是好动物。

周家我暂时不去了，等你来信再说。

写信请寄到北平东城北池子头条七号李家即可。

你的那篇东西做出去没有？

祝好。

荣子

四月廿七日

---

1 萧军的一篇短文。

第三十七信，北平—上海

昀：

前天下午搬到潘景吾家来住，我自己枯操了一两房。二三日内就就搬到北辰宫去住下，这视一个人找房子很难，而且一时不容易找到。北辰宫是个公寓，比较清贵，房租每月二十四也或者三十元，因为一间空房没有，所以暂且等待两天。前天为了房子的事，我很着急。思索了半天才下了决心，住吧！或者能够多做点事，有点代价就什么都有了。

现在他们夫妇都出去了，在院心我看他们看

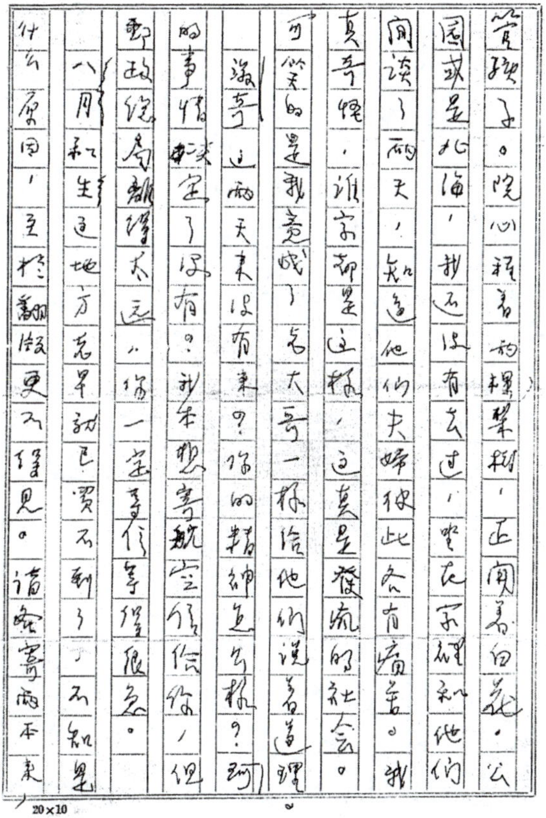

管孩子。院心種着的棵棠樹，正開着白花。公園或是北海，我還沒有去過，要在家裡和他們閒談了兩天，知道他們夫婦彼此各有痛苦。我真奇怪，誰家都是這樣，這真是發瘋的社會。可笑的是我竟成了老大哥一樣給他們講着道理。

淑奇這兩天來沒有來信？你的精神怎樣？祈的事情談定了沒有？我本想寄航空信給你，但郵政總局離得太遠，你一定等得很急。

八月初生這地方老早就已買不到了，不知是什麼原因，至於翻版更不多見。請寄兩本來

20×10

送送朋友。關于我们的生活给文字上些
道的。若不是我们的文章他全读过，就连大道
丸他也读过，他常常想着你的身体如何？等着
到了这信看了好多时候。他说你是很厲害的人
物，並且有说服力。我听了很替你高兴。他说孫
第三代上就能看得出来。
虽然来到了四五天，还没有安心，等搬了
一定的住处就好了。
你喝酒多少？
我很想念我的小屋，花盆浇水了没有？

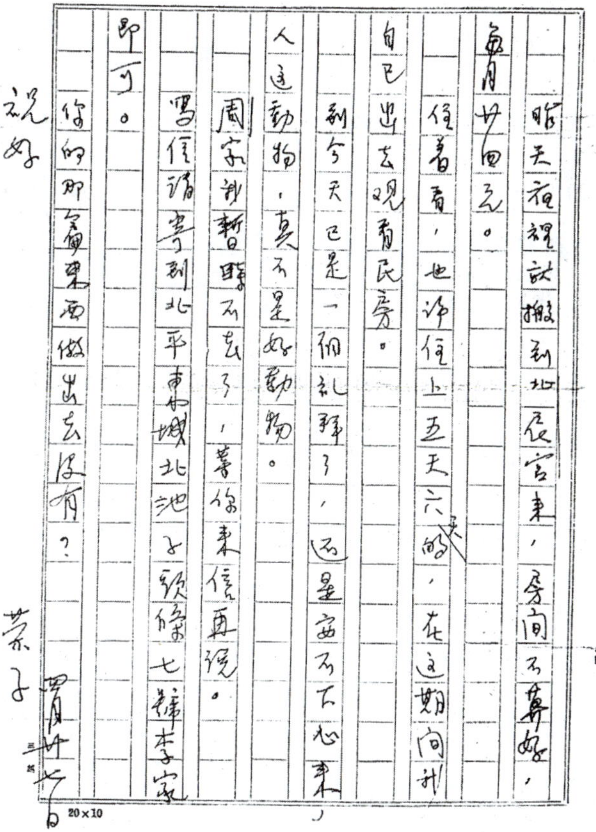

昨天夜裡就搬到北辰宮來，房間不算好，每月廿四元。

住着看，也許住上五天六天的，在這期間我自己出去覓看民房。

到今天已是一個禮拜了，還是安不下心來，人這動物，真不是好動物。

周家就暫時不去了，等你來信再說。

寫信請寄到北平東城北池子頭條七號李家即可。

你的那篇東西做出去沒有？

祝好

荣子

四月廿七日

20×10

第5封
读书

北京—上海

（1937年5月3日发，5月6日即复）

军：

昨天看的电影《茶花女》，还好。今天到东安市场吃完饭回来，睡了一觉。现在是下午六点，在我未开笔写这信的之前，是在读《海上述林》[1]，很好，读得很有趣味。

但心情又和在日本差不多，虽然有两个熟人，也还是差不多。

我一定应该工作的，工作起来，就一切充实了。

你不要喝酒了，听人说，酒能够伤肝，若有了肝病，那是不好治的。就（是）所谓肝气病。

北平虽然吃得好，但一个人吃起来不是滋味。于是也就马马虎虎了。

我想你应该有信来了，不见你的信，好像总有一件事，我希望快来信！

珂好！

奇好！

你也好！

荣子

五月三日

通讯：北平东城北池子头条七号李家转。

1 瞿秋白的遗作，鲁迅编校印行。

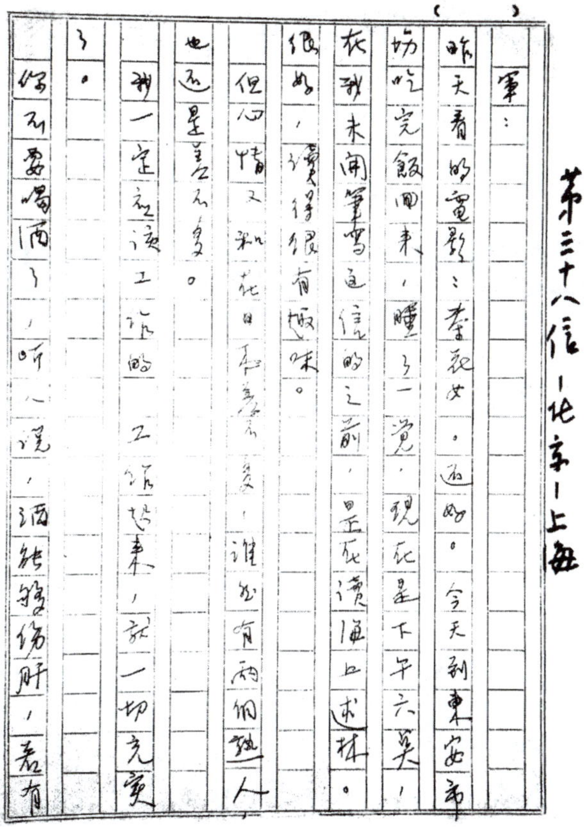

第三十八信—北京—上海

（　　）

軍：

昨天看的電影是李花女。還好。今天到東安市場吃完飯回來，睡了一覺，現在是下午六點，在我未開筆寫這信的之前，是在讀倫巴述林。很好，讀得很有趣味。

但心情又和昨日差不多，誰都有兩個孤獨人也還是差不多。

我一定在這工作的工作起來，就一切充實了。

你不要喝酒了，听人說，酒能夠傷肝，若有

了肝病，那是不好治的。就所谓肝气病。

北平虽然吃的好，但一个人吃起来不是滋味。

总是也就马马虎虎了。

我想你应该有信来了，不见你的信，好像总

有一件事，我希望快来信！

珂妈！

李妈！

萧子

五月二十六

你也好！

通讯：北平东城北池子头条七号李家转。

20×10

第6封
苦闷

北京—上海

（1937年5月4日发）

军：

昨天又寄一信，我总觉我的信都寄得那么慢，不然为什么已经这些天了还没能知道一点你的消息？其实是我个人性急而不推想一下邮便所必须费去的日子。

连这封信，是第四封了。我想那时候我真是为别离所慌乱了，不然又为什么写错了一个号数？就连昨天寄的这信，也写的是那个错的号数，不知可能不丢吗？

我虽写信并不写什么痛苦的字眼，说话也尽是欢快的话语，但我的心就像被浸在毒汁里那么黑暗，浸得久了，或者我的心会被淹死的。我知道这是不对，我时时在批判着自己，但这是情感，我批判不了。我知道炎暑是并不长久的，过了炎暑大概就可以来了秋凉。但明明是知道，明明又做不到。正在口渴的那一刻，觉得口渴那个真理，就是世界上顶高的真理。

既然那样我看你还是搬个家的好。

关于珂，我主张既然能够去江西，还是去江西的好。我们的生活还没有一定，他也跟着跑来跑去，还不如让他去安定一个时期，或者上冬，我们有一定了，再让他来。年轻人吃点苦好，总比有苦留着后来吃强。

昨天我又去找周家一次，这次是宣武门外的那个桥，达智桥，二十五号也找到了，巧得很，也是个粮米店，并没有任何住户。

这几天我又恢复了夜里害怕的毛病，并且在梦中常常生起死的那个观念。

痛苦的人生啊！服毒的人生啊！

我常常怀疑自己或者我怕是忍耐不住了吧？我的神经或者比丝线还细了吧？

我是多么替自己避免着这种想头，但还有比正在经验着的还更真切的吗？我现在就正在经验着。

我哭，我也是不能哭。不允许我哭，失掉了哭的自由了。我不知为什么把自己弄得这样，连精神都给自己上了枷锁了。

这回的心情还不比去日本的心情，什么能救了我呀！上帝！什么能救了我呀！我一定要用那只曾经把我建设起来的那只手把自己来打碎吗？

祝好！

荣子

五月四日晚

所有我们的书，若有精装，请各寄一本来。

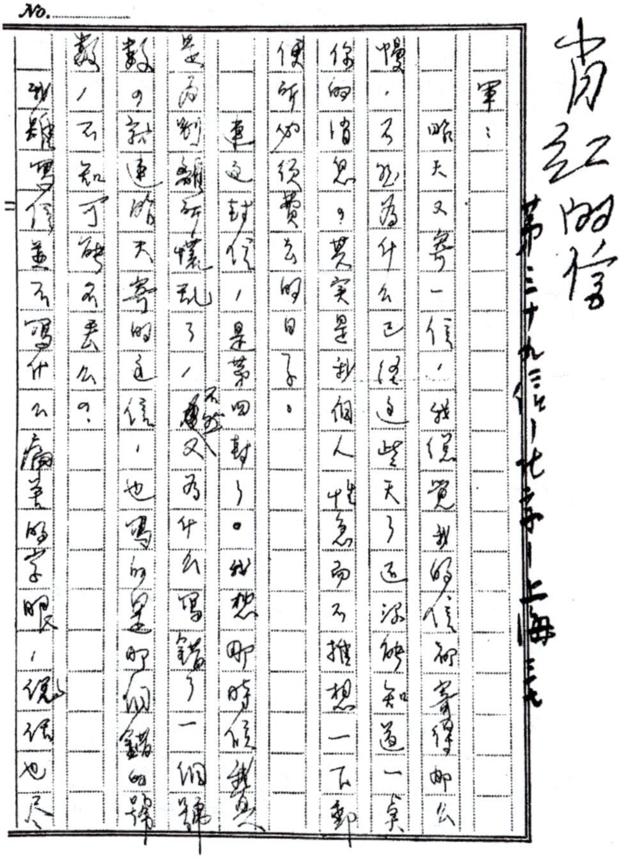

萧红的信
第三十九信 七月 上海

No.

军：

昨天又寄一信，我总觉我的信寄得那么慢，不知为什么已经这些天了还没能知道一点你的消息，其实是我个人性急而不推想一下邮便所好经费去的日子。

连这封信，是第四封了。我想那时候我真是为别离所搅乱了，不然又为什么写错了一个号数的，就连昨天寄的这信，也写的是那个错的号数，不知可能不丢么。

我虽写信并不写什么痛苦的字眼，说话也只

No.

是撒娇的话语，但我的心就像被缠在毒计里

那么黑暗，理智失了，或者我的心会被摧残的

我知道这是不对，我们在批判着自己，但这

是情感，我批判不了，我知道炎暑是并不甚长

的，过了炎暑大概就可以来了秋凉。但明天

还知道，明天还作不到。正在白露的那一刻，

觉得口渴的饥馑，就是世界上顶高的美德。

既然如此，我希望这是我们家的好。

关于理，我主张既然能够去江西，这是去江

西的好，我们的生活还没有一定，他也跟着晚

10×20

No.

來跑去，還不如讓他去安定一個時期，或者上學，我們有一定了，再讓他來，年青人吃些苦好，總比有苦留着後來吃強。

昨天我又去找周家一次，這次是童試門好的那個橋，這智橋，二十里路也找到了，巧得很，也是個糧米店，並沒有任何住户。

這幾天我又恢復了夜裡害怕的毛病，並且在夢中常常生恐死的那個媳家。

痛苦的人生啊！脆弱的人生啊！

我常常懷疑自己或者我怕是忍耐不住了吧？

No.

我的神经或者比较从前细了吧？就是怎么替自己避免着这种想头，但还有比正在经验着的还更真切的吗？我现在就正在经验着。

我哭，我也是不能哭。不允许我哭，失掉了哭的自由了。我不知为什么把自己弄得这样，连精神都给自己上了加锁了。

这回的心情还不比去日本的心情，什么能救了我呀！上帝！什么能救了我呀！我一定要用那只曾经把我建设起来的那只手把自己来打碎吗？

10×20

祝好！

所有我们的书，若有精装请各寄一本来。

荣子 四月[illegible]日晚

第 7 封
杂说

北京—上海

（1937 年 5 月 9 日发，5 月 12 日到）

军：

我今天接到你的信就跑回来写信的，但没有寄，心情不好，我想你读了也不好，因为我是哭着写的，接你两封信，哭了两回。

这几天也还是天天到李家去，不过待不多久。

我在东安市场吃饭，每顿不到两毛，味极佳。羊肉面一毛钱一碗。再加两个花卷，或者再来个炒素菜。一共才是两角。可惜我对着这样的好饭菜，没能喝上一盅，抱歉。

六号那天也是写了一信，也是没寄。你的饮食我想还是照旧，饼干买了没有？多吃点水果。

你来信说每天看天一小时会变成美人，这个是办不到的。说起来很伤心，我自幼就喜欢看天，一直看到现在还是喜欢看，但我并没变成美人。若是真是，我又何能东西奔波呢？可见美人自有美人在。（这个话开玩笑也。）

奇是不可靠的，黑人来李家找我。这是她之所嘱。和李太太、我，三个人逛了北海。我已经是离开上海半月多了，心绪仍是乱绞，我想我这是走的败路。但我不愿意多说。

《海上述林》读毕，并请把《安娜可林娜》[1]寄来一读。还有《冰

1 托尔斯泰的小说《安娜·卡列尼娜》。

岛渔夫》[1]，还有《猎人日记》[2]。这（些）书寄来给洁吾读。不必挂号。若有什么可读的书，就请随（时）掷来，存在李家不会丢失，等离上海时也方便。

我的长篇并没有计划，但此时我并不过于自责，如你所说：“为了恋爱，而忘掉了人民，女人的性格啊！自私啊！”从前，我也这样想，可是现在我不了，因为我看见男子为了并不怎值得爱的女子，不但忘了人民，而且忘了性命。何况我还没有忘了性命，就是忘了性命也是值得呀！在人生的路上，总算有一个时期在我的脚迹旁边，也踏着他的脚迹。总算两个灵魂和两根琴弦似的互相调谐过。（这句话在原信上写了又用笔划了，但还看得出来，所以我仍把它照录在这里——萧军附注一九七八年九月十七日）这一句似乎有点特别高攀，故涂去。（这是萧红原来的附注——萧军）

笔墨都买了，要写大字。但房子有是有，和人家住一个院不方便。至于立合同，等你来时再说吧！

祝好你！

上帝给你健康！

荣子

五月九日

1 法国作家罗逖的小说。

2 俄国作家屠格涅夫的小说。

No.

军：

我今天接到你的信就跑回来写信的，但没有寄，心情不好，我想你读了也不好，因为我是哭着写的，接你两封信，哭了两回。

这几天也还是天天到李家去，不过待不多久。

我在东安市场吃饭，鱼较不到两毛，味极佳，羊肉汤一毛八一碗。再加两个花卷，或者再来个炒素菜。一共才是两角。可惜我时有这样的好饭菜，没能喝上一盅，糟糕。

第四十信—北京—上海—一三七

[illegible]

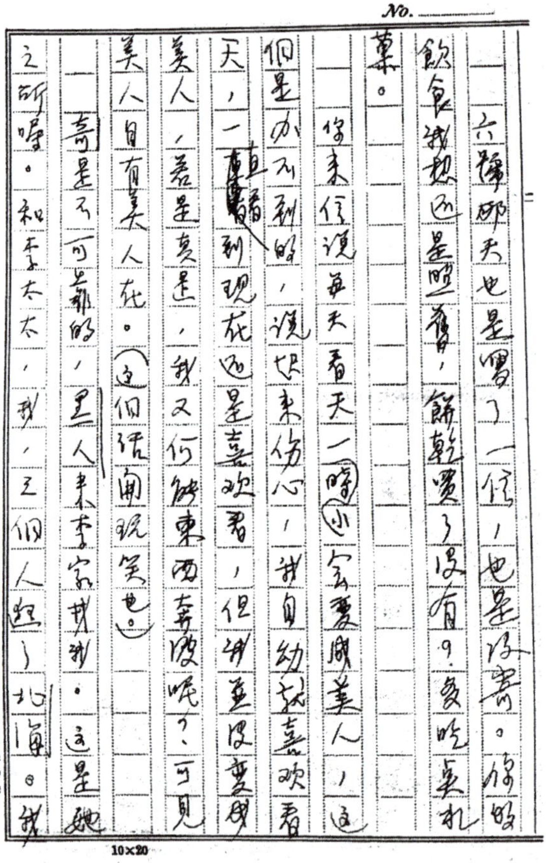

No.

六講那天也是罵了一信，也是厉害。你的飲食我想还是照舊，餅乾买了没有？多吃点水菓。

你来信说每天看天一晴小宝要瞧美人，这個是办不到的，说起来伤心，我自幼就喜欢看天，一直看到现在还是喜欢看，但我並没变成美人，若是真是，我又何能东西奔波呢？可見美人自有美人在。（这個话開玩笑也。）

寄是不可靠的，王人来李家找我。这是她之所嘱。和李太太，我，三個人过了北海。我

10×20

No.________

已經是离開上海半月多了，心緒仍是亂紛，我想到這裏走的敗路。但卻不願意多說。

　　海上述林讀畢，並請把安娜卡林娜寄来一讀。还有水滸逸史，还有獵人日記。這書寄来給我看讀，不必掛號，若有什么可讀的書，就請隨攜来，存在李家不会丢失，等离上海時也方便。

　　我的長篇並沒有計画，但此時我並不过於自責，如你所說：忘了恩愛，而忘掉了人民，女人的性格啊！自私啊！從前，我也這樣想，

No.

可是现在我不了，因为我看见男子为了重名意值得爱的女子，不但忘了人民，而且忘掉了性命。何况我还没有忘了性命，就是忘了性命也是值得呀！在人生的路上，总算有一个时期我在的脚跟旁边，也留着他的脚迹。这一句似乎有点特别高攀，收回去。

笔墨都买了，要写大字。但房子可是有，和人家住一个院不方便。自建楼立合同，等你来时再说吧！

叶子

九日

祝好呀！上帝给你健康！

10×20

第 8 封
女人

北京—上海

（1937 年 5 月 11 日发）

军：

今晨写了一信，又未寄。

精神不甚好，写了一张大字，写得亦不好，等写好时寄给你一张当作字画。

卢骚[1] 的《忏悔录》快读完了，尽是些与女人的故事。

洁吾家我亦不愿多坐，那是个沉闷的家庭。

我现在的房子太贵，想租民房，又讨厌麻烦。

我看你还是搬一搬家好，常住一个很熟的地方不大好。

昨天下午，无聊之甚，跑到北海去坐了两个钟头。女人真是倒霉，即使逛逛公园也要让人家左一眼右一眼地看来看去，看得不自在。

今天很热，睡了一觉。

从饭馆子出来几乎没有跌倒，不知为什么像是服毒那么个滋味。睡了一觉好了。

你要多吃水果，因为菜类一定吃得很少。

祝好！

荣子

五月十一日

---

1 指卢梭，法国 18 世纪的启蒙思想家。

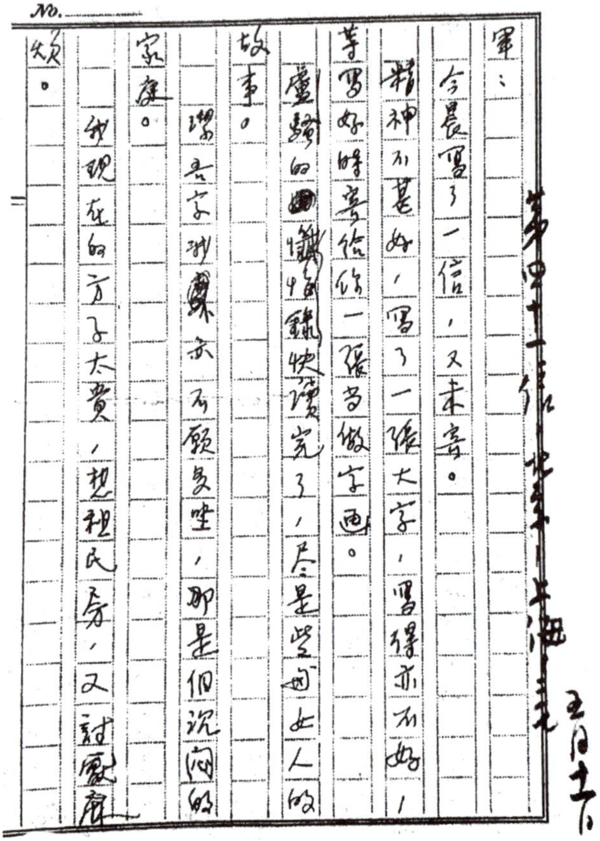

第四十二信 北平—上海

軍：

今晨寫了一信，又未寄。

精神不甚好，寫了一張大字，寫得亦不好，等寫好時寄給你一張當做字畫。

盧騷的懺悔錄快讀完了，盡是些關於女人的故事。

環青家我覺亦不願多坐，那是個沉悶的家庭。

我現在的房子太貴，想租民房，又討厭麻煩。

五月十六

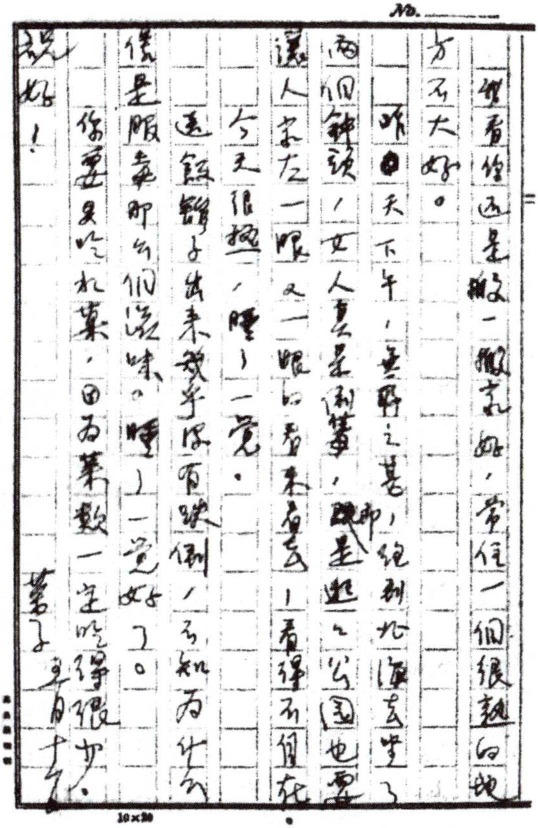
我看你還是比一般氣好，常住一個很熱的地方不大好。

昨天下午，無聊之甚，繞到北海去坐了兩個鐘頭，女人真是倒霉，即是進公園也要讓人家左一眼又一眼的看來看去，看得不自在。

今天很熱，睡了一覺。

這餘錢子出來我手很有誤倒，不知為什麼僅是服藥那么個滋味。睡了一覺好了。

你要是吃丸藥，因為藥數一定吃得很少。

祝好！

菁子

[illegible]月十六

第9封
黑人

北京—上海

（1937年5月15日发，5月17日到）

军：

前天去逛了长城，是同黑人一块去的。真伟大，那些山比海洋更能震惊人的灵魂。到日暮的时候，起了大风，那风声好像海声一样，《吊古战场文》[1]上所说：风悲日曛。群山纠纷。这就正是这种景况。

夜十一时归来，疲乏得很，因为去长城的前夜，和黑人一同去看戏，因为他的公寓关门太早的缘故，就住在我的地板上，因为过惯了有纪律的生活，觉得很窘，所以通夜失眠。

你寄来的书，昨天接到了。前后接到两次，第一次四本，第二次六本。

你来的信也都接到的，最后这回规劝的信也接到的。

我很赞成，你说的是道理，我应该去照做。

祝好！

荣子

五月十五日

奇不另写了，这里有在长城上得到的小花，请你分给她几棵。

---

1 唐代文学家李华的散文。

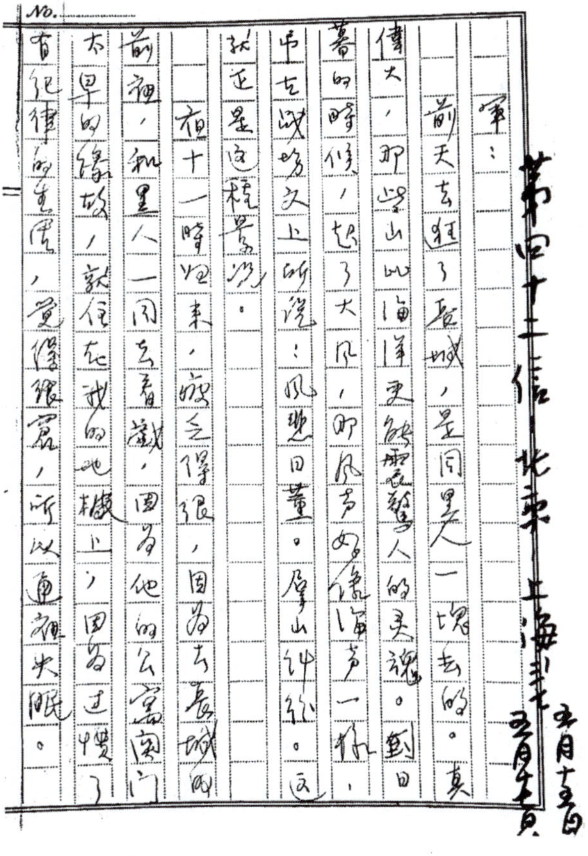

第四十二信　北京—上海

五月十四日
五月十七日

No.

军：

前天去逛了长城，是同罗人一块去的。真伟大，那些山比海洋更能震惊人的灵魂。到日暮的时候，起了大风，那风声好像海声一样，正如吊古战场文上所说：风悲日曛。群山纠纷。这就正是这种景况。

在十一时回来，疲乏得很，因为去长城的前夜，和罗人一同去看戏，因为他的公寓关门太早的缘故，就住在我的地板上，因为过惯了有纪律的生活，觉得很窘，所以通夜失眠。

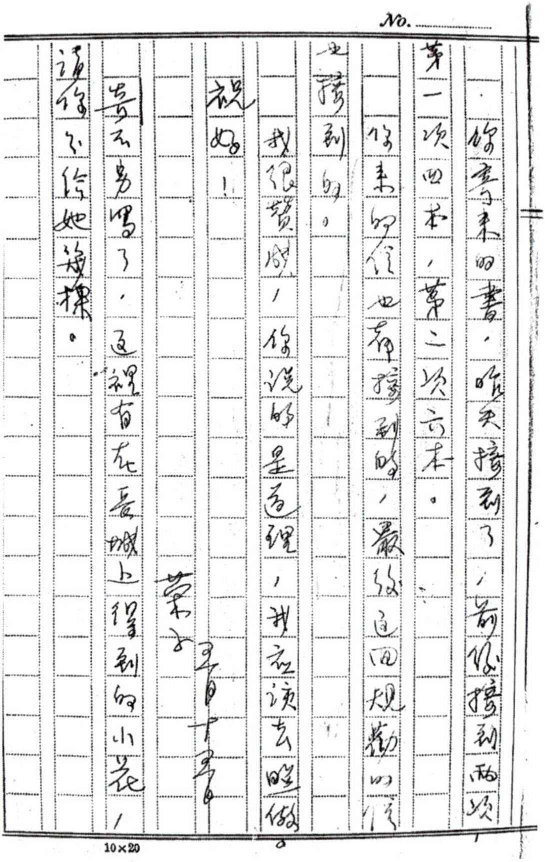

No.

你寄来的书，昨天接到了，前后接到两次，第一次四本，第二次六本。你来的信也都接到的，最后这回规劝的信也接到的。

我很赞成，你说的是道理，我应该去照做。

祝好！

荣子 五月十五日

真不易得了，这里有在长城上采得到的小花，请你分给她几棵。

10×20

下篇

萧军写给萧红

下篇收入的是萧军写给萧红的复信，现存的有 4 封，都写于 1937 年 5 月。在这四封信中，我们可以看出，萧军的理性与萧红的感性形成鲜明对比。在爱情中，一个男人开始理性看问题，表明他的爱已经远去。

第五章

曾经沧海难为水

“炎热过了，就是秋凉。我现在已近于秋凉状态了，但是我却怕要变成冬天，虽然冬天后头又是春天……”

萧红和萧军六年的感情来之不易，从患难见真情到相互扶持，终于因为各种原因即将分崩离析。萧红，这个一生都在追求爱却不能得的女人，尽管做了种种努力，但曾经沧海难为水，两人注定分道扬镳。

第1封
作诗

上海—北京

（1937年5月2日发）

吟：

前后两信均收到了。你把弄堂的号码写错了，那是二五六，而你却写了二五七。虽然错了也收到。

今晨鹿地夫妇[1]来过，为了我们校正文章。那篇文章我已写好，约有六千字的样子，昨夜他翻好四分之三的样子，明晨我到他们那里去（他们已搬到环龙路来）再校一次，就可以寄出了。其中关于女作者方面，我只提到您和白朗。

秀珂很好，他每天到我这里来一次，坐的工夫也不小，他对什么全感到很浓重的兴趣，这现象很好。江西，我已经不想要他去了，将来他也许仍留上海或去北平。奇来过一次，你的第一封信她已看过了。今天在电车上碰到了她、明，还有老太太，她们一同去兆丰公园了，因为老太太（过）几天要去汉口。

三十日的晚饭是吃在虹[2]他们家里，有老唐[3]、金[4]、白薇[5]（她最近也要来北平治病了，问你的地址，我说我还不知道）。吃的春饼。在我进门的时候，虹紧紧握了我的手，大约这就是表示和解！直到

1 日本进步作家鹿地亘和池田幸子。

2 罗烽

3 唐豪，律师。

4 金人，翻译家。

5 女作家

十二时，我才归来。

踏着和福履路并行的北面那条路，我唱着走回来。天微落着雨。

昨夜，我是唱着归来，

——孤独地踏着小雨的大街。

一遍，一遍，又一遍……

全是那一个曲调：

“我心残缺……”

我是要哭的……

可是夜深了，怕惊扰了别人，所以还是唱着归来：

“我心残缺……”

我不怨爱过我的人儿薄幸，

却自怨自己的痴情！

吟，这是我作的诗，你只当“诗”看好了，不要生气，也不要动情。

在送你归来的夜间，途中和珂还吃了一点排骨面。回来在日记册上我写了下面几句话：

“这是夜间的一时十分。

她走了！送她回来，我看着那空旷的床，我要哭，但是没有泪，我知道，世界上只有她才是真正爱我的人。但是她走了！……”

吟，你接到这封信，不要惦记我，此时我已经安宁多了。不过，过去这几天是艰难地忍受过来了！于今我已经懂得了接受痛苦，处理它，消灭它，……酒不再喝了（胃有点不好，鼻子烧破了）。在我的小床边虽然排着一列小酒瓶，其中两个瓶里还有酒，但是我已不再动它们。我为什么要毁灭我自己呢？我用这一点对抗那酒的诱惑！吟，我这有过去两次恋爱——一个少女，一个少妇——她们给我的创痛，亲手毁灭了我呀！我真有点战栗着将来……关于黄，我已经不想闻问他们了，只是去过一封信，叫他把经手的事务赶快结清。大约过些时日，他们会有信来。

偶尔我也吃（吸）一两支香烟。

周处既找不到，就不必找了。既然有洁吾，他总会帮助你一切的，这使我更安心些。好好安心创作吧，不要焦急。我必须按着我预定的时日离开上海的。因为我一走，珂更显着孤单了。你走后的第二天早晨，就有一个世界语日本女同志来寻你，还有一个男人（由日本新回来的，东北人），系由乐[1]写来的介绍信，地址是我们楼下姓段的说的。现在知道我地址的人，大约不少了，但是也由它去吧。

《日本评论》（五月号）载有关于我的一段文章，你可以到日本书局翻看翻看（小田岳夫作）。

花盆你走后是每天浇水的，可是最近忘了两天，它就憔悴了，今天我又浇了它，现在是放在门边的小柜上晒太阳。小屋是没什么好想的，不过，人一离开，就觉得什么全珍贵了。

我有时也到鹿地处坐坐，许那里也去坐坐，也看看电影。再过两天，我将计划工作了。

夏天我们还是到青岛过去。

有工夫也给奇和珂写点信，省得他们失望。

今天是星期日，好容易雨不落了，出来太阳。

---

1 枭家日宣，上海世界语者协会负责人。

你要想知道的全写出来了。这封信原拟用航空寄出，因为今天星期，还是平寄吧。

祝你获得点新的快乐！

你的小狗熊[1]

五月二日

1 萧红给萧军起的绰号，形容萧军笨而壮健。

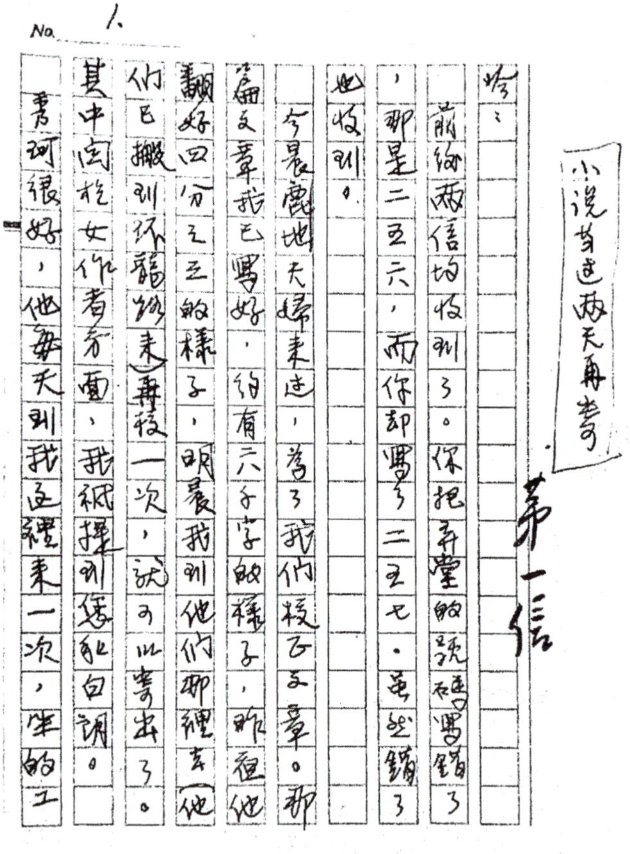

第一信

No. 1.

小說等過兩天再寄

吟：

前後兩信均收到了。你把弄堂的號碼寫錯了，那是二五六，而你卻寫了二五七。雖然錯了也收到。

今晨鹿地夫婦來過，為了我們校正文章。那篇文章我已寫好，約有六千字的樣子，昨夜他翻好四分之三的樣子，明晨我到他們那裏去（他們已搬到環龍路來）再校一次，就可以寄出了。其中關於女作者方面，我祇提到你和白朗。

秀珂很好，他每天到我這裏來一次，坐的工

No.

先也不小，他对什麼全感到很濃重的興趣，這現象很好。江西，我已經不想要他去了，將来他也許仍留上海或去北平。前来过一次，你的第一封信他已看过了。今天在電車上碰到了他，明，还有老太太，他们一同去北平公園了，園秀老太太前天要去漢口。

三十日的晚飯是吃在虹他们家裡，有葉聖老鲁，笙，白薇她最近也要来北平治病了，關你的地址，我说我还不知道。吃的春餅。在我進門的時候，虹笑笑握了我的手，大约这就是表示和解！

開明B20×20

No. 2.

直到十二時，我才出來。

踏着和溫馨並行的(他)回那條路，我唱着走回來。天微落着雨。

那夜，我是唱着出來，

——踏孤獨地踏着小雨的大街。

一遍，一遍，又一遍……

全是那一個曲調：

"我心殘缺……"

我是要哭的……

可是抑得了，怕驚擾了別人，

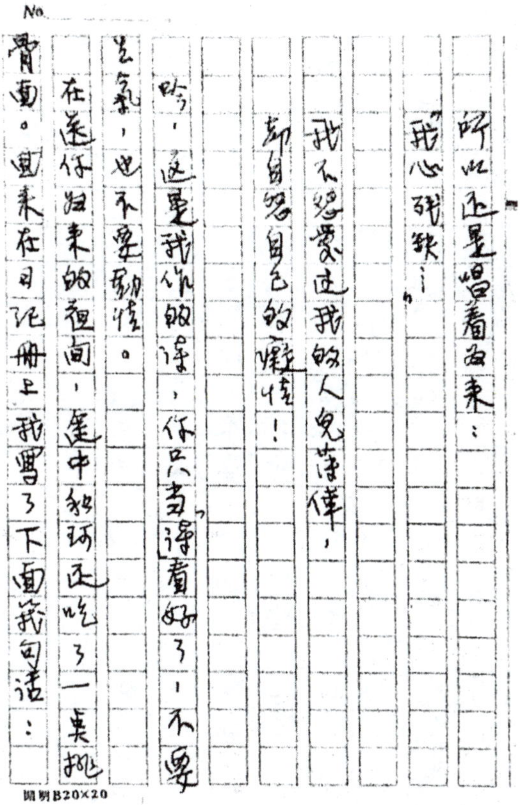

No.

所以还是唱着回来：
"我心残缺；"
我不怨爱过我的人儿薄情，
却自怨自己的痴情！

吟，这是我们的诗，你只当诗看好了，不要
生气，也不要动情。
在送你归来的途间，途中我们还吃了一只桃
背面。归来在日记册上我写了下面几句话：

開明B20×20

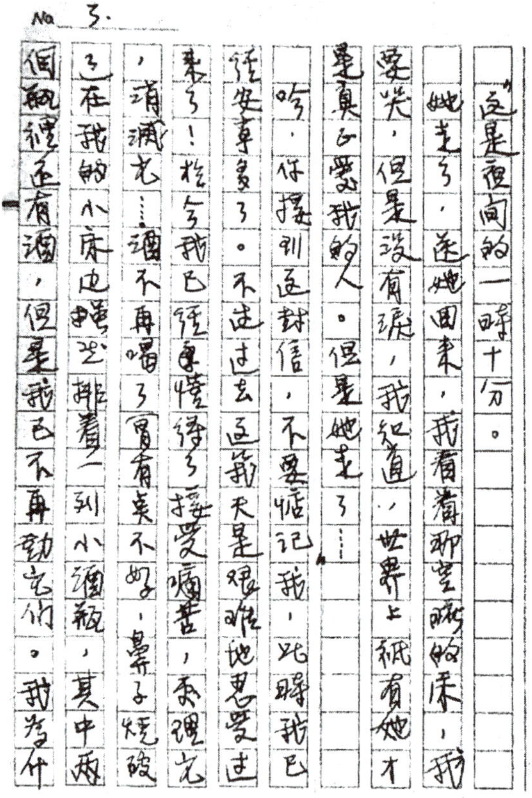

No 3.

"这是夜间的一时十分。

她走了，送她回来，我看着那空旷的床，我爱哭，但是没有泪，我知道，世界上只有她才是真正爱我的人。但是她走了……

吟，你接到这封信，不要惦记我，此时我已经安享多了。不过过去这几天是很难地忍受过来了！於今我已经慢慢懂得了接受痛苦，處理它，消灭它……酒不再喝了，胃有点不好，鼻子烧破了。还在我的小床边摆些排着一列小酒瓶，其中两個瓶裡还有酒，但是我已不再动它们。我為什

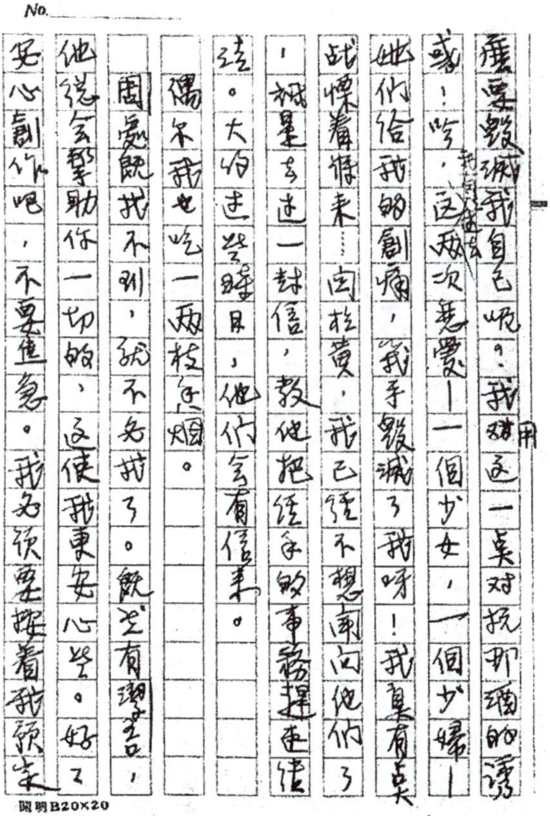

No.

瘫要毁灭我自己呢。我想用这一点对抗那酒的诱惑！哎，这两次是爱——一个少女，一个少妇——她们给我的创痛，我亲手毁灭了我呀！我真有点战慄着将来……内於黄，我已经不想闹向他们了，只是去这一封信，教他把经手的事务提走结结。大约这些日子，他们会有信来。

渴了我也吃一两枝香烟。

周总既找不到，就不必找了。既然有消息，他总会帮助你一切的，这使我更安心些。好了安心创作吧，不要焦急。我必须要按着我预定

開明B20×20

No. 4.

的時日離開上海的。因為我一走，你更顯着孤單了。你走後的第二天早晨，就有一個日本女世界語同志來尋你，還有一個男人（由某新聞社來的，東北人）係由象野來的介紹信，地址是我們樓下姓段的說的。現在知道那地址的人，大約不少了，但是也由它去罷。

日本評論（五月號）載有寫程我的一段文章，你可以到日本書店翻看一下（小田嶽夫作）

花盆你走後是每天澆水的，可是最近忘了兩天，它就憔悴了，今天我又澆了它，現在是放

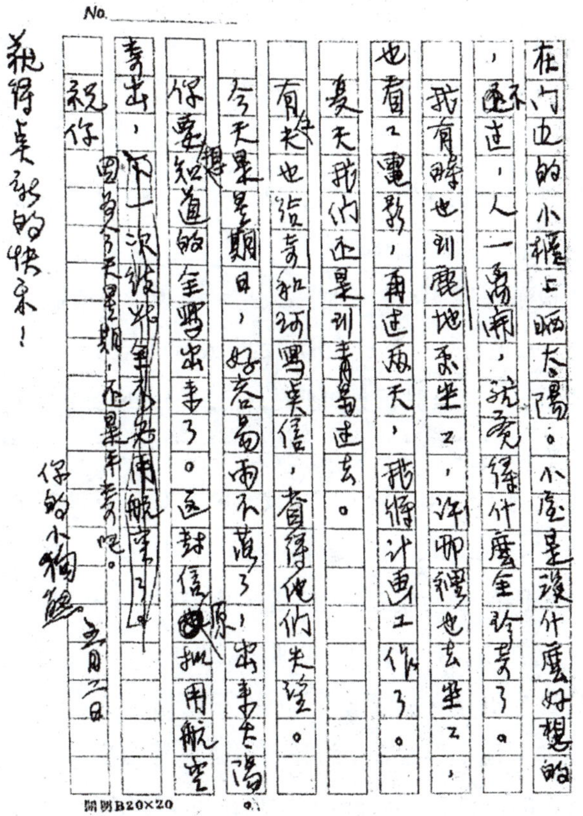

No.

在門邊的小櫈上晒太陽。小屋是沒什麼好想的，還不過，人一高興，就覺得什麼全珍貴了。
我有時也到鹿地家坐坐，許那裡也去坐坐，也看看電影，再過兩天，我得計畫工作了。
夏天我們還是到青島過去。
有時候也給妹和弟寫點信，省得他們失望。
今天是星期日，好容易雨不落了，出來太陽
你想要知道的全寫出來了。這封信原想用航空寄出，下一次就不能用航空了。
因為今天星期，還是平寄吧。
祝你
永遠是新的快樂！
你的小狗熊
五月二日

開明B20×20

第2封
方法

上海—北京

（1937年5月6日发）

吟：

我想到今天会有你的信来，果然在我一进门，在那门旁的镜台边站着一封信，那是我的。

几乎成了习惯，在我一回来或是一出去，总要掀一掀门上的信柜盖，也明知道有信是不放在那里的，或者已经过了来信的时候……但是总要掀……甚至对于明知不是自己的信，也要拿起看一看。

现在是下午两点三十五分。我将从许那里归来。好容易晴了两天，今天又落起雨来，因为怕湿了这仅有的一双鞋子和新衣服，便坐了一次车。从搬到这里，这还是第一次坐车回家呢。

许有三册书[1]，由我介绍到一家印刷局付印，我担任校一次校样，还有一点抄录的工作。今天我把珂介绍去了，他正在那里抄录。

珂的世界语算告一段落了，那个报馆据说还有一线希望，不过我的意思如果他不乐意在上海住下去，那就去北平。九江，我想那是用不着去的，那对于他不相宜。现在还没决定。

奇他们很好，民已加入了一个剧团，他已有了角色（《钦差大臣》[2]中的商会会长），看样子他很满意。金已搬到了他们一起，住在黑（人）住过的那间房子。昨天晚饭我在那里吃的面条。老太太当

1 鲁迅遗著《且介亭杂文》《且介亭杂文二集》《且介亭杂文末编》。

2 俄国作家果戈理的讽刺喜剧。

晚去汉口，莉的职业辞了。黑也去北平了。

自从前封信说给你，我不再喝酒了，现在还是没喝。那剩余的酒还是摆在那里，我对于它们不再感到兴味。现在却偶尔也抽一支烟，觉得抽烟的时候情绪很安宁。

心情已不像前几天那样烦乱！几天来虽没有工作什么，却有一种要工作的欲望，时时刻刻在激动着我，但是我要保留着它们到青岛，现在还不想做什么。

几日来我把整部的精神沉浸在读书里，正在读托尔斯泰的《安娜·卡列尼娜》，这真是一部好书，它简直迷惑了我！那里面的渥伦斯基，好像是在写我，虽然我没有他那样漂亮。

如今我已经有了一个治理自己的方法：早晨一睁眼（这时候是一切意念的开端，它会扰乱了整日的安宁！）我就说："我要健康，我要快乐，我要安宁，我要生活，我要工作下去……"，接着毫不拖延地就爬起来，恢复我原先不曾间断过的室内运动。完了就去洗脸，而后去公园（也许八点或八点半钟）。那里水池边新开了一个茶馆，要一杯红茶，也许吃一小包葡萄干，就开始读书或写点笔记了。也有时看跑叫着的孩子们……这样继续到十二点去吃午饭。饭后也许回来睡睡，也许去办办事务。临睡之前洗一个冷水澡，而后再读书到十二点，也是说着："我要健康，我要快乐，我要安宁，我要生活……"，就入睡了。当然有时也想到你……（这是很邪恶的想法！）有时也弹弹那只琴。轻轻唱唱自己所会的歌。弹琴我已不用那个老法了（用一块铁，像瞎子似的摸着），现在我已能试验着手指按弦了。

这样我一天便没了什么波动……当然，我要想什么，我还是尽量想，甚至我的想象力全不愿想了，我还是催迫它想……直到它实在乏疲为止。我知道这不应该压制，压制是有害的。比方一匹马它要跑，就任它跑好了，到力尽的时候，自然它要停止了。我现在的感情虽然很不好，但是我们正应该珍惜它们，这是给予我们从事艺术的人很宝贵的贡献。从这里我们会理解人类心理变化真正的过程！我希望你也要在这时机好好分析它，承受它，获得它的给予，或是把它们逐日逐时地记录下来。这是有用的。

大约在七月十日以前，我是可以离开此地的。还不足两月，我们又可以再见了。注意，现在安下心好好工作吧，那时我要看您的成绩咧。

在这两月中，我要帮同许把纪念册[1]及那三本书弄完，再读点书，恐怕就没有什么成绩可出了。

有时我也要静静地躺在大床上（我已不在小床上睡了）。从玻璃看着窗外的天和黄杨树，那只要有一点风就闪颤不定的叶子们，心里很安宁。最近报上有人说，女人每天"看天"一小时，一个星期会变得婴儿似的美丽！我并不是想美丽，只是觉得心很安宁、恬静！你也可以这样试试看。也试试每天早晚我所说的那样话，这是心理治疗法，不是迷信或扯蛋。

一封信竟写了近乎五页稿纸了，这如果要当文章卖，是可以卖到六元钱呢！

信纸虽然有，但我却不乐意用它，喜欢用稿纸写。这是习惯。

你可以计划你的长篇或"印象记"了。两月之中总可以写一点的。如果你有机会，找一个地方每天运动一两小时，打网球或是什么。运动确是可以治疗寂寞。

这封信是坐在床边小圆桌上写的。因为这里的一扇窗子被我开开了，比较外屋要凉爽。

1 《鲁迅纪念集》

还是租一间比较好的房子，自己雇一个老妈子，这样比较好些，住公寓是不好的。如果房子比较好，可和他们订合同租一年或半年。多租两间没什么，冬天我们是准备在北平度的。

那几天因为尽喝酒，肝似乎有点不大好，鼻子也烧破了，现在已全好了。

最后告诉你一件事，我在学“足声舞”了，就是脚下带响动的那种舞。两月毕业，共十五元钱。学好了，将来好教你。

上海你要买什么吗？

就写在这里了。

你的小狗熊

五月六日下午三时四十五分

第二信

琼：

我想到今天会有你的信來，果然在我一進门，在那门旁的镜台上站着一封信，那是我的。

幾乎成了習慣，在我一回來或是一出去，總要掀一掀门上的信插盖，也明知道有信是不致在那裡的，或者是傳達室來信的時候……但是總要掀……甚至於我明知不是自己的信，也要拿起看一看。

現在是下午五點三十五分。我將從許那裡回來。好容易盼過了兩天，今天又落起雨來，因為怕湿

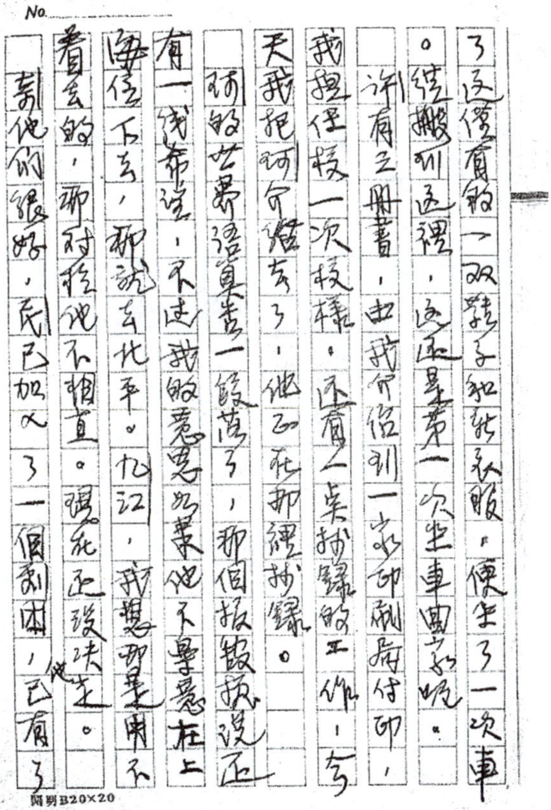

No.

了这便有的一双鞋子和新衣服，便坐了一次車。從搬到这裡，这还是第一次坐車回家呢。许有三冊書，由我介绍到一家印刷厂付印，我担任校一次校樣。还有人实抄錄的工作，今天我把河介绍去了，他已在那裡抄錄。

河的世界语真告一段落了，那個报發表没还有一线希望，不过我的意思如果他不学意在上海住下去，那就去北平。九江，我想那是用不着去的，那对於他不相宜。现在还没决定。

剋他们很好，民已加入了一個剧团，他已有了

開明B20×20

No.

角色（钦差大臣中的商会会长）看样子他很满意。刘已搬到了他们一起，住在黑住过的那间房子。那天晚饭，我在那裡吃的西餐，老太太当晚去汉口，莉的职业辞了。黑也去北平了。

自从前封信说给你，我不再唱戏了，現在还是没唱。那剩余的瘾还是存在那裡，我付托它们不再感到兴味。現在却偶而也抽一枝烟，竟觉得抽烟的时候，情绪很安宁。

心情已不像前几天那样烦乱！几天来没有工作什么，却有一种要工作的欲望，时时刻刻在

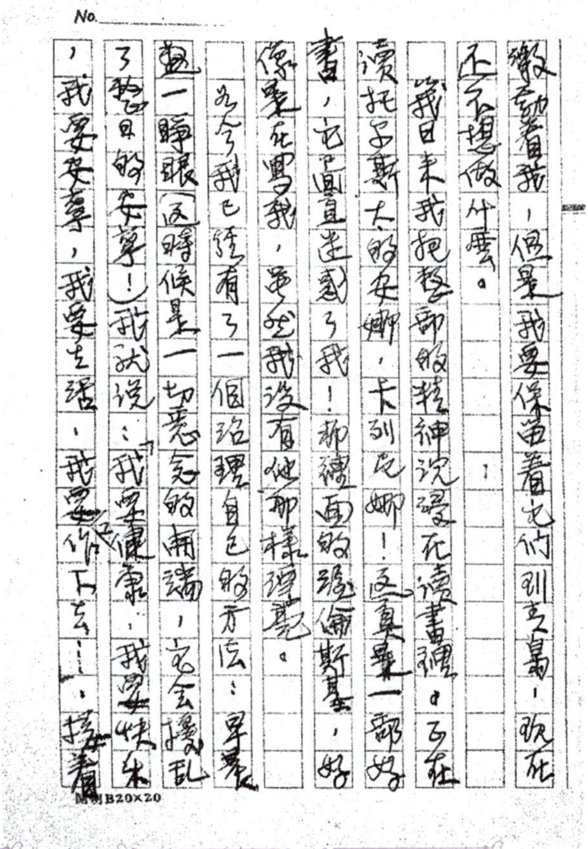
No.

激勵着我，但是我要保留着它們到老年，現在還不想做什麼。

幾日來我把整部的精神消磨在讀書裡，正在讀托爾斯太的安娜．卡列尼娜！這真是一部好書，它簡直迷惑了我！那裡面的渥倫斯基，好像是在罵我，雖然我沒有他那樣漂亮。

如今我已經有了一個治理自己的方法：早晨醒一睜眼（這時候是一切惡念的開端，它會擾亂了我白日的安寧！）我就說：我要健康，我要快樂，我要安寧，我要生活，我要做下去……，接着

稿紙B20×20

No.

毫不拖延的就爬起來，恢復我從不曾間斷過的晨間運動。完了就去洗臉，而後去公園也許八點或八點半鐘那裡水池也開了。一個早餐，要一盃紅茶，也許吃一小包蘇打餅，就開始讀書，或寫點筆記了。也有時看跳叫著的孩子們……這樣繼續到十二點去吃午飯。飯後也許回來睡下，也許去做做事務。臨睡之前洗一個冷水澡，而後再讀書到十二點，也是說著：「我要健康，我要快樂，我要安寧，我要生活……」然後入睡了。當然有時也想到你……這是很邪

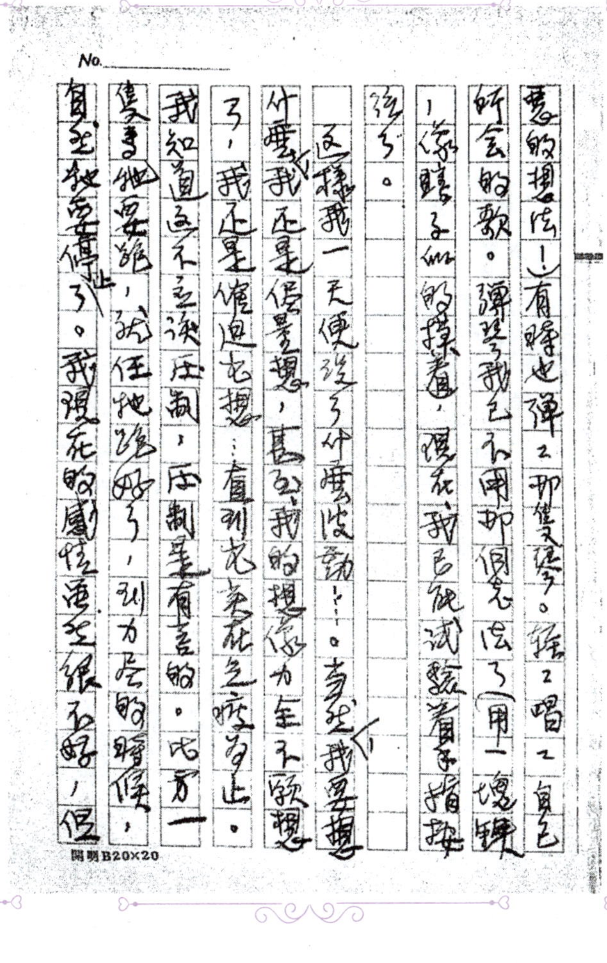

No.

甚麼想法！）有時也彈彈那隻小琴。哼哼唱唱自己所会的歌。彈琴我已不用那個方法了（用一塊鏡）從聽了他的操着，現在我已能試驗着手指按弦了。

這樣我一天便發了什麼波動……。當然我要想什麼我還是很是想，甚至我的想像力全不敢想了，我還是強迫它想……直到它實在乏疲為止。我知道這不至於壓制，壓制是有害的。比方一隻小蟲牠要跑，我任牠跑好了，到力乏的時候，自然牠要停止了。我現在的感情還是很不好，但

開明B20×20

No.

是我们（安安）去领略惜它们，这是给予我们发了艺術的人很宝贵的贡献。從這裡我们会理解人類心裡变化氣質的過程，我希望你也要在这時机好好分析它，承受它，获得它的结果，或是把它们逐日逐時地記錄下来。這是有用的。

大约在七月十日以前我是可以离開此地的。还不是两月，我们又可以再见了。這两，现在安下心好好工作罢，那時我要看你的成績咧。

在這两月中，我要邓筆同评把纪念册及那三本書弄完，再读点書，恐怕就没有什麼成绩可出

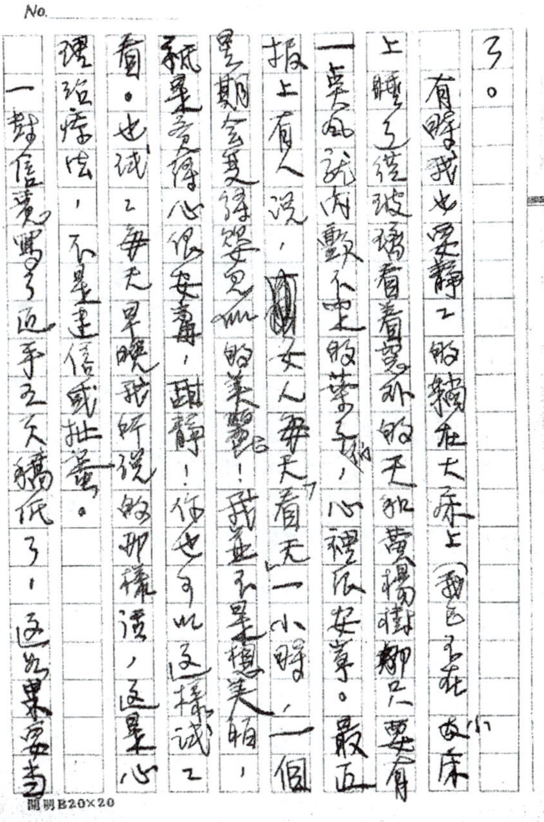

No.

了。

有時我也要靜靜的躺在大床上（我已不躺在小床上睡了）從玻璃看著窗外的天和黃楊樹，都只要有一點風就有數不盡的葉子搖動，心裡很安寧。最近報上有人說，一個女人每天看天一小時，一個星期會變得溫柔而美麗！我並不是想美麗，祇是為了得心很安寧，和靜！你也可以這樣試試看。也就是每天早晚我所說的那種讀，這是心理治療法，不是迷信或批評。

一封信竟寫了近五天，稿紙了，這如果要當

開明B20×20

No.

文章賣，是可以賣到六元錢呢！

信紙要多少有，但我卻不樂意用它，喜歡用稿紙寫。這是習慣。

你可以計畫你的長篇或那家記了。每月之中總可以寫一點的。如果你有機會，找一個地方每天運動一兩小時，打網球或是什麼。運動總是可以治療寂寞。

這封信是坐在床邊小圓桌上寫的，因為這裡的一扇窗子被我關了，比較外面安靜。

·李星組一向比較好的房子，自己住一個克婷

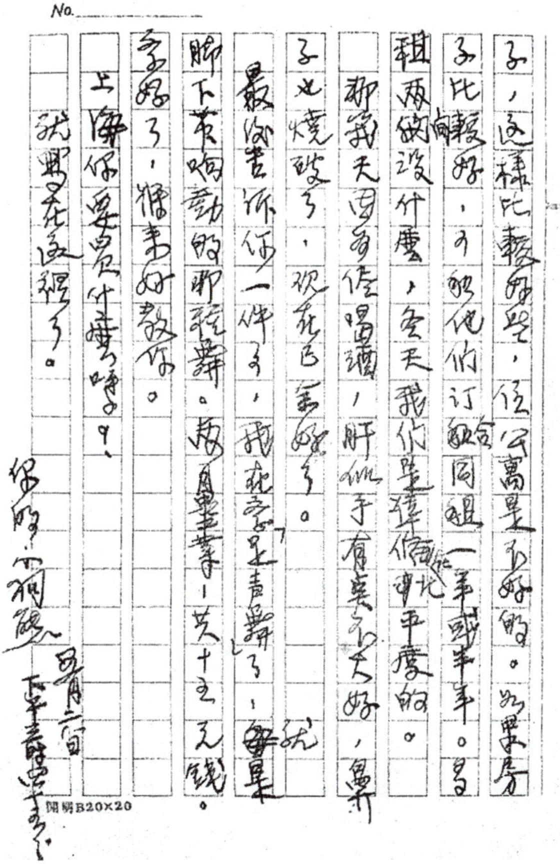
No.

子，這樣比較好些，住公寓是不好的。如果房
子比較好，可和他們訂個合同租一年或半年。另
向他們租兩個設什麼，今天我們望達伶他比平度的。
那幾天因為修唱讀，肝和手有些不太好，爐
子也燒破了，現在已修好了。
最後告訴你一件事，我在家是青舞了，就要畢
腳下不能動的那種舞。每月學費一共十五元錢。
多好了，將來好教你。
上海你要買什麼嗎？
就那麼些這樣了。
你的小狗熊
五月二日
下午……

開明B20×20

第3封
宽慰

上海—北京

（1937 年 5 月 8 日发）

孩子：

接到你的信，就想写回信，金人来，耽误下了。你的第三封信也收到了，我给你的信（第二封），今天也该收到了吧？收到这封信，我想你的情绪一定会好一些。

前两天寄去的四本书，不知收到没有？今天你要的书，明后天我就寄给你。

我正在校《十月十五日》[1] 的校样，今夜大约可校完。吃过晚饭以后，我预备去看《无国游民》影片。

你不必永在批判自己，这是没有用的，任它自然淹着去就是。如你所说：炎热过了，就是秋凉。我现在已近于秋凉状态了，但是我却怕要变成冬天，虽然冬天后头又是春天……

家，我是不想搬的，住在这里觉得舒服些。

周家，大约许是搬开了，那就不必找了。

临睡之前洗洗冷水浴，想法运动运动，这一定能减少你的害怕和不安。

对无论什么痛苦，你总应该时时向它说："来吧！无论怎样多和重，我总要肩担起你来。"你应该像一个决斗的勇士似的对待你的痛苦，不要畏惧它，不要在它面前软弱了自己，这是羞耻！人生最

1 萧军的散文、小说集。

大的关头，就是死，一死便什么全解决了。可是我们要拿这“死的精神”活下去！便什么全变得平凡和泰然。只要你回头一想想，多少波涛全被我们冲过来了。同样，这眼前无论什么样的艰苦的波涛，也一样会冲过去，将来我们也是一样地带着轻蔑和夸耀的微笑，回头看着它们。——现在就是需要忍耐。要退一步想，假设现在把你关进监牢里，漫漫长夜，连呼吸全没了自由，那时你将怎样？是死呢？还是活下来？可是我见过多少人，他们从黑发转到白发，总是忍耐地活下来……

因为我不想在这里说我的道理，那样你又要说我不了解你，教训你，你是自尊心很强烈的人。你又该说你的苦痛，全是我的赠与等……现在反来教训你，等等……但是我的痛苦，我又怎来解释呢？我只好说这是我“自作自受”，自家酿酒自家吃……我不想再推究这些原因。

前信我曾说过，你是这世界上真正认识我和真正爱我的人！也正为了这样，也是我自己痛苦的源泉。也是你的痛苦的源泉。可是我们不能够允许痛苦永久啮咬着我们，所以要寻求、试验各种解决的法子。就在这寻求和解决的途程中那是需要高度的忍耐，才能够获得一个补救的结果。否则，那一切全得破灭！你也许会说破灭倒比忍受强些，不过我是不这样想的，凡事总应该寻求一个解决的办法，这才是人的责任，所谓理性的动物。否则闭起眼睛想要不看一切，逃避一切……结果是被一切所征服，而把自己毁灭了。凡事不能用诗人的浪漫的感情来处理，这是一种低能的、软弱的表现！自尊心强烈的人是不这样的。

我是用诸种方法来试验着减轻我的痛苦，现在很成功了。我希望你不要“束手无策”，要做一个能操纵、解决、把捉自己一切的人。

不要无力！要寻找，忍耐地寻找力的源泉。神经过度兴奋与轻躁，那是生活不下去的，要沉潜下自己的感情，准备对一切应战！

我的感情比你要危险得多，但是我总是想法处理它，虽然一时难忍受，可是慢慢我总要把它们纳入轨道前进。

我在人生的历程上所遭到的危害，总要比你多些，可是我是乐观的，随处利用各种环境，增加我的力量，补充我自己的聪明。就是说：我有勇气和力量杀得进，也杀得出，这样，人生的环境所以总也屈服不了我。你有时也要笑我的愚笨，不合理……正因为这样，所以我才能顽强地生活着。

人常常检点自己的缺点是必要的，发展自己的长处也是必要的。人有缺点，我是赞成补充它，如果这个缺点，不真正就是那个人的长处的话。

一个医生尽说安慰话，对于一个病人是没有多大用的，至少他应该指示出病人应该治疗和遵守的具体的方法。最末我说一句，不要使自尊心病态化了，而对我所说的话引起了反感！

洁吾兄处，我不另写信了。请你转告他，待到冬天或秋天，我们会见到的。

专此祝好！

你的小狗熊

五月八日下午五时三十分

No. 1.

第三信

張弓：

接到你的信，就想寫回信，會人來，就送下了。你的第三封信也收到了，我給你的信（第二封）今天也該收到了吧？收到這封信，我想你的性緒一定會好一些。

前兩天寄去的四本書，不知收到沒有？今天你要的書，明後天我就寄給你。

我正在校十月號的校樣，今夜不得不校完了。吃過晚飯以後，我預備去看「舞園遊園」影片。

你不要永在批判自己，這是沒有用的，任憑

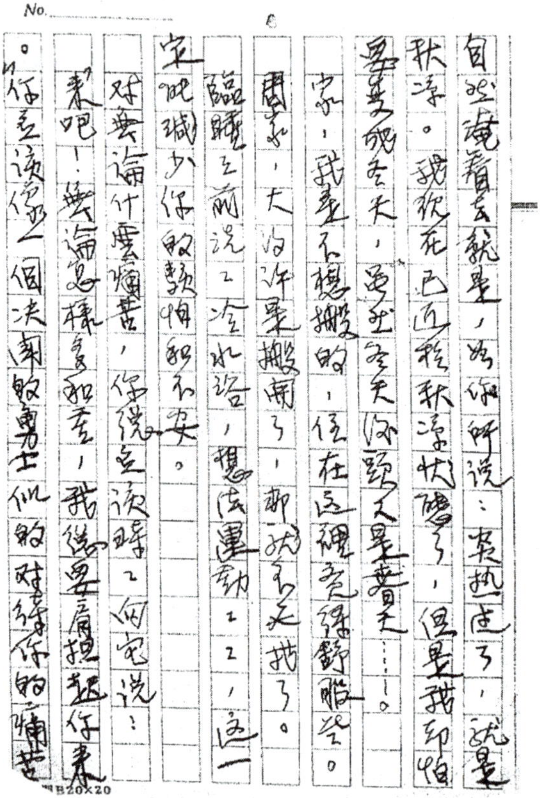

No. 6

自然淹着去就是，如你所说：要热过了，就是秋凉。我於花已近秋凉状態了，但是我却怕要变成冬天，更怕冬天以后又是春天……！。

家，我是不想搬的，住在这裡觉得舒服些。国家，大陆许多搬开了，那就不是我了。

臨睡之前说之冷水话，想法運動之之，这一定比较少你的疑惧和不安。

对要論什麽痛苦，你说应该说之何定说：来吧！無論怎樣多和苦，我總要肩挑起你来。你应该像一個决闘的勇士似的对待你的痛苦

B20×20

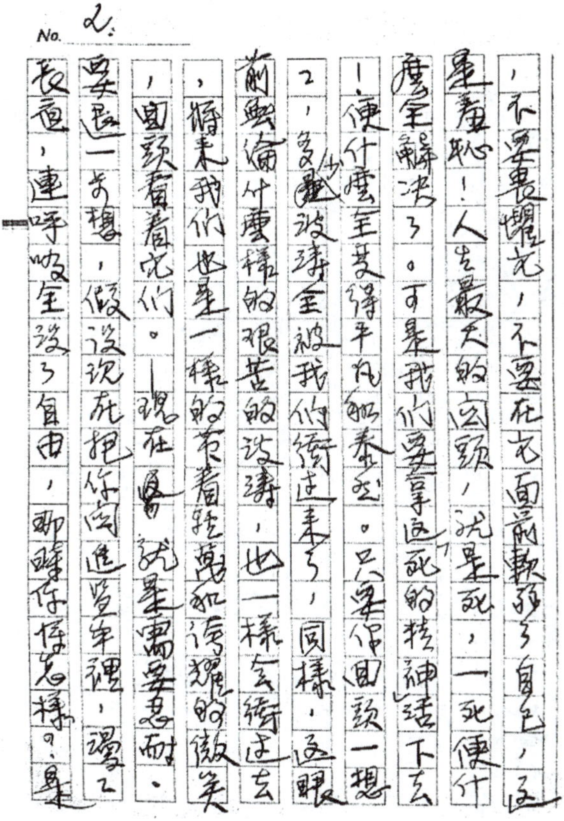

No. 2.

，不要畏懼它，不要在它面前軟弱了自己，這是羞恥！人生最大的關頭，就是死，一死便什麼全解決了。可是我們要拿這死的精神活下去！便什麼全要得平凡和泰然。只要你回頭一想了，多少波濤全被我們衝過來了，同樣，這眼前無論什麼樣的艱苦的波濤，也一樣會衝過去，將來我們也是一樣的帶着輕蔑和誇耀的微笑，回頭看着它們。現在就是需要忍耐。要退一步想，假設現在把你關進監牢裡，還要長道，連呼吸全沒了自由，那時你怎樣？。是

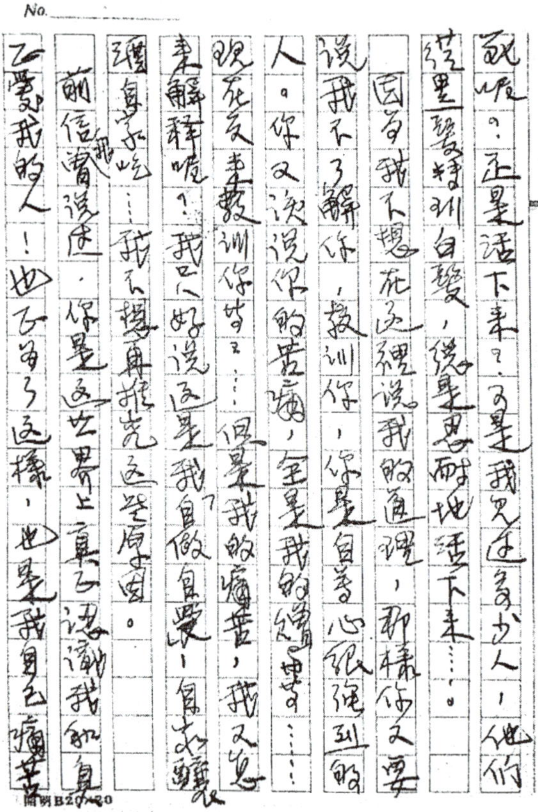
No.

就呢。正是話下來。可是我見過多少人，他們
從里鞏轉訓自發，總是忍耐地話下來……。
因為我不想在這裡說我的道理，那樣你又要
說我不了解你，教訓你，你是自尊心很強的
人。你又說說你的苦痛，全是我的錯誤……
現在又來教訓你等等……但是我的痛苦，我又怎
來解釋呢？我只好說這是我自做自受，自我折磨
罷自尋煩惱……我不想再推究這些原因。
前信曾跟說過，你是這世界上真正認識我和負
正愛我的人！也正因為這樣，也是我自己痛苦

No. 3.

的源泉。也是你的痛苦的源泉。可是我們不能夠允許痛苦永久齧咬着我們，所以要尋求、試驗各種解決的法子。就在這尋求和解決的過程中那是需要高度的忍耐，才能夠獲得一個補救的結果。否則，那一切全得破滅！你也許會說破滅倒比忍受强些，不过我是不這樣想的，凡應立決尋求一個解決的办法，這才是人的责任所謂理性的勁兒。否則閉起眼睛不看一切，逃避一切……結果是被一切所征服，而把自己毀滅了。凡是不能用詩人的浪漫的感情來

No.

處理，這是一種低能的，軟弱的表現！自尊心強烈的人是不這樣的。

我是用諸種方法來試驗着試驗我的痛苦，現在很成功了。我希望你不要太介意，要作一個能操縱，解決，把握自己一切的人。不要無能為力！要奮戰，要耐心的尋找力的源泉。神經過敏是奮命掙扎，那是支持不下去的，要訓練自己的感性，準備對一切應戰！

我的感性比你要危險得多，但是我總是想法處理它，要一步一步地忍受，可是慢慢我總要把

開明B20×20

No. 4.

才能納入軌道前進。

我在人生的歷程上所遭到的危害，總要比你多些，如果我是不欣的，隨處利用各種環境，增加我的力量，補充我自己的聰明。就是說：我有勇氣和力量繼續進，也發揮出，這樣，人生的環境所以總也壓服不了我。你有時也要突我的意志，不合理之困苦這樣，所以我才能頑強的生活着。

人常常檢查自己的缺點是必要的，發展自己的長處也是必要的。人有缺點，我是要成補充

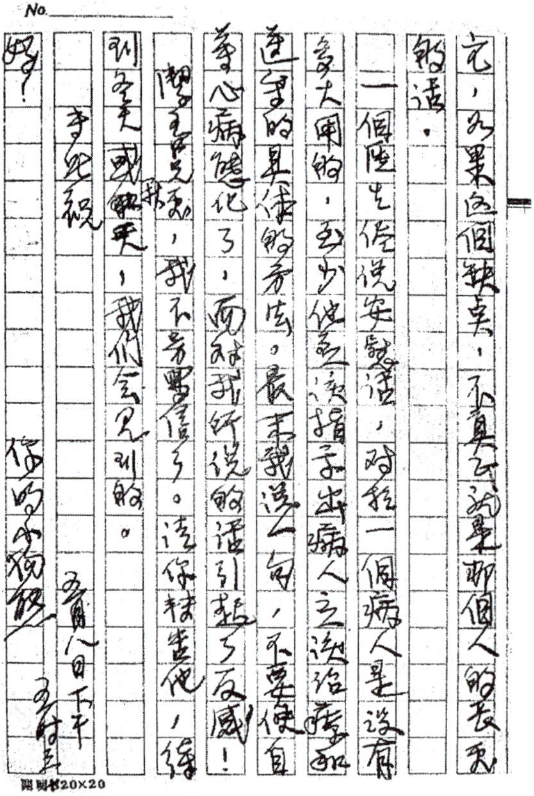

No.

它，如果這個缺點，不具體到那個人的表現的話。

一個醫生從說安慰話，對於一個病人是沒有多大用的，至少他應該指示出病人之後治療和達到的具體的方法。最後我說一句，不要使自尊心病態化了，而對我所說的話引起了反感！懶于寫信我，我不需要信了。請你轉告他，錄到名更，或缺更，我們會見到的。

專此祝

好！

你的小狗熊

五月八日下午

王小波

稿紙20×20

第4封
来沪

上海—北京

（1937年5月12日发）

吟：

来信收到。我近几夜睡眠又不甚好，恐又要旧病复发。如你愿意，即请见信后，束装来沪。待至六月底，我们再共同去青岛。即祝近好。

本欲拍电给你，怕你吃惊，故仍写信。

军上

五月十二日夜

不必要书物，可暂寄洁吾处。

第四信

昤：

來信收到。我近幾夜睡眠又不甚好，恐又要舊病復發。如你願意，即請見信後，束裝來滬。待至六月底，我們再共同去青島。即祝

近好。

本欲拍電給你，怕你吃驚，故仍寫信。

單上

五月十二夜

不必要書物，可暫存親友處。

附录

萧红曾说：“我一生最大的痛苦和不幸，都是因为我是一个女人”。曾经那么用力爱过的她和萧军，最终还是走散了。完美的伴侣，本应该是彼此的解药。读完这些20世纪值得珍藏的情书，希望你遇见的人，没你不行，无论怎样，都能坚定地选择你。相爱时，大世界再动荡，你们的小世界也是温暖的。

其实，浪漫的不是情书，而是慢慢来的一种态度。编者另附一生只写给一人的信纸和情侣一起做的77件事，因为读情书，也需要仪式感。

附录 A

一生只写给一人

附录 B

情侣一起完成的 77 件事

至少还有爱情

去游乐场

一起
做家务

一起养宠物

经常
一起做饭

时常
送她鲜花

给彼此
吹头发

买很多
情侣装

体验一次
陶艺

一起
锻炼身体

一起
规划未来

亲亲抱抱
举高高

崇拜他
宠爱她

一起读完
一本书

一起堆
一次雪人

夏夜牵手
压马路

去果园里
摘水果

一起去
寺庙祈福

去拍一次
新年照

偶尔给他刮胡子

做最用心的爱人

拥抱时抱得很紧

成为彼此的偏爱

你在闹他/她在笑

比赛下任何一种棋

戴同一副耳机听歌

一起在冬天吃火锅

一起去各自的母校

给彼此起专属昵称

一直用情侣手机壳

一起撮合成一对情侣

经常对彼此说我爱你

做一个宠夫/妻狂魔

逛超市买爱吃的零食

躲在被子里看恐怖片

逢年过节一起包饺子

爬上山顶看城市夜景

培养一个共同的爱好

做彼此最好的倾听者

给彼此提供情绪价值

置顶彼此的
微信对话框

给不拘小节
的他敷面膜

经常一起
泡脚

和彼此的
朋友
相处融洽

过马路永远
让她站里边

下雨天依偎
在一起听雨

一起去看
偶像的演唱会

去彼此喜欢
的城市旅行

互相分享
小时候的
囧事

保存一些
彼此的
“丑照”

一起见证
一场别人的
婚礼

一起攒钱：
创建
爱情基金

一起给未来的
宝宝取名字

阳光明媚的日
子去放风筝

去露营
一起动手搭
帐篷

去海边
看一次日出
和日落

疲惫的时候
给对方
按摩吧

去坐摩天轮
在最高处
拥吻

拍照或拍视频记录生活点滴	一起打卡各种书店和图书馆	改掉一个彼此不喜欢的缺点	一起拥有幸福肥一起减肥
重要的纪念日陪在彼此身边	彼此做得好的地方要多赞美	时常一起回忆一些恋爱细节	努力成为一个很赞的伴侣
把家里布置成彼此喜欢的样子	耐心做一个有难度的手工	偶尔准备对方意想不到的惊喜	有些说不出口的话写给对方
偶尔给他“放假”去畅玩游戏	在樱花季给她拍一张美美的照片	先起床洗漱的人为对方挤好牙膏	
分享彼此每天开心的和不开心的事	去吃自助餐一起扶墙进去扶墙出来	给对方买一个他/她想买很久但舍不得买的东西	满心欢喜共赴白头

做完这 77 件事，成为更爱彼此的人吧。